A ECONOMIA EM DESALINHO

Daniel Faraco

A ECONOMIA EM DESALINHO

Rio de Janeiro

THEX EDITORA

1999

Reservam-se os direitos desta edição à
Thex Editora
Rua da Lapa, 180 gr. 804/05
Rio de Janeiro – RJ – República Federativa do Brasil
Printed in Brazil / Impresso no Brasil

ISBN
85-85575-35-2

CAPA
Nicolau Vinciprova

COMPOSIÇÃO ELETRÔNICA
VIDA Informática Ltda.

REVISÃO
Daniel Camarinha da Silva

CIP-Brasil. Catalogação-na-fonte
Sindicato Nacional dos Editores de Livros, RJ

F225e Faraco, Daniel, 1911-
A economia em desalinho / Daniel Faraco. – Rio de Janeiro: Thex Ed., 1999.
480 p.

ISBN 85-85575-35-2

1. Brasil – Condições econômicas. 2. Brasil – Política econômica. 3. Crise econômica. I. Título.

99-0101 CDD 330.981
CDU 338 (81)

1999

Pereunt et imputantur
O tempo passa,
mas responsabiliza

Sumário

A ECONOMIA EM DESALINHO

Apresentação

A PRESENÇA DE DANIEL FARACO no cenário político do país contesta a assertiva de que o Brasil é um deserto de homens e de idéias. Esse líder político, que se considerava um representante dos estados da Região Sul, deu provas de seu valor intelectual e moral em numerosas circunstâncias. Oswaldo Aranha lia os pareceres que ele apresentava nas Comissões de Economia e Finanças da Câmara. Em certo instante, na elaboração do projeto de reforma do comércio exterior, Aranha, Ministro da Fazenda pela segunda vez sob Vargas, fez questão de ouvi-lo pessoalmente sobre o tema. E tirou bom proveito do colóquio, pois a Lei n.º 1.807, de janeiro de 1953, incorporou algumas idéias que Faraco, um paladino da livre iniciativa, defendia com vigor.

Nascido em 1911, hoje com 87 anos de vida útil e bem vivida, Faraco esteve ao meu lado no Governo Castello, quando lhe coube dar início a um programa de reforma no Ministério da Indústria e Comércio. Deixou o posto, em 1966, para reeleger-se pela sexta vez para a Câmara dos Deputados, cujas comissões de Economia e Finanças se beneficiaram de sua profícua atividade. Esses dois órgãos essenciais do Parlamento transformaram em fonte de seu prestígio discursos e documentos, da autoria de Faraco, com ressonância na imprensa do país.

É comum aos seres humanos o desejo de prolongar ao máximo a existência. Impõe-se, entretanto, uma condição básica: que a vida longa tenha como companheira inseparável a lucidez. A Providência concedeu a Faraco essa dádiva. Disso nos convence o manuseio de *Economia em Desalinho*, um livro cuja substância oferece ao leitor mais um atestado da capacidade de seu intelecto, que continua tão produtivo quanto nos verdes anos desse parlamentar que tem lugar próprio nos Anais do Congresso Nacional.

Em 1946, aos trinta e cinco anos de idade, Faraco ingressava no Parlamento para participar ativamente dos debates que empolgaram a Assembléia Constituinte, durante a feitura da nova Carta, a Constituição de 18 de setembro de 1946. Ele conseguiu distinguir-se entre os que coordenavam esforços para passar esponja sobre o legado jurídico da Carta de 10 de novembro de 1937, imposta por Vargas à Nação, ao proclamar o Estado Novo.

Economia em Desalinho não é uma obra solitária. Faraco publicou vários livros. Conservo na memória *Elementos de Economia Política*; *Preços, salários, crises e a economia organizada*; *A Igreja e os problemas da estrutura econômica*; *Parlamento, vale a pena? E o Parlamentarismo?*; *Economia no Cotidiano*.

Na preparação de sua biografia, tarefa que é uma dívida do Congresso, haverá espaço para discursos candentes contra monopólios governamentais e interferência abusiva do Estado nos domínios da economia. Esse aspecto de sua pugna em defesa da economia de mercado torna-o uma figura inesquecível. Como espelho de nosso tempo, sua obra é uma fonte valiosa de pesquisa para os historiadores empenhados na reconstituição de traços marcantes do século de Daniel Agostinho Faraco. Recolho de um dos ensaios desta coletânea uma sentença que reflete bem o seu pensamento: "...tem ganho terreno, por toda a parte, a crítica ao gigantismo do Estado, o qual tem ultrapassado em muito as fronteiras de sua competência. Daí a defesa do imperativo de *recuar as fronteiras, enxugar o tecido estatal* e, no que tange às existências de empresas estatais, *privatizá-las*". Nosso Autor rende tributo à baronesa Margareth Thatcher, por sua firmeza e persistência no esforço por privatizar empresas que, segundo ele, tinham existência medíocre e parasitária, já que viviam ancoradas em verbas do Orçamento Público. A publicação de *Economia em Desalinho* é uma justa homenagem à percepção e à inteligência de Daniel Faraco.

ROBERTO CAMPOS

El presente es solo la presencia del pasado y del porvenir, el lugar donde pretérito y futuro efectivamente existen.

(José Ortega y Gasset
La rebelión de las masas)

Prefácio

ESTE LIVRO é constituído por uma seleção de estudos, relativos aos nossos problemas econômicos e às tentativas de dar-lhes soluções. Problemas e soluções que ocuparam, com maior freqüência, a opinião pública, ao longo do último decênio.

Os estudos abordam temas que mereceram destaque, no trimestre ao qual cada estudo se refere. Estão eles dispostos em capítulos, em ordem cronológica, o que permite acompanhar a seqüência dos fatos registrados. Cada capítulo, porém, pode ser lido como estudo autônomo.

Segue o livro a orientação adotada em obra anterior – *A Economia no Quotidiano* – editada em 1988. Fundamenta-se tal orientação no reconhecimento de que existe, nos fatos da vida econômica, uma *dimensão temporal*, que não pode ser ignorada, quando se busca divisar, com maior nitidez, a face atual dos fenômenos da economia.

Há no *presente* – como observou, com sua aguda e admirável visão, Ortega y Gasset – a presença do *passado* e do *porvir*. O que sucede *hoje* tem raízes no que aconteceu *ontem*, e o que ocorrerá *amanhã* terá muito de conseqüência do que ocorre agora.

O propósito do livro é oferecer ao leitor uma série de comentários sobre os problemas que, nos últimos dez anos, se foram apresentando, com especial relevo, em cada trimestre. São comentários que, feitos segundo a ótica do respectivo período, permitem avaliar, à luz da ótica atual, o acerto ou desacerto das opiniões então expendidas, as esperanças e os temores que se realizaram ou não, e o que se foi aprendendo ou deixando de aprender, ao passar do tempo.

Relembrando o acontecido no decênio, entende o autor que nele vivemos uma *Economia em desalinho*, um conjunto orgânico no qual as maiores deficiências não se situaram – como hoje ainda não se situam – na falta de potencial dos recursos mobilizáveis, e sim no manejo inadequado e tardio dos instrumentos de ação.

É natural e inevitável, sem dúvida, que na vida econômico-social, o desenvolvimento não se processe segundo uma linha regular de incessante progresso. São numerosos e inesperados os fatores externos, fontes de obstáculos e de perturbações. Mas muitos de nossos males resultam da tendência a reincidir nas práticas, de ação ou omissão, que a reiterada experiência do passado demonstrou serem desastrosas.

Um povo que não aprende com a História – é a conhecida advertência de George Santayana – *está condenado a repeti-la*. Em nosso País, onde já se fez uma revolução contra a vacina e contra a campanha para debelar a varíola e a febre amarela, insiste-se ainda em cultivar ilusões quanto a poderem os problemas ser resolvidos por geração espontânea. Ou por alguma espécie de facilitário, a reboque de velhos e desacreditados chavões ideológicos que bloqueiam o caminho das soluções racionais.

Numa de suas conferências em 1932, na defesa da reforma do sistema monetário, então rejeitada por um apego obscurantista ao *padrão-ouro*, apesar de sua evidente falência, Gustav Cassel evocou a imagem do velho relógio solar do *All Souls College*, com sua eloqüente inscrição: *Pereunt et imputantur*: as horas passam, perecem, mas responsabilizam. A oportunidade é uma moeda preciosa, que tem, na outra face, a responsabilidade.

O passado, o presente e o futuro estão a interpelarnos. Qual será a nossa resposta?

DANIEL FARACO

A ECONOMIA
EM DESALINHO

1
Julho-Setembro
1988

TAXA CAMBIAL
TÉCNICA E POLÍTICA

Um dos aspectos da nossa História, que está à espera de ser assinalado e analisado pelos estudiosos, é a tendência dos homens públicos a tratar *politicamente* os problemas econômicos e a preferir, para eles, soluções *políticas*, opondo-as, com freqüência e declaradamente, às soluções ditas *técnicas*, e até utilizando o vocábulo *tecnocrata*, que tem conotações pejorativas. No caso, o *estadista* reclama lugar de preponderância e remete o *especialista* à sua condição de agente auxiliar, isso na melhor das hipóteses em que pode – o *técnico* ou *tecnocrata* – aspirar a aninhar-se.

Incidirão em erro os *estadistas*? A resposta não é fácil e não comporta um *sim* ou um *não* peremptórios. Têm razão os *estadistas*, quando reivindicam, para o seu ângulo de visão, mais abrangente, o privilégio das decisões finais, e ainda o encaminhamento político das soluções técnicas. Não têm razão, porém, quando julgam que considerações de ordem política podem simplesmente sobrepor-se às de caráter técnico, e até mesmo delas fazer *tabula rasa*. A *técnica*, afinal, quando verdadeira e fundamentada, dá evidência e a devida importância a realidades que não é possível ignorar impunemente. Riscando-se um fósforo, pode-se ver, logo e sem mais procrastinações técnicas, se há ou não gasolina no tanque; mas isso, por vezes, dá resultados indesejados.

Essas observações vêm a propósito de uma questão que, ao longo dos últimos 50 (cinqüenta) anos, tem estado no centro do nosso intercâmbio comercial com o exterior: a questão da taxa cambial. E os problemas têm surgido e se têm eternizado, pelo desconhecimento de uma premissa fundamental, que o grande economista sueco Gustav Cassel denominou a *paridade dos poderes aquisitivos*. Examinemos brevemente em que consiste essa paridade.

A taxa de câmbio é a relação de valor que guardam, entre si, duas moedas que se trocam. Se alguém é possuidor de dólares e pode vendê-los, no mercado, por Cz$ 300* a unidade, ou se vice-versa precisa de dólares e consegue comprá-los nas mesmas condições, diz-se que a taxa de câmbio do dólar é de Cz$ 300, com pequenas diferenças na moeda *oferecida* e na moeda *procurada*: daí falar-se em *taxa de venda* e *taxa de compra*. Indaguemos, entretanto, por qual motivo quem precisa de dólares se dispõe a dar Cz$ 300 por unidade? Basicamente é porque, com um dólar, ele pode adquirir bens e serviços que valem, pelo menos, Cz$ 300. Se lhe oferecerem a moeda americana a Cz$ 400 ou Cz$ 500, ele a recusará, pois, na respectiva conjuntura de preços, não poderá com ela adquirir bens e serviços de valor correspondente.

Raciocínio semelhante se aplica à venda de moeda estrangeira. De onde provêm os dólares oferecidos no

* Cz$ – cruzado: denominação vigorante em 1988.

mercado? Basicamente, de novo, sua origem está na produção de bens e serviços que são exportados e pagos nessa moeda. Há, por certo, dólares com proveniência diferente, mas o grosso da oferta resulta da exportação. É, portanto, o exportador quem *produz* dólares, por essa via, e ele somente os entregará contra o recebimento de cruzados, se esses cruzados forem suficientes para cobrir os custos de produção desses dólares, vale dizer, dos bens e serviços exportados. Assim, quem gasta Cz$ 400 ou Cz$ 500, para produzir mercadorias que valem um dólar, quando exportadas, não o entregará por Cz$ 300 e preferirá retirar-se do mercado, deixando de produzir.

Em resumo, a taxa de câmbio, inevitavelmente, deverá equiparar-se à relação que existe entre os *poderes aquisitivos* – ou seja, o *poder de compra*, ou o *custo de produção* – das moedas cambiadas. Quando a taxa cambial do dólar for inferior ao poder aquisitivo dos cruzados correspondentes, os exportadores terão prejuízo, se a utilizarem e, de conseguinte, abandonarão o mercado; em conseqüência, a oferta de dólares ficará reduzida e até anulada, e o respectivo preço elevar-se-á. Esse mecanismo, caso seja permitido seu funcionamento legal, tenderá a recompor o intercâmbio. Por outro lado, se houver ainda quem ofereça dólares a preços baixos que não tomam conhecimento do mercado – é o que ocorre com as *taxas oficiais* adotadas pelos governos – todo mundo vai querer comprar dólares a Cz$ 300, para adquirir bens e serviços que valerão Cz$ 400 ou Cz$ 500. Como o governo não disporá de dólares suficientes para atender à contínua procura, serão inevitáveis medidas tipo *licenças de importação*, como a *licença prévia* da antiga CEXIM, de malsinada memória.

Esse encadeamento de relações – que, no fundo, é extremamente simples e fácil de compreender – é muitas vezes inteiramente desconhecido pelos que pensam ser possível fixar a taxa de câmbio, como se ela fosse algo autônomo e independente. É o que ocorre com muitos estadistas, aliás ilustres, que, preocupados com os aspectos políticos dos problemas, intentam resolvê-los deixando de lado seus aspectos técnico-econômicos. Não o fazem – fique isso bem claro – por ignorância. Assim procedem, porque confiam demasiado na eficiência dos processos políticos. Há nisso, afinal, uma deformação funcional tão grande quanto a dos técnicos que pensam ser possível desprezar os condicionamentos políticos de suas soluções.

TAXA DESAJUSTADA
UM EXEMPLO ILUSTRE

Em minha longa vida parlamentar, tive o ensejo de acompanhar de perto – e modestamente deles participar – alguns episódios que dizem com o tema esboçado no tópico anterior e que tiveram, por personagem central, um grande estadista brasileiro: Oswaldo Aranha, Conheci-o pessoalmente nos anos cinqüenta e a primeira vez em que com ele conversei foi numa reunião no Itamarati, na qual se examinou matéria referente ao intercâmbio com os Estados Unidos. Tomei parte nessa reunião, convocado pelo Ministro de Estado, junto com outros parlamentares. Para ela, Aranha, embora não exercesse no momento função oficial, fora convidado como conselheiro emérito que era, sobretudo no campo das relações internacionais. Reencontrei-o depois, em ocasiões semelhantes e trocamos algumas idéias que tinham, em geral, o comércio externo como tema.

Vigorava, então, o famoso *câmbio oficial*, com a taxa do dólar fixada em Cr$ 18,50 (cruzeiros)* em média, taxa que vinha sendo mantida inalterada, desde 1939. Estava essa taxa, naquela altura, claramente desajustada, mas, para os fautores da opinião pública, era também uma *taxa intocável*. Na Câmara dos Deputados, notadamente na Comissão de Economia, não me cansei de repisar esse ponto e de propor o reajustamento da taxa que, mantida naquele nível, dificultava as exportações e estimulava, artificial e fortemente, as importações. Era, entretanto, uma voz praticamente isolada e ouvida às vezes até com estranheza.

Foi quando, em 1951, o então Ministro Horácio Lafer, titular da Fazenda, encaminhou ao Presidente Getúlio Vargas, e este ao Congresso, projeto de lei instituindo o chamado *câmbio livre*. Seria mantida a taxa de *câmbio oficial*, mas determinadas operações poderiam ser realizadas num mercado de taxas livres. Era uma abertura a que dei logo, na Câmara e em declarações à imprensa, todo o apoio e, cabendo-me relatar a proposição na Comissão de Economia, formulei parecer favorável.

No próprio Governo, porém, não havia unanimidade, a respeito. O então Presidente do Banco do Brasil enviou memorial ao Presidente da República combatendo a medida; este encaminhou o documento a Lafer que lhe contraditou os argumentos, e a discussão por escrito entre as duas autoridades continuou por algum tempo. Quando o respectivo dossiê se avolumou, Vargas enviou-o a Oswaldo Aranha, pedindo-lhe que o estudasse e opinasse a respeito.

Como, no referido dossiê, figurava meu parecer dado na Comissão de Economia, Aranha telefonou-me propondo

---

* Cruzeiro: denominação vigorante de fins de 1942 a princípios de 1967.

que nos reuníssemos em sua casa, para discutir tranqüilamente a matéria. Ouviu ele atentamente meu arrazoado que se ancorava na *paridade dos poderes aquisitivos*. Ouviu, mas não se convenceu. Disse que eu podia ter razão, do ponto de vista *técnico*, mas a moeda era também um *instrumento político* e devia ser tratado, sobretudo, politicamente.

Deixei com ele um livro meu sobre Economia, no qual se discutia a questão da paridade. Dias depois, recebi um cartão – que conservo nos meus guardados – acompanhando outro livro, do antigo Ministro da Economia alemão Hjalmar Schacht, traduzido para o espanhol e intitulado *Más Dinero, Más Capital, Más Trabajo* (*Mehr Geld, Mehr Kapital, Mehr Arbeit*). No cartão, Aranha, após umas palavras generosas sobre o meu livro, afirmava categoricamente: *não esqueça, porém, que não se faz mais a política da moeda, mas que esta é, no mundo atual, um elemento, um instrumento da política de cada país.*Com seu poder de síntese, Oswaldo Aranha definia seu pensamento. E sua convicção de que o político pode exercer seu império sobre a moeda, sem se submeter a condicionamentos técnicos.

Mas a vida prosseguiu seu curso. O projeto do mercado livre de câmbio – e nisso tive boa parte da responsabilidade – foi aprovado na Câmara e no Senado e, apesar das ameaças de veto, sancionado pelo Presidente da República, tornando-se a Lei n.º 1.807, de 7-1-53. E, com a sua regulamentação, entrou finalmente em operação.

A lei suscitou controvérsias. Sucederam-se manifestações, cada qual dominada pela posição político-econômica dos declarantes. Entre os que opinaram – vide *Diário da Noite*, do Rio de Janeiro, de 2-3-53 – estavam o deputado Carlos Luz, apoiando a lei, com recomendações de prudência, e o Senador Alberto Pasqualini, reservando-se para opinar, quando e como a lei fosse aplicada. Opinou, também, Aliomar Baleeiro e fê-lo com o vezo oposicionista que tanto o caracterizou. *Estão tramando a desvalorização do cruzeiro desde 1947. Este movimento existe há mais de seis anos. Quanto às conseqüências do mercado livre de câmbio, em pequena margem deve provocar uma pequena desvalorização do cruzeiro.*

Se o repórter reproduziu exatamente suas palavras, o Professor de Finanças Aliomar Baleeiro estava claramente cedendo a vez ao político oposicionista, membro da famosa *banda de música* da UDN. Com aquela precavida ressalva acadêmica sobre a *pequena margem* capaz de provocar *pequena desvalorização.*

Todas essas declarações, entretanto, empalideceram em face das que os jornais atribuíram a Oswaldo Aranha. Para sermos fiéis à História, só há um caminho a seguir: o de reproduzir as declarações como foram publicadas no *Diário da Noite*, de 2 de março de 1953, com enorme manchete na primeira página:

> *Não sei de erro maior, não somente econômico e financeiro, como político e social, do que alterar, neste momento, a taxa cambial. Não creio que este, ou qualquer governo, em circunstâncias como as atuais, possa manter a ordem pública, se operar a desvalorização da taxa cambial, sem um longo período de providências, sem medidas preparatórias. Os efeitos serão incontroláveis e talvez irreparáveis. Não está o país preparado para tão radical modificação de sua maneira de produzir, comerciar e viver.*
>
> *Essas operações de câmbio no mercado livre trarão, fatal e inevitavelmente, a desvaloriza-*

ção do cruzeiro, pela valorização de todas as demais moedas. A inclusão de exportação e de importação de determinados produtos, nesse mercado, não só trará uma nova taxa cambial, como um novo mercado comercial, a que irá ter, queira ou não o Governo, toda a produção nacional exportada, incluída a do café. Será a adoção da desvalorização oscilante, considerada a mais onerosa e perturbadora de todas as formas de desvalorização. Não tenho notícia de ameaça mais grave à vida do povo, à estabilidade do Governo e ao futuro do país.

Nenhum país faz hoje a política da sua moeda, porque esta passou a ser instrumento da política nacional e internacional de cada país. Deixar o valor da moeda à mercê do livre câmbio integral, seria em nosso país tirar dos pobres para dar aos ricos. A moeda é a medida para a circulação e distribuição das riquezas de um povo e jamais um instrumento para manobras capitalistas nacionais ou internacionais. A exportação de produtos cujos preços são superiores aos dos mercados internacionais, através da desvalorização do cruzeiro, é um erro de conseqüências irreparáveis. Tenho a impressão de que nem temos esses produtos ou, se os temos, são necessários ao nosso consumo e em percentagem insignificante relativamente à produção exportável.

As nações não são eternas. Cometeremos um suicídio, se fizermos a desvalorização da nossa moeda nas circunstâncias atuais, em benefício de outros países. Teremos o encarecimento da vida numa espiral incessante. Permitida a desvalorização, direta ou indiretamente, pelo Go-

verno, sofreremos perturbações, algumas irreparáveis, na vida do povo, na estrutura econômica do país e na estabilidade das nossas instituições políticas, jurídicas e sociais.

Tais declarações eram encimadas por subtítulos, em maiúsculas garrafais, que bradavam:

1º – Caos político, social e econômico
2º – A ordem pública em perigo
3º – Marcha para a desvalorização do cruzeiro
4º – Pânico político e reação.

A entrevista só não era uma bomba atômica, porque o segredo desta na época constituía ainda privilégio zelosamente guardado pelos Estados Unidos e pela União Soviética. Mas era uma arrasadora barragem de artilharia pesada, sobre a recém-nascida Lei do Mercado Livre de Câmbio, e os teimosos defensores do reajustamento da taxa cambial, entre os quais, para mal de meus pecados, eu figurava, com incômoda preeminência.

O *Diário da Noite* – que era, no Rio, o mais saliente dos *Diários Associados*, na época o centro motor dos meios de comunicação – não poderia deixar que escapasse a oportunidade de dar a palavra aos atingidos pelo canhoneio, notadamente o Relator do projeto. Declarei, então, ao jornal que publicou as declarações em sua edição de 5-3-53:

O que desvaloriza a moeda não é a liberdade cambial e, sim, a inflação. Confundir desvalorização monetária com ajustamento da taxa cambial é um erro trágico, infelizmente muito generalizado. A desvalorização do cruzeiro é fato tão eviden-

te e processo tão progressivo, quanto a própria inflação. Desvalorização e inflação são a mesmíssima coisa. São dois nomes para o mesmo fenômeno, em virtude do qual a moeda compra menos no mercado. A taxa cambial, por sua vez, é o preço da moeda estrangeira, expresso em moeda nacional. Esse preço sobe ou desce com os demais preços. Pode-se, é verdade, tabelar o preço da moeda estrangeira, como se tabela o preço do arroz, do feijão, etc. Nisso consiste a fixação da taxa oficial do dólar em 18 cruzeiros.

Na medida, porém, em que o custo do dólar sobe, além de 18 cruzeiros, inevitável será o seu desaparecimento fora do mercado negro, exatamente como ocorre com o arroz e o feijão em circunstâncias semelhantes. Manter a taxa cambial desajustada em seu nível atual é manter a exportação e com ela a importação fora do mercado (as últimas quatro palavras, omitiu-as o jornal, por erro tipográfico).

O mercado paralelo de taxa livre é uma das fórmulas possíveis para o reajustamento parcial da taxa de câmbio, uma vez que todos reconheceram ser perigoso o seu reajustamento geral e imediato. Foi a única fórmula viável, por uma série de razões que seria longo enumerar e que foi preferida a outras fórmulas, como a compensação e as taxas múltiplas. Tive o ensejo de acentuar, nos debates sobre a respectiva lei, que, se a inflação não fosse dominada, o reajustamento geral seria inevitável. Adverti, ainda, que o êxito da lei ficará gravemente comprometido pela teimosia com que o Governo quisera subordinar a própria existência da lei do mercado paralelo ao seu intei-

> *ro arbítrio. Essa teimosia é responsável pelo fato de a lei não ter criado o ambiente de confiança que tão necessário e urgente é restabelecer nas operações cambiais. Além disso, a regulamentação, ao invés de minorar esses inconvenientes, ainda mais os agravou. O Governo tem agora o que quis. Sua alma, sua palma. Apesar de tudo, parece-me cedo ainda para um julgamento definitivo, com base na experiência da nova lei. Ainda não entraram no mercado as divisas resultantes dos produtos gravosos. Certo é que, se estamos mal com a lei, muito pior estaríamos sem ela. Esperemos que os fatos se mostrem mais eloqüentes do que os argumentos.*

Como se vê, as declarações colocavam a questão em terreno estritamente impessoal. Procuravam responder às objeções de várias fontes, embora, é claro, nestas se agigantassem as do nosso antigo Chanceler. Aconteceu, porém, que o *Diário da Noite* encimasse a minha entrevista com a manchete: *Câmbio livre, Dr. Aranha, não desvaloriza a moeda*. Manchete que era inteiramente de autoria do jornal e de sua exclusiva responsabilidade. Mas poderia ser maliciosamente interpretada como algo equivalente a um pito, e Aranha, que tinha a sensibilidade à flor da pele, ressentiu-se. No dia seguinte, na Câmara, Flores da Cunha me entregou uma carta, dizendo-me de rosto franzido: *É do Oswaldo. Ele está ressentido contigo*.

Caí das nuvens e abri o envelope. Era uma carta manuscrita, numa letra uniforme que cobria os dois lados da folha e mais um pedaço da margem, demonstrando ter sido lançada, sobre o papel, de um jato. É o seguinte o teor da carta, respeitada a grafia do autor (facto, exacta, etc):

Meu caro patrício

Li a sua lição sobre câmbio livre e desvalorização, em resposta a uma versão de minha opinião sobre ambos os casos. Não confundo, como supõe, esses dois factos. Tenho de ambos uma noção exacta. Tudo que, em palestra com um amigo, quis expressar foi o meu receio de uma modificação da taxa cambial pela má aplicação da lei actual. É advertência e nada mais. É a recomendação que acompanha o uso dos remédios. Não entrei na cogitação das misturas e combinações da droga. Isso é matéria para os químicos e, mesmo, alquimistas econômicos e financeiros. Eu sou apenas um dos milhares de doentes necessitado de cura, mas receoso das receitas. Confesso-lhe que, como está sendo posta em execução esta Lei – tão necessária que já estava em vigor – trará, a meu ver, graves perturbações, algumas incontroláveis. Este é o meu temor, que expressei numa roda de amigos, transmitida ao público em artigo de imprensa. Nada mais. Creio, mesmo, que a Lei bem executada será proveitosa e útil em seus efeitos. Admiro muito seus conhecimentos e respeito seus pontos de vista e, por isso mesmo, espero que não me julgue, como faz crer em sua entrevista, um ignorante no beabá de um alfabeto que todo mundo devia saber ler e até explicar. Do seu colega Oswaldo Aranha.

Flores da Cunha tinha razão. O ocorrido magoara e bastante Oswaldo Aranha, embora, volto a repetir, o que devia tê-lo ferido fora a manchete, pois nada havia de pessoal na minha argumentação, que se limitava a sustentar, com firmeza de uma convicção arraigada, as razões do meu parecer. Por outro lado, a missiva revelava que a entrevista de Aranha, com a redação que lhe dera o jornal, não correspondia ao seu pensamento. Redigi imediatamente a resposta que, no outro dia, entreguei ao General Flores. Foi o seguinte o texto da carta:

Rio, 6 de março de 1953
Eminente patrício
Embaixador Oswaldo Aranha

Acabo de receber sua carta, a propósito de minhas declarações sobre o mercado de taxa cambial livre, publicadas pelo Diário da Noite de 5 do corrente.

Não foi meu intuito – nem me parece que o texto da minha entrevista comporte outra interpretação – desmerecer, por qualquer forma, os seus conhecimentos em matéria econômica.

Pediu-me o jornalista um pronunciamento sobre as declarações publicadas, no Diário da Noite de 2 e no O Jornal de 3 de março, relativas ao mercado de taxa livre. Tais declarações compreendiam veementes palavras do ilustre patrício, condenatórias do referido mercado, e comentários a essas palavras feitas por eminentes parlamentares.

Minha opinião foi solicitada como autor do substitutivo, do qual resultou – com modificações que, em parte, combati porfiadamente – a atual lei n.º 1.807, de 7-1-53. Limitei-me a uma tentativa de colocar a questão nos termos em que me parece imperativo colocá-la, sobretudo no tocante à distinção entre a desvalorização da moeda, obra da inflação, e o ajustamento da taxa cambial, por uma ou outra das várias fórmulas possíveis.

Quando, há meses atrás, tivemos ensejo de discutir ampla e cordialmente a matéria, faleilhe no desalento com o qual via o debate sobre o câmbio arrastar-se, no Parlamento e na Imprensa, em torno de palavras, a que dava cada interlocutor sentido diverso.

Nada tenho a ensinar a estadistas da sua estatura. Cabe-me, entretanto, em face de crítica veemente, embora legítima e autorizada, o dever de justificar meus pontos de vista, como decorrência inevitável da responsabilidade – que aceito nos termos dos meus votos – por um diploma legal em cuja feitura modestamente colaborei.

Vejo agora, com alegria, que a versão dada às suas declarações não foi exata, quando lhe atribuiu uma condenação formal à lei nº 1.807, pois, ao contrário, seu pensamento é o de que a lei, bem executada, será proveitosa e útil em seus efeitos.

Estamos de acordo, portanto, inclusive no tocante à má execução da lei, na qual, a começar pelo Regulamento, se me afigura, existirem tibieza e indecisão lamentáveis. O Governo leva avante, também aqui, a política de too little and too late que, infelizmente, parece caracterizar o atual período governamental e que responde pelos próprios defeitos da lei n.º 1.807.

Com estima e admiração

Daniel Faraco

Dias depois – Aranha estava fora do Rio, como se verá pela carta adiante transcrita – Flores da Cunha, no Palácio Tiradentes, entregou-me um envelope. Desta vez, com o rosto desanuviado e, mascando seu indefectível charuto, foi logo adiantando o conteúdo: *O Oswaldo tem, por ti, uma grande consideração*. Eis o teor da nova carta:

> *Meu caro Faraco*
>
> *Ao chegar da Vargem Alegre encontrei sua carta, amiga e generosa, que só me podia dar grande prazer.*
>
> *Devo dizer-lhe, com a franqueza que torna dignos os sentimentos, que me ressenti, quando o Flores chamou minha atenção para os comentários, com a leitura de sua entrevista. Verifico, agora, que estamos ambos sendo vítimas de equívocos. Não dei entrevista ao Diário da Noite sobre esse caso. É falsa e mentirosa a versão que me é atribuída. Em caráter pessoal, interpelado por amigos, em minha casa, li uma informação que, a pedido do Presidente, dei há 4 meses, sobre uma proposta do então Presidente do Banco do Brasil, propondo a modificação da taxa cambial. Esta é a verdade. Um dos amigos, que é jornalista, escreveu um artigo no Diário de Notícias, comentando e citando, à sua maneira, as minhas opiniões. Não li o Diário da Noite e não sei o que me atribuiu esse jornal. Mas tudo isso foi um grande bem, porque me deu mais uma oportunidade para sentir a nobre inspiração de suas idéias e atitudes. Espero dar-lhe a ler essa opinião e, então, teremos oportunidade de*

conversar e eu de, mais uma vez, admirar os seus profundos conhecimentos e, sobretudo, seus nobres propósitos.

Do colega grato
Oswaldo Aranha

Aranha – que primava pela generosidade – utilizou-a com demasia, em suas manifestações de apreço a meu respeito. Reproduzo suas cartas, entretanto, a fim de dar um depoimento – que acredito tenha algum valor mesmo neste nosso deserto de homens e de idéias, *para citar uma expressão famosa do artífice da Revolução de 1930 – sobre como têm andado desencontradas, entre nós, a* política *e a* técnica.

Nem sempre, porém, a razão está a favor da *técnica*. É o que se procurará ilustrar, invocando uma vez mais o ocorrido com Oswaldo Aranha.

TÉCNICA E POLÍTICA
A VOLTA POR CIMA

Estava escrito, realmente, que eu testemunharia outro episódio, com lições de fatos, e agora sobre como a política, ao invés de alijar os aspectos técnicos dos problemas econômicos, é capaz de, por assim dizer, envolvê-los e revesti-los de uma capa aliciante, de modo a viabilizar a adoção de medidas que, sem isso, seriam refugadas. Esse envolvimento e revestimento – que em política internacional toma o nome de diplomacia – nem sempre é feito sem perigos, sobretudo no longo prazo, perigos freqüentemente bem maiores do que os quase sempre oferecidos por soluções técnicas. Isso, por vezes, se apresenta como um risco calculado, um preço a pagar, na tentativa de resolverproblemas.

É que, em meados de junho de 1953, o Ministro Horácio Lafer pediu demissão e o Presidente Getúlio Vargas nomeou Oswaldo Aranha para a pasta da Fazenda. Dias depois, esteve ele na Câmara dos Deputados, em visita de cortesia e, quando chegou a minha vez de cumprimentá-lo, reteve-me dizendo que queria conversar comigo, o que, diga-se de passagem, é gentileza e formalidade, não rara nos Ministros que assumem, para com os parlamentares. Mas, na saída, Aranha reiterou o convite com insistência e foi logo dizendo que oportunamente me telefonaria, marcando o encontro. Este finalmente ocorreu em agosto, no Ministério da Fazenda, no Rio.

Tive muito boa impressão das disposições do Ministro. Mostrava-se ele humilde em face da realidade, como sempre eriçada de dificuldades, mas seguro de que tinha condições para enfrentá-las. Lembrando antigas e superadas divergências, assegurou que estava mantendo em ação a Lei n.º 1.807 – a do câmbio livre – e acrescentou como quem faz uma revelação:

– *Vou acabar com a CEXIM (Carteira de Exportação e Importação do Banco do Brasil, responsável pela expedição das famigeradas licenças prévias de importação).*

– *Vai alterar a taxa de câmbio oficial?* perguntei.

– *Não. Na taxa não se mexe!*

– *Então,* redargüi, *não conseguirá acabar com a CEXIM. No máximo, mudar-lhe-á o nome.*

Aranha limitou-se a sorrir enigmaticamente, e convidou-me a participar, quando pudesse, das reuniões da SUMOC

(Superintendência da Moeda e do Crédito, antecessora do Banco Central). Passou depois a conversar de política. Era eu do PSD gaúcho que, em dissidência com o PSD nacional, fazia oposição. Ele compreendia a nossa atitude que, não sem motivo, atribuía a problemas regionais, e entrou a falar de um tema que sempre lhe mereceu muito carinho: Getúlio Vargas. Disse que o Presidente estava com a inteligência e a memória boas e lúcidas, mas com o ânimo e a vontade muito enfraquecidos. Ajuntou um detalhe que me surpreendeu e impressionou: *Ele, às vezes, chega a chorar.* Os dramáticos acontecimentos do ano seguinte demonstraram quão procedentes eram essas observações.

Em princípios de outubro de 1953, telefonou-me certa noite o Deputado Rui Palmeira, alagoano, então Presidente da Comissão de Economia. Aranha pedia que ambos fôssemos ao Ministério, na manhã seguinte, às 7 horas, para tratar de problema urgente. Compareci às sete em ponto, e encontrei sozinhos o Ministro e o Diretor da Carteira de Câmbio do Banco do Brasil, Marcos de Souza Dantas. Rui Palmeira não chegara ainda, mas Aranha tinha pressa e foi logo expondo a questão.

> – *Nossa situação, disse ele, é insustentável. Temos atrasados cambiais com quase todos os países e o Marcos (de Souza Dantas) não consegue fazer outra coisa no Banco, senão receber importadores, ávidos por divisas que não temos. Ele elaborou um plano de leilão de câmbio, e sobre ele quero a sua opinião.*

Deu-me a ler o plano: era o rascunho da que se tornou depois a conhecida Instrução n.º 70, de 9-10-53, da SUMOC. Li-a atentamente e fui dizendo:

– As medidas me parecem estar no caminho certo, embora eu preferisse utilizar a Lei n.º 1.807, do câmbio livre, que é bem menos complicada. Posso levar o rascunho, para estudá-lo melhor e dar-lhe meu parecer por escrito?

– Não, senhor, atalhou Aranha. Isto deve estar na reunião da SUMOC de amanhã e preciso de um parecer, agora. Tome o tempo necessário, mas não me saia do Ministério antes de formar um juízo definitivo.

A essa altura, chegou Rui Palmeira, e passamos os dois para uma sala ao lado, onde nos debruçamos sobre o projeto de Instrução. Por ele, a licença prévia de importação deixava de ficar, como até então, ao inteiro arbítrio da CEXIM e passava a depender da aquisição, pelo importador, em leilão a cargo do Banco do Brasil, de *promessas de vendas de câmbio*. Eram instituídas cinco categorias de leilões, sendo a primeira destinada a produtos considerados essenciais, ao passo que as demais categorias incluíam produtos menos necessários, em grau decrescente, até chegar à quinta categoria, que abrangia bens de luxo ou praticamente dispensáveis. Para adquirir as *promessas de vendas de câmbio*, o importador pagaria uma *sobretaxa*, segundo lances que ofereceria nos leilões. Estava implícito que o Banco destinaria parcela maior de divisas à primeira categoria, e parcelas gradualmente menores às demais. Desse modo, a *sobretaxa* – que depois, na prática, passou a ser denominada *ágio* – tenderia a ser menor na primeira categoria e iria crescendo escalonadamente nas demais. Na realidade, era um imposto de importação *ad valorem* que se instituía, o que só se tornou evidente e foi consolidado quatro anos depois, quando entrou em vigor a Nova Lei das Tarifas das Alfândegas; mas isso é outra história. Por sua vez, os exportadores, ao venderem ao banco as divisas resultantes de suas operações, receberiam, além da *taxa oficial*, uma *bonificação* em cruzeiros (que era então a moeda do país, note-se).

Pareceu-nos, ao Rui Palmeira e a mim, que as medidas propostas, ressalvada a complexidade, constituíam saída defensável, e voltamos ao Gabinete do Ministro, para informá-lo disso.

> – *Por esse caminho*, ponderei, *a taxa de câmbio é alterada.*
>
> – *Não, apressou-se Aranha a repetir, não se mexe na taxa..*
>
> – *Como assim*, retruquei: *na importação, paga-se a taxa oficial mais a sobretaxa, e, na exportação, recebe-se essa taxa mais a bonificação.*
>
> – *Sim*, concluiu ele, com ar sorridente e sabido. *Mas uma coisa é a sobretaxa, outra coisa é a bonificação, e coisa ainda diferente é a taxa de câmbio.*

Fiz, a respeito, alguns comentários jocosos e tudo ficou por isso. A reunião da SUMOC não se realizou no dia seguinte, e sim dois dias depois, e foi meio solene. Para ela, Aranha convidou, além de Rui Palmeira e a mim, os Deputados Flores da Cunha e Raimundo Padilha. Era evidente seu propósito de contar com o apoio parlamentar, que realmente não lhe foi negado.

E aqui vai uma confissão. Ao presenciar, nos dias seguintes, as repercussões da Instrução 70, nos meios políticos e de comunicação, compreendi o sentido do intrigante sorriso do Ministro. Ele embrulhara, artisticamente, a mudança prática da *intocável* taxa oficial de câmbio, no papel acetinado das categorias, sobretaxas e bonificações, e vendera bem uma idéia que, até então, ninguém queria comprar. O *político* manipulara a *técnica* e dera a volta por cima. Vale notar que o sistema da Instrução – apesar dos inconvenientes de sua complicação, os quais se foram progressivamente avolumando – teve o efeito colateral benéfico de atenuar a defasagem da tarifa alfandegária *específica* então vigente. E só quatro anos depois – com a reforma que transformou a tarifa de *específica* em *ad valorem* (Lei nº 3.244, de 19-8-57) – foi a Instrução 70 superada.

Meses depois, entretanto, tive minha pequena desforra. É que, pela Lei nº 2.145, de 29-12-53 – que Aranha propôs e referendou – foi extinta a CEXIM (Carteira de Exportação e Importação), como ele antecipara, e substituída pela CACEX (Carteira de Comércio Exterior). Mas a *licença prévia* – é verdade que com a salutar precaução dos *leilões de promessas de vendas de câmbio* – continuou, teimosa e impertérrita, nos artigos 2º e seguintes da lei. A CEXIM permanecia viva. Com outro nome, como fora facilmente previsto. Mas também, justiça seja feita, com outro e bem mais morigerado comportamento.

Na reunião da SUMOC, li declaração, analisando as medidas propostas, mencionando o que nelas me parecia haver de positivo e também as restrições. A declaração terminava dizendo:

> *Creio não errar afirmando que se trata de uma experiência arriscada. Partidário do reajustamento gradativo da taxa cambial, apesar disso eu não iria tão longe, se me coubesse decidir. Teria preferido prosseguir utilizando a Lei nº 1.807 (mercado de taxa livre), que me parece de manejo mais seguro.*

> *Nas atuais circunstâncias, só me resta desejar bom êxito ao Sr. Ministro da Fazenda. Não é a primeira vez que o Sr. Oswaldo Aranha escreve História, no Brasil, com gestos de audácia.*

David Lilienthal – da famosa TVA (Tennessee Valley Authority) e criador da expressão *empresa multinacional* – dizia que *o teste decisivo de um plano não é tanto o de ser ele bom para o povo, e sim o de ser afinal aceito pelo povo. Poder-se-ia acrescentar que é preferível um plano imperfeito, mas viável, a outro mais perfeito e inviável.*

Aos que lhe sugeriram candidatar-se à Presidência da República, Oswaldo Aranha retrucou, certa feita, que, após passar duas vezes pelo Ministério da Fazenda, ninguém pode aspirar vencer uma eleição presidencial. Ele foi um bom Ministro. Talvez fosse ainda melhor Presidente.

Porque, visceralmente político e com cacife suficiente para sê-lo, tinha bom senso apurado, capaz de levá-lo a adaptar suas teorias às circunstâncias, colocando a realidade acima da coerência, pois esta, muitas vezes, é apenas uma manifestação de vaidade.

2

Janeiro-Março

1990

GOVERNO COLLOR
NOVA *ET VETERA*

A SEDE DE INOVAÇÕES – para usar a expressão com que Leão XIII iniciou sua histórica encíclica *Rerum Novarum* – é uma das mais fortes ânsias do ser humano e, de certo modo, o acompanha do berço ao túmulo. A própria vida, aliás, se nutre de novidade: viver é renovar-se física e biológica e até mesmo psíquica e espiritualmente. O nosso *eu*, sem dúvida, conserva sua identidade, mas tudo o que o cerca e o constitui está em permanente mutação, do ontem, para o hoje e para o amanhã.

A obra divina da criação tende misteriosamente para o *novo*. A visão de Isaías – *eis que estou para criar novos céus e nova terra, e do passado não haverá mais recordação, nem pensamento algum voltará mais à mente* (Is. 65,17) – reaparece no Apocalipse, com o seu vigoroso enunciado – *vi então um céu novo e uma nova terra, pois o primeiro céu e a primeira terra se foram, e o mar já não mais existe* (Ap. 21,1).

Tão grande é a força do *novo*, que as Sagradas Escrituras revelam *ainda*, a respeito do *antigo*, se não aberta hostilidade, pelo menos marcantes reservas. Veja-se, por exemplo, esta passagem de São Lucas: *Ninguém põe vinho novo em odres velhos, caso contrário, o vinho novo estourará os odres, derramar-se-á, e os odres ficarão inutilizados; coloque-se, antes, vinho novo em odres novos* (Lc. 5,39).

Aí está um trecho escriturístico que bem poderia servir de bandeira, para os *progressistas* e os *avançados* de plantão oporem aos *conservadores* e aos *reacionários* das vizinhanças. Vale notar, entretanto, que, como a moderar eventuais exageros interpretativos, Nosso Senhor acrescentou: *Não há quem, após ter bebido vinho velho, queira do novo; pois diz: o velho é que é bom* (Lc. 5,39). E, em outra expressiva passagem, desta vez no Evangelho de São Mateus, Cristo enalteceu o escriba sábio que, do seu tesouro, tira *coisas novas e velhas* (*nova et vetera*) (Mt. 13,51).

Estes prolegômenos, veneráveis pela sua milenar antigüidade, certamente nos ajudarão a compreender melhor a feição inovadora de um novel governo presidencialista, ungido ao demais pela *eleição direta*. No parlamentarismo, quando muda o governo, dele se espera, via de regra, apenas algo mais – ou algo menos – da mesma história ou de história semelhante. No presidencialismo, porém, quando surge um *eleito* – alguns diriam *consagrado* – pela escolha direta da *soberania popular*, o que se espera é algo parecido com um novo céu e uma nova terra. Significativamente, a *mudança* foi a tônica de todas as plataformas da campanha presidencial. Houve um verdadeiro torneio em torno do tema, com todos os candidatos disputando o título de ser o mais *mudancista* do elenco.

Chegamos agora às vias de fato e à hora de o candidato vitorioso dar conseqüências práticas ao seu discurso eleitoral. Neste, como em todos os anúncios de governo, cumpre distinguir bem duas séries de proposições, ou seja, em primeiro lugar, as que dizem respeito aos *objetivos* colimados; e, em seguida, as relativas aos *meios* para atingi-los. Quanto aos *objetivos*, deve-se esperar que eles sejam permanentes e até imutáveis; já, no tocante aos *meios*, é razoável conjecturar que os característicos de permanência e imutabilidade sofram adaptações ditadas pelo choque do discurso com a realidade. No caso concreto do Governo Collor, os objetivos básicos foram resumidos pelo novo Presidente em três grandes grupos: combate à inflação, à corrupção e à miséria. Essas grandes metas, como se antecipou linhas atrás, serão *permanentes* e *imutáveis* – deve-se esperar, e que os anjos digam amém – e marcarão o Governo, do começo ao fim do período.

Que *meios*, porém, serão utilizados para tentar atingir essas metas? Aqui cumpre distinguir o *aparelhamento* mobilizado e o *tipo de ação* desenvolvido. Assim, por exemplo, no ainda flamante Plano Collor, ou Plano Brasil Novo, ou Plano Zélia – como queiram denominá-lo – o *aparelhamento* mobilizado tem seu eixo no Ministério da Economia, no Banco Central e na Polícia Federal. Já o *tipo de ação* desenvolvido engloba o tabelamento de preços, o congelamento de ativos financeiros líquidos, o reforço tributário, a extinção de órgãos públicos e a privatização de empresas estatais, enfim um rol de medidas a serem implementadas pelo aparelhamento ao qual se fez referência.

Do *Plano Zélia* – como parece mais lógico chamá-lo – falar-se-á em próximo tópico. Neste, o propósito será o de examinar o *aparelhamento* utilizado. Um dos pontos mais salientes da pregação eleitoral do novo Presidente, foi o *enxugamento* da máquina estatal. A palavra *enxugamento*, aliás, é uma das grandes vedetes do momento, e é muito bom que assim seja. É curioso como, em matéria de comunicação, há palavras e expressões que *pegam* e outras que não o fazem. A palavra *enxugar* – já largamente empregada, faça-se justiça, na literatura econômica – ganhou *status* na literatura política. E como a inflação – flagelo universalmente reconhecido e pesadelo que a todos apavora – é caracteristicamente um *inchaço*, uma *hidropisia*, *enxugar* tornou-se um conceito popular, embora o mesmo não ocorra, sabe-se lá por quais razões, com o seu sinônimo, no caso *emagrecer*. Enxugar o Estado, enxugar a burocracia e até, *mirabile dictu*, enxugar a liquidez, viraram expressões de sentido positivo, na fala do povo e conseqüentemente no jargão eleitoral.

Do enxugamento da liquidez, falar-se-á mais adiante. O que significa, porém, *enxugar* a máquina estatal? Consiste, é claro, em reduzir seu tamanho, ou seja, utilizar menor número de órgãos e de pessoas, seja para fazer o mesmo serviço, seja para eliminar os *serviços* aparentes e que, na verdade, mais desservem do que ajudam.

Este é um ponto no qual existe unanimidade de opiniões. As pesquisas revelam que quase cem por cento dos consultados é a favor do desinchamento da máquina estatal. O primeiro e realmente sério *enxugamento* que o novo Governo promoveu foi o do número dos Ministérios que, após o recorde de vinte e três atingido no Governo anterior, ficou limitado a doze. A redução foi obtida, de modo geral, pela incorporação, em o novo conjunto de unidades ministeriais, quer de inteiros Ministérios anteriores, quer das respectivas secretarias, dissociadas e reagrupadas ou, em alguns casos, transformadas em órgãos diretamente subordinados à Presidência da República.

Do remanejamento feito, o que mais interessa aos presentes comentários é o do qual resultou o aparecimento do Ministério da Economia, Fazenda e Planejamento e que será objeto do tópico seguinte. Antes, porém, seja-nos permitido tecer algumas considerações gerais sobre o número dos Ministérios mais adequado, no regime vigente em nosso País.

Esse número varia muito entre os países, como variam também as atribuições dos titulares das pastas. Nos regimes parlamentaristas, o número costuma ser maior e os Ministros têm um peso político relativamente grande, pois são representativos de partidos e, em conseqüência, lhes fazem o jogo eleitoral. É que, embora cada Ministro seja teoricamente expressão da confiança do Parlamento como um todo – e não apenas deste ou daquele partido – a formação do Gabinete resulta de entendimentos e até de coligações entre os vários grupos políticos que se unem para formar maioria. Isso leva freqüentemente ao aumento do número de ministros, para facilitar acertos e acordos. Daí a inclusão, muitas vezes, de Ministros sem pasta, o que deixa claro ser a função dos membros do Gabinete, no regime parlamentarista, marcantemente política, repousando o aspecto administrativo bem mais na estrutura burocrática.

Nos regimes presidencialistas, porém, os ministros são auxiliares de confiança do Presidente da República. Isso não lhes anula a feição política, mas dá conteúdo bem maior à tarefa de administrar. É revelador, para citar um exemplo, que nos Estados Unidos a denominação dada aos titulares das diversas pastas seja a de *Secretários* e não a de *Ministros*.

No Brasil, tradicionalmente, o número de Ministros, quer na Monarquia, quer na República, não era grande. Em 1964, ao iniciar-se o Governo Castello Branco, somava treze postos. Adotou-se, então, a prática de nomear Ministros Extraordinários, para atender a situações novas e ainda não suficientemente definidas, e que talvez se demonstrassem transitórias. Mas, como *il n'y a que le provisoire qui dure*, funcionou a lei não escrita que, diz-se, explica as dezenas de organismos que pululam na ONU, ou seja: *toda entidade burocrática nasce, cresce, fica e quase sempre se multiplica*... A criação de ministérios específicos e a atribuição do *status* de Ministro passaram a ser considerados remédios eficazes para todas as dificuldades administrativas. Em conseqüência, chegou-se no último Governo a vinte e três órgãos do primeiro escalão, e isso porque não houve tempo para aplicar, com maior rendimento, a lei não escrita da ONU, pois novos candidatos apontavam no horizonte.

Em boa hora, o novo Presidente entendeu de reduzir o número dos Ministérios, fixando-o em doze. Será esse, entretanto, o número adequado?. Deve esse número ser prefixado ou pós-fixado? Em outras palavras, deve-se primeiro determinar o número de Ministérios e, a seguir, fazer a distribuição das funções? Ou é preferível, ao revés, definir e delimitar as funções e, em conseqüência, enumerar os Ministérios? As respostas não são simples, nem fáceis. Há razões, num e noutro sentido. A favor da prefixação, em número o menor possível e viável, milita a necessidade de coordenar, num conjunto nacional eficiente, a ação que cada Ministro exerce em seu setor. Em prol da opção por número maior, alinham-se as conveniências de dar, a cada grupo de problemas mais ou menos estreitamente interligados, um tratamento específico e de não sobrecarregar, o político e administrador responsável, com encargos e preocupações, muitas vezes opostas e conflitantes, a ponto de comprometer a vigilância que deve aplicar e o rendimento da ação que deve desenvolver.

Gustavo Capanema, um dos políticos de maior espírito público que conheci e que tinha a respeito a experiência de longos anos como Ministro da Educação, manifestou-me certa vez, ainda no Governo Eurico Dutra, uma opinião digna de ser relembrada. Disse-me Capanema que o Presidente da República, para coordenar devidamente a ação dos Ministérios, deveria despachar, com cada um de seus titulares, pelo menos uma vez por semana. (Recordo aqui a regra dada pelo saudoso Padre Leopoldo Brentano, aos Círculos Operários: *reunião mensal, dormitório; reunião quinzenal, consultório; reunião semanal, laboratório*). Como a semana útil, naquele tempo, ainda tinha seis dias e Capanema entendia que os despachos, para serem produtivos, teriam de limitar-se a dois ou três por dia, sua conclusão prática era a de que o número de Ministérios não deveria exceder de quinze.

Neste quase meio século decorrido desde os anos quarenta, cresceram bastante, de um lado, o emaranhado dos problemas de governo, o que impõe maior diversificação de enfoques sobre como enfrentá-los; de outra parte, a interação entre os problemas e suas soluções, o que requer melhor coordenação e unificação dos planos globais. A observação de Gustavo Capanema parece continuar válida, pela sua motivação. Cumpre, não obstante, situá-la e reexaminá-la num contexto em que as funções e a estrutura dos diversos Ministérios, e o modo de os Ministros dirigi-los e por eles responder, devem ser repensados.

Vejamos, agora, um caso concreto: o do novo Ministério da Economia, Fazenda e Planejamento.

GOVERNO COLLOR
MINISTÉRIO DA ECONOMIA

A idéia de um Ministério da Economia é bastante antiga em nosso País. Sua postulação formal, data pelo menos de julho de 1949, quando se realizou, em Araxá, Minas Gerais, a Segunda Conferência das Classes Produtoras, sob a presidência de João Dault de Oliveira. Assisti, em companhia de vários parlamentares, entre os quais Israel Pinheiro, às reuniões dessa Conferência, e foi lá que conheci o então jovem Deputado Estadual Tancredo Neves, líder da bancada pessebista na Assembléia mineira. Uma das conclusões então aprovadas e encaminhada à Câmara dos Deputados, com memorial de 19 de setembro de 1949, sugeria a criação do novo órgão.

Na Câmara, o memorial foi distribuído à Comissão de Finanças, onde o Deputado Israel Pinheiro patrocinou a idéia e redigiu projeto de lei, o qual foi adotado pela Comissão em 24 de janeiro de 1950 e tomou, na Casa, o n.º 1.155/50. Depois de passar pela Comissão de Justiça – e receber parecer de 3-3-50, do Deputado Lameira Bittencourt – foi o projeto enviado à Comissão de Economia. Nesta, coube-me relatá-lo, sendo o respectivo parecer, datado de 2.6.50, aprovado em 2-8-50. Os pareceres das três Comissões estão publicados no Diário do Congresso Nacional de 23-11-55, página 8.589 e seguintes.

Todos esses dados são aqui reproduzidos, para compor o registro de uma documentação que, muito provavelmente, interessará no futuro, quando – arrisco-me a profetizar – será fatalmente reexaminada e modificada, se não revogada, a decisão de criar o atual e englobante Ministério da Economia, Fazenda e Planejamento.

Para bem situar a questão, o que se faz necessário indagar, logo de início, é qual o objetivo visado com a criação do Ministério em apreço? A resposta, hoje, afigura-se a mesma que lhe era dada, há meio século atrás: unificar a ação do Governo, no terreno econômico.

No memorial assinado por João Dault de Oliveira, dirigido ao Congresso, esse objetivo era apontado *como o meio de facilitar a unidade administrativa na condução dos nossos problemas econômicos e incentivar ordenadamente o nosso desenvolvimento*. Mas o racional é que se prossiga investigando se esse é um método eficaz para promover tal unidade, e se os efeitos colaterais da medida não são de molde a exigir seja ela encarada com muitas reservas e cheguem mesmo a contra-indicá-la.

Vale acentuar, aliás, que nos anos 50 – nos quais se iniciou a discussão da matéria, no Congresso Nacional – veio ela no bojo de uma forte tendência a atribuir, ao Estado, alto grau de intervenção na vida econômica. Em tal clima, não é de estranhar que o projeto do Deputado Israel Pinheiro – o mais entusiasta partidário da criação do Ministério – estipulasse em seu artigo primeiro: *Fica criado o Ministério da Economia, encarregado de dirigir* (sic) *a política econômica do País e orientar a indústria e o comércio nacional*.

É bem verdade que a Comissão de Justiça modificou esse artigo, dando-lhe a seguinte formulação: *É criado o Ministério da Economia, que terá a seu cargo o estudo e despacho de todos os assuntos relativos à política econômica do País e à sua indústria e comércio*. Tratava-se, no caso, porém, de mera maquilagem de redação, para ajustá-la, como expressamente declarou o Relator Lameira Bittencourt, à dos diplomas legais que, em 1930, haviam criado os Ministérios da Educação e Saúde e do Trabalho. Tanto era assim, que a Comissão manteve intacto o restante do projeto Israel Pinheiro, inclusive o artigo segundo que discriminava a competência do novo Ministério, com forte sabor intervencionista, do qual são amostras eloqüentes itens como os a seguir:

c) – dar orientação econômica à produção e à sua racional discriminação;

f) – orientar a política de investimento dos estabelecimentos de crédito.

Em meu parecer, na Comissão de Economia, comecei assinalando que o projeto n.º 1.155/50 incluía, sem distingui-los, dois conceitos irredutíveis: um genérico, a *política econômica*, e outro específico, *a indústria e o comércio*. Tudo, enfim, dizia respeito à economia, mas enquanto *a indústria e o comércio* eram apenas formas peculiares de atividade, a *política econômica* dava expressão a um conjunto de normas e ações, promotoras e harmonizadoras, não somente desses dois tipos de atividades, e sim de todo o universo próprio no qual elas se inseriam.

Que os problemas referentes à indústria e ao comércio estavam a exigir um Ministério especial – como ocorria com a agricultura – era inconteste. Tais problemas, na época, situavam-se teoricamente na alçada do que se denominava *Ministério do Trabalho, Indústria e Comércio*. Mas as questões trabalhistas, por sua natureza, de tal modo absorviam as atenções do titular da pasta que, na prática, não lhe sobrava, nem tempo, nem disposição para cuidar da indústria e do comércio. De conseguinte, o vácuo vinha sendo preenchido – e mal – pelo Ministério da Fazenda, o que imprimia inevitavelmente, à ação governamental na espécie, uma deformação fiscalista prejudicial à boa gestão. Razões de sobra militavam, pois, em favor de um Ministério da Indústria e do Comércio.

Já no que tangia à *política econômica*, outras eram as premissas a considerar. Tal política não poderia restringir-se à indústria e ao comércio. Teria de enfocar necessariamente, além de matéria pertinente à agricultura, outros aspectos relativos às atividades econômicas em geral, como os do crédito, do suprimento de moeda, da tributação, das despesas públicas e assim por diante. Entregar a autoridade e a responsabilidade de conduzir a *política econômica* do País a um determinado Ministério implicaria forçosamente em atribuir-lhe ingerência nas demais pastas, ou seja, transformá-lo num Superministério, o que, com o tempo, revelar-se-ia política e administrativamente insustentável. A definição da *política econômica*, no que é atribuição do Poder Executivo, cabe evidentemente – em nosso regime presidencialista – ao próprio Presidente da República, de quem se espera a orientação e a coordenação das atividades das diversas Secretarias de Estado, de modo a construir um todo orgânico, operante e capaz.

Ministro que fui da área econômica, no Governo Castello Branco, pude testemunhar o método que aquele grande e saudoso estadista seguia, para unificar e dinamizar a política desenvolvida, reunindo periodicamente os Ministros daquela área, a fim de, dentro de agendas rigorosamente organizadas e observadas, e com a participação e sob a atuante direção do Presidente, fixar os planos de procedimento e acompanhar-lhes a execução, ajustando-os às vicissitudes da realidade que é cambiante e requer freqüentes adaptações e amoldamentos.

Na Comissão de Economia da Câmara, prevaleceu o ponto de vista esposado pelo parecer. Foi adotado o texto proposto que criava o Ministério da Indústria e do Comércio, e lhe fixava a competência em termos gerais, sem as especificações intervencionistas do projeto inicial. Veio então um período de *hibernação* que iria prolongar-se por dez anos, sendo cinco na Câmara e outros cinco no Senado. É que a idéia teve de enfrentar fortes obstáculos de natureza política, notadamente dos setores ligados ao Ministério da Fazenda. É natural, em todos os detentores de poder, a desconfiança e a oposição a tudo quanto represente partilhar esse poder, ou limitá-lo. O Ministério da Fazenda era tradicionalmente o mais poderoso órgão civil da República, pois, além de deter – como é curial – as chaves do Tesouro, atuava fortemente no campo monetário e intervinha decisivamente nas próprias atividades mais especificamente econômicas.

Os que, no Congresso, éramos partidários da criação da nova pasta, chegamos a uma conclusão. A idéia não prosperaria, senão em fim de Governo, isto é, no interregno político que se forma, quando um mandato presidencial está a terminar e não se definiu ainda quem irá compor o Ministério, no caso o da Fazenda. Foi o que ocorreu em fins de 1955 e começos de 1956, fase particularmente agitada da política nacional, e o projeto n.º 1.155/50 conseguiu finalmente entrar na ordem do dia da Câmara, onde foi votado na sessão de 4 de janeiro de 1956.

O texto aprovado foi basicamente o proposto pela Comissão de Economia em 1950, mas acabou prevalecendo a denominação de Ministério da Economia, prestigiada pela influente preferência de Israel Pinheiro, o qual, embora aceitando meus argumentos contrários à redação intervencionista e dirigista do seu projeto, a eles não se rendera, no tocante ao nome.

No Senado, o projeto inicialmente andou a pleno vapor, na tentativa em que muito nos empenhávamos de pôr o novel Ministério em ação, no Governo que se instalaria em 31-1-1956, o do Presidente Juscelino Kubitschek. Recebeu a proposição, por isso e rapidamente, pareceres das respectivas Comissões, entre elas a Comissão de mérito – a de Finanças – com sólido e judicioso arrazoado do seu Relator, o Senador Álvaro Adolfo, que honrou como poucos aquela Casa do Congresso Nacional.

Em seu parecer, a Comissão de Finanças do Senado manifestou-se favorável ao decidido em 1950 pela Comissão de Economia da Câmara, e voltou a denominar Ministério da Industria e do Comércio a Secretaria a ser criada. A essa altura, porém, já começava a ser definida a equipe do novo Governo, e a velha resistência do campo fazendário voltou a funcionar. O projeto entrou em banho-maria e nele permaneceu por mais cinco anos.

Em meados de 1960, novo interregno político se desenhou, com os pródromos da campanha presidencial. Foi uma época de acesos debates provocados pelo crescimento da inflação e pela atuação da famigerada COFAP – Comissão Federal de Abastecimento e Preços, com a qual se vinha tentando inutilmente controlar o processo inflacionário, via tabelamento. A idéia da criação do novo Ministério ganhou impulso e o Senado deu andamento ao projeto, votando um substitutivo que o criava, com o nome de Ministério da Indústria e do Comércio, juntamente com outro, o Ministério das Minas e Energia. Como fora estabelecido que a instalação dos novos órgãos se daria com a do futuro e ainda indefinido Governo, não houve desta vez maior oposição de parte dos ocupantes das pastas cuja esfera de influência sofreria redução, e a lei foi sancionada, tomando o número 3.782, de 22 de julho de 1960.

Feito este histórico, que dizer agora da radical mudança que se operou na distribuição dos encargos ministeriais, e da qual resultou o atual Ministério da Economia, Fazenda e Planejamento? Tão importante passo não foi precedido, como antes, por amplo debate parlamentar, mas constituiu parte integrante de programa de Governo, proposto ao ensejo da recente eleição presidencial. Há nele, por certo, uma compreensível e justificada reação contra a multiplicidade de Ministérios que foi surgindo nos últimos anos. Criara-se o hábito de, a todo problema emergente, acudir com mais uma pasta e toda a seqüela de empregos e mordomias daí originados. A ruptura desse mau costume foi um caso típico de medicina cirúrgica para a pletora funcional, tanto assim que numerosos setores administrativos foram incluídos na reestruturação, tal o caso saliente do Ministério da Infra-estrutura.

Mas a preocupação principal foi, sem dúvida, a de imprimir unidade à ação governamental. E cumpre reconhecer que essa preocupação se justifica plenamente, quando se intenta um plano de profundas reformas. A unidade, a convergência de propósitos, a sintonia de procedimentos, são essenciais para o êxito. Pode-se sustentar também que não bastaria, para assegurar tudo isso, a presença unificadora do Presidente da República. A complexidade dos problemas, as inúmeras medidas necessárias para enfrentá-los e resolvê-los, as exigências de respostas rápidas e eficazes aos inevitáveis percalços da execução dos programas, tudo isso impõe, sem dúvida, um tipo de comando em que será absolutamente necessário distribuir e delegar atribuições. Mas decreta inapelavelmente que tal se faça, constituindo-se um núcleo de chefias imediatas extremamente coeso, de modo a impedir desvios periféricos. Se o número dessas chefias for demasiado reduzido, corre-se o risco do gigantismo burocrático; se for amplo demais, o risco será o da dispersão. Não há receita capaz de assegurar a dosagem exata, mas é razoável aceitar que, quando se empreende um plano ambicioso de reformas, seja preferível errar do lado da concentração dos poderes.

Resta discutir, todavia, até que ponto essa concentração de poderes – e conseqüentemente de encargos – pode perdurar utilmente. Ministérios, como os da Economia e da Infra-estrutura, têm tais dimensões que, se pudéssemos retirar da palavra o sentido pejorativo, mereceriam a qualificação de *monstros*. Digamo-los, então, *titãs*: são super-humanos. Eles sobrecarregam os seus titulares com um peso que, no decurso do tempo, se tornará insuportável, e irão criando um emaranhado operacional que gradualmente escapará ao controle unificador.

Dir-se-á que, *a fortiori*, esse raciocínio se aplica ao Presidente da República, e o impossibilitaria de desempenhar devidamente seu mandato. Mas as funções do Ministro diferem muitíssimo das do Presidente. Deste se requer sobretudo que atue como político, vale dizer, como mobilizador e aglutinador de pessoas capazes de formular e traduzir em prática medidas adequadas ao encaminhamento de soluções. Ainda na esfera política, espera-se do Presidente que saiba como angariar apoio popular suficiente, a fim de tornar viável e frutífera a atividade do Governo.

Diversa, no entanto, é a ação dos Ministros. Há nela, por certo, muito de político, mas avulta o caráter administrativo, no sentido de transportar para a realidade quotidiana o programa governamental. Sem excluir, é claro, a visão de conjunto e de médio e longo prazo, no quotidiano, no dia-a-dia, reside a responsabilidade específica do Ministro.

Lembro um episódio que me impressionou bastante. Quando da visita ao Brasil, em setembro de 1965, do Presidente da Itália Giuseppe Saragat, incumbiu-me o Presidente Castello Branco de acompanhar o ilustre hóspede a São Paulo. Durante a viagem de avião – que, naquela época e dependendo do estado do tempo, chegava a durar quase duas horas, do Galeão a Congonhas –, conversamos longamente, de modo especial sobre a América Latina e o destino do socialismo (Saragat era socialista, e um dia espero contar essa conversa, na qual muito aprendi). Disse-me ele, a certa altura: *Eu, como Chefe de Estado , devo preocupar-me com os problemas do futuro, porque, dos problemas imediatos, quem cuida é o Governo.* O pensamento parece válido, não só para regimes parlamentaristas, nos quais *Governo* é sinônimo de *Gabinete*, de *Ministério*, e sim também para o presidencialismo, em que o *Chefe de Governo* é concomitantemente *Chefe de Estado*, mas exerce as funções de governar, por intermédio dos Ministros.

Cumpre reconhecer – repita-se – que a concentração de poderes, em ministérios surpedimensionados como o da Economia, Fazenda e Planejamento, é uma opção da qual, legítima e racionalmente, se valeu o Presidente Collor, em seus audaciosos propósitos reformistas. Essa opção, contudo, tem um preço: a dificuldade de coordenação das inúmeras e variadas providências executivas, suscitadas e elastecidas pelo tamanho e pela feição escorregadia dos problemas a resolver. É o que explica – se não justifica – as marchas e contramarchas que se vêm repetindo, na condução das atividades financeiras, e que devem ser avaliadas, não pelo que cada uma acarreta, mas pelo que resulta do conjunto.

Certo é que esse superdimensionamento não se pode manter indefinidamente. Levará algum tempo. E não será de um ano para outro que novos Ministérios surgirão, ou voltarão os antigos, talvez com outros nomes e outras estruturas. Até lá, porém, é bem provável que as Secretarias ganhem autonomia e acabem funcionando como se Ministérios fossem.

No momento, o que realmente importa é o êxito dos programas de reforma, de modo especial no referente ao controle da inflação. O que é assunto do tópico seguinte.

GOVERNO COLLOR
PLANO ZÉLIA

O que há em um nome? A resposta que Shakespeare coloca nos lábios da angustiada Julieta é poética, como convinha ao bardo de *Stratford on Avon*, mas nada esclarece para uso na vida real. É certo que uma rosa, mesmo com outro nome, terá sempre igual perfume. Mas, se puder ser confundida com um cravo, por exemplo, é bem provável que seu preço, no mercado de flores, sofrerá modificações. Mais do que definir exatamente o ser denominado, a função do nome é distinguir esse ser dos demais entes.

O reparo vem a propósito da denominação que deve ser dada ao plano de estabilização econômica do novo Governo. Tem sido chamado *Plano Collor*, mas o próprio Presidente – numa atitude, a um tempo, modesta e esperançosamente ambiciosa – preferiu apelidá-lo de *Plano Brasil Novo*. Várias razões, porém, recomendam que se lhe dê o nome de *Plano Zélia*. Dessa forma, far-se-á justiça à sua principal autora – que se revelou uma das nossas mais brilhantes e competentes figuras dos *experts* em economia – e, ao mesmo tempo, fixar-se-á a responsabilidade intelectual por mais uma tentativa, empreendida pelos nossos governantes, para superar o quadro inflacionário que há decênios atormenta e desordena o País.

Há, no entanto, um motivo mais forte para a designação sugerida. É que o plano, em que pese às suas peculiaridades, pode e deve ser considerado a quarta etapa de uma longa marcha que começou com o *Plano Funaro (Cruzado)*, seguido pelo *Plano Bresser* e depois pelo *Plano Maílson (Verão)*. Identificar os planos pelos nomes dos Ministros que os idealizaram e administraram tem a vantagem de revelar que, fundamentalmente, o plano é o mesmo, em quatro grandes momentos ou fases.

Com efeito, nessas fases todas, a estratégia intentada tem sido a de combinar a medida heterodoxa do controle administrativo dos preços, chegando até ao congelamento, e a ortodoxa da redução do excessivo *poder nominal de compra*, notadamente do que tem origem no déficit público. A maior diferença, entre as fases, está em que, nas três primeiras, o plano ficou nos experimentos de controlar os preços, frustrados pela falta da complementação, prevista e rapidamente abandonada, de conter o excessivo crescimento daquele *poder nominal de compra*. Na atual e quarta fase, ao menos por enquanto e apesar das turbulentas resistências, a rota traçada vem sendo em geral mantida, embora comecem a registrar-se ocasionais e potencialmente perigosos desvios.

Não é possível analisar devidamente, num tópico isolado destes comentários, cometimento de tamanha envergadura. Valerá a pena, porém, acentuar um de seus aspectos que, sejam quais forem as perspectivas do futuro, certamente permanecerá na memória nacional, sobre os efeitos inflacionários de facilidades, aparentemente vantajosas na vida econômica, mas na realidade perniciosas, quando ultrapassam certos limites. É que, pela primeira vez, se está desenhando com clareza, perante a opinião pública, o significado e o papel da *liquidez* monetária.

Ocorre, com o termo *liquidez*, o mesmo que com a expressão *poder aquisitivo*. Apresentam-se ambos, à imaginação, como coisas boas em si, o que é sempre válido, inegavelmente, do ponto de vista do interesse individual: sob essa ótica, quanto maior a *liquidez* ou o *poder aquisitivo* do opinante, tanto melhor para ele. O caso muda de figura, todavia, quando transportado para o campo da economia social. Nesta, *liquidez* – vale dizer, a capacidade de *pagar* e, portanto, de *adquirir*, de *comprar* – é benéfica, se e quando há equilíbrio entre a quantidade e a qualidade dos bens e serviços que as pessoas intentam retirar do mercado, utilizando os instrumentos de compra dos quais disponham, e a quantidade e a qualidade dos bens e serviços que vêm ao mercado para serem vendidos. Ao contrário, se esse equilíbrio se rompe, a liquidez – ou seja, o poder aquisitivo nominal – se não se ajusta à nova situação, deixa de funcionar como elemento regulador das trocas e as desordena. Isso ocorre, quer quando a liquidez é insuficiente, quer quando – no caso mais freqüente – ela é superabundante.

Registre-se, como de suma importância, a observação de que – no curto e até mesmo no médio prazo – a insuficiência ou a superabundância da liquidez são reveladas pela variação do nível geral dos preços, e somente por essa variação. Preços em baixa geral, ou seja, a deflação indica falta de liquidez; preços em alta geral, isto é, a inflação revela liquidez demasiada. Não se venha com o surrado argumento de que a alta dos preços se deve, não ao excesso de liquidez, e sim à falta de produção. Pois o volume de produção, em determinado momento, é um dado da questão, e o nível de liquidez deve adaptar-se àquele volume que não cresce de um dia para o outro. Produzir mais e melhor deve ser, é claro, uma preocupação constante e preliminar, em todo e qualquer esforço para enfrentar os problemas econômicos. Mas o aumento de produção requer tempo e meios físicos e pessoais para materializar-se. Injetar liquidez no mercado é tarefa relativamente fácil e rápida: basta que as autoridades monetárias afrouxem o crédito, ou emitam para financiar déficits. Abastecer o mercado, contudo, é história bem diferente. Por mais que se faça – e deve-se fazer todo o possível –, se a criação de liquidez não for contida, a produção de bens e serviços não poderá acompanhá-la, nem de longe.

Vale perguntar se a mobilização de meios físicos e pessoais, para incrementar a produção, a seu turno, não depende de um certo alargamento da liquidez? A resposta é: *sim, mas em termos*. A recessão não é nunca um objetivo – nem teria sentido que o fosse – no ajustamento de liquidez exigido pelo combate à inflação. Em certo grau, porém, será por vezes um efeito colateral, indesejado e infelizmente inevitável. Em tais circunstâncias, impõe-se fazer o possível para restabelecer o dinamismo da economia: entretanto, não a ponto de pôr em perigo o progresso alcançado na direção de uma razoável estabilidade de preços. Não se deve esquecer que a inflação é o mais insidioso inimigo do dinamismo econômico sustentado e, portanto, da continuidade do nível de emprego.

Foi e tem sido a *liquidez* o ponto focal da estratégia adotada pelo *Plano Zélia*. *Medidas Provisórias*, expedidas a 16 de março, logo no dia seguinte ao da posse presidencial, atingiram praticamente todos os *ativos financeiros*, bloqueando-lhes a exigibilidade. Para bem compreender o alcance e a finalidade de tais medidas, tenha-se presente que os chamados *ativos financeiros* são, em grande parte, constituídos por moeda depositada, sob diversas formas, nos estabelecimentos bancários e que fica à disposição de seus proprietários, os quais retêm assim a faculdade de, a qualquer momento ou com um ou dois dias de aviso, retirá-la e aplicá-la em compras ou pagamentos.

Na prática, portanto, esses ativos se equiparavam à moeda em espécie (cédulas) e com ela constituíam a massa monetária circulante. A maior diferença entre os *ativos financeiros* e as cédulas estava em que, enquanto essas cédulas se desvalorizavam diariamente com a inflação, nos bolsos e nos cofres de seus portadores, os ativos financeiros se encontravam mais ou menos protegidos contra a desvalorização, pela correção monetária e pelos juros. Não é de admirar, por isso, que o volume de cédulas de valor minguante, em circulação, fosse muito pequeno, comparado com o da *moeda remunerada* que os ativos financeiros representavam. Em conjunto, porém, segundo os cálculos de Banco Central, os valores líquidos disponíveis no mercado somavam 120 bilhões de dólares, ou seja, 30% do nosso Produto Interno Bruto – PIB. O *enxugamento* promovido foi fortíssimo e reduziu tais disponibilidades ao equivalente a 40 bilhões do dólares, ou seja, 10% do PIB.

Vale notar, inobstante, que *indisponibilidade* não é *confisco*. Acarreta problemas, é certo, aos que contavam com grande poder imediato de compra e que o viram *congelado* por 18 meses. O plano procurou minorar esses problemas, com liberações parciais e dosadas. Mas a grande questão que se coloca é esta: haveria outro caminho para prevenir o desastre da *hiperinflação* e que reduziria a pó todas as reservas monetárias?

Criticou-se muito o congelamento das cadernetas de poupança, com o argumento de que ele comprometeu a sua credibilidade e que, ao demais, era dispensável, porque, se a confiança fosse mantida, os depositantes não sacariam seus saldos. Vejamos, porém, como se distribuíam os saldos das cadernetas, no final de março de 1990, conforme dados do Banco Central, publicados pela imprensa:

Faixas em Cr$ em março-90	% sobre o total das cadernetas	% s/o saldo total	Saldo (milhões) em 30-03-90
De 0 a 50.000	92,6	30,8	517,214
De 50.001 a 100.000	4,5	14,8	250,210
De 100.001 a 150.000	1,0	6,3	105,794
De 150.001 a 200.000	0,5	6,3	105,794
De 200.001 a 300.000	0,6	12,6	211,587
Acima de 300.000	0,8	29,1	488,666

Zero Hora – Porto Alegre – 18-4-90

O Plano, como é sabido, excluiu do congelamento os depósitos até Cr$ 50.000,00, que representavam 92,6% do número de cadernetas e 30,8% do valor total das saldos. E note-se que os saldos superiores a Cr$ 300.000,00 representavam apenas 0,8% do número de cadernetas, mas totalizavam quase 30% do valor global.

Que o Plano provocou uma baixa radical do nível de inflação, é incontestável. Não o zerou, mas alterou profundamente o clima reinante que era o de preços enlouquecidos. Essa mudança de clima trouxe, como conseqüência, percentagens pequenas de correção monetária, nos saldos das cadernetas de poupança, fazendo-as cair do pedestal de *alto negócio* que a ilusão monetária gerava (como também nas operações de *overnight*). Bem se pode imaginar, então, o que aconteceria, se os saldos fossem mantidos disponíveis, à vista, e a onda consumista que a perspectiva de aproveitar preços, ao menos temporariamente estáveis, desencadearia. Não é admissível, afinal, que se esqueça tão cedo a amarga lição do *Plano Funaro (Cruzado)*.

Uma descrição adequada do Plano Zélia poderia ser feita em termos de *estoque* e de *fluxos*. É o que se ensaiará fazer aqui, para terminar por ora estes comentários a seu respeito.

O Plano começou *desmonetizando* o *estoque* monetário existente em 16 de março, praticamente eliminando o chamado *poder liberatório* – pelo qual todos os credores são legalmente obrigados a aceitar a moeda em curso, para solver quaisquer compromissos financeiros – do nosso já agora velho *cruzado novo*. Simultaneamente, o Plano criou uma nova moeda: o atual *cruzeiro*. Estabeleceu, ainda, regras reguladoras do *fluxo* do cruzeiro, o qual poderia ser adquirido – e utilizado como poder de compra – em troca de *cruzados novos*, pelas seguintes formas:

I – com cédulas de cruzados novos e ao par, vale dizer, as cédulas de cruzados passaram a ser legalmente cédulas de cruzeiros;

II – com parcelas do estoque de cruzados novos existente em 16-3-90, e integrantes de *ativos financeiros*: 20% dos saldos em *overnight* e em depósitos bancários, e até Cr$ 50.000,00 para cada depositante em cadernetas de poupança;

III – com outras parcelas de ativos financeiros, liberadas em casos especiais.

Note-se que a pressão de procura de bens e serviços – exercida no mercado e que, quando excessiva, gera inflação – resulta, não do *estoque* de poder nominal de compra e sim do seu *fluxo*, isto é, do poder de compra que, de fato, procura bens e serviços no mercado, e não do que fica mantido, espontânea ou coercitivamente, em reserva. Houve, de conseguinte, considerável redução na procura de bens e serviços, procura que era instrumentada pelo *fluxo* de moeda proveniente do *estoque monetário*, o qual passou a constituir uma reserva, imobilizada por dezoito meses. Atenda-se bem a que esta reserva é de *poder nominal de compra* e não de bens e serviços: estes são os que atualmente existem no mercado e os que nele serão introduzidos pelo processo normal de produção.

Tudo vai depender, agora, de manter-se o equilíbrio entre o volume de bens e serviços produzidos e o poder nominal de compra que for sendo criado, quer de modo natural, por via de remunerações – salários, lucros, aluguéis, juros – como contrapartida do valor dos bens e serviços, para cuja entrada no mercado os fatores remunerados contribuam; quer de forma artificial – pelo crédito, por emissões – sem contrapartida de fornecimento de bens e serviços.

No momento em que estes comentários estão sendo redigidos, confrontam-se, de um lado, as autoridades monetárias, empenhadas em manter os *fluxos* de poder nominal de compra em níveis ajustados e até estreitos; de outro, grupos parlamentares e instâncias judiciárias, mais preocupados com motivações políticas e jurídicas do que com a implacável realidade econômica.

Resta-nos aguardar e torcer para que, afinal, tudo *dê certo*. O que não será nada fácil.

3

Abril-Junho

1991

RAÇA EM EXTINÇÃO?
E O QUE DIRÃO OS ARQUEÓLOGOS?

ESTÁ ABERTA, em nosso País e por tempo indeterminado, a temporada de caça aos economistas. Essa espécie, mais ou menos racional, vinha encontrando, até pouco tempo atrás, generoso abrigo em muitas entidades públicas e mesmo em várias empresas do setor privado, que pretendiam utilizar os respectivos espécimes, por vezes convenientemente domesticados, em tarefas adequadas ao seu badalado prestígio e à sua presumida capacidade. Os economistas eram então procurados, requestados e até mesmo *caçados*, mas, no caso, podia-se dizer que era uma caça rigorosamente ecológica, e mesmo enaltecedora e benfazeja, tanto para os caçadores, quanto para os caçados. Inesperadamente, como no Triângulo das Bermudas, o céu azul enegreceu e o tempo mudou. Desta vez, a caça tornou-se impiedosamente predatória, como a das espécies denominadas *daninhas*, aceita pelos próprios ecologistas radicais, tal a do coelho na Austrália e a da caturrita em nossos milharais. Verdade é que as inúmeras faculdades em funcionamento parecem uma garantia segura contra a eventual destruição da que hoje, por certo, pode ser incluída na categoria das faunas mais ameaçadas do planeta.

A campanha agressiva, aliás, não é especificamente brasileira. Aqui ela é apenas mais uma repetição de exercício do antigo vezo mimetista que nos faz reproduzir, com maior ou menor atraso, os modismos do Primeiro Mundo. O valor cambial dos economistas, como é sabido, caiu bastante nos Estados Unidos; e, na Europa, baixou aos níveis da ridicularização que atingiu o auge na França.

Cumpre registrar que, entre os compatriotas de Molière – o qual fez, da malhação dos esculápios, um dos seus mais bem-sucedidos empreendimentos literários – é muito praticado o esporte de troçar dos médicos, quando no gozo de boa saúde, e correr ligeirinho para eles, quando aparece algum dodói. Por duas vezes, em 1914 e 1939, a orgulhosa *Patrie* foi salva, em sua soberania nacional, pelo sangue dos americanos que falavam, com acento de gratidão, em retribuir o gesto romântico de um nobre francês do Século XVIII, na guerra da Independência. *Nous voici, Lafayette* – exclamou o General Pershing, ao desembarcar na França, em 1917. 30 anos depois, destruído o Terceiro Reich e afastado o perigo, a caprichosa *Marianne* recusou-se a sediar bases militares da NATO, destinadas a resguardar a Europa Ocidental de novas ameaças. E um cartunista pôde pincelar, de modo bem expressivo, a filosofia do evento, em quadrinho no qual aparecia o general De Gaulle, tonitruando do alto de seus dois metros, para um encabulado *marine*: *ponha-se daqui para fora e não se atreva a voltar...* (*enquanto não voltarem os invasores alemães*).

Poucos países se beneficiaram tanto das elucubrações dos economistas quanto a terra de Jean Monnet, o artífice do plano – que tomou o seu nome – de reconstrução da economia gaulesa, no após-guerra, e o genial ideador da *Comunidade Européia do Carvão e do Aço*, precursora do Mercado Comum Europeu. Mas por que os economistas – e não os engenheiros, os químicos e, com dobrada motivação, os advogados – são o objeto das iras da moda reinante? Afinal, se há planos econômicos que *não dão certo*, há também obras que não funcionam e até desmoronam, estradas que se esburacam com qualquer chuva, rios e lençóis de água poluídos por defensivos semeados abundantemente pelos laboratórios, pleitos judiciais que se arrastam por decênios e mesmo mal encobrem grossas falcatruas. Isso para ficar apenas na periferia, sem entrar nos meandros da atuação dessas honradas classes que, mercê de suas Ordens e Conselhos, acabam sempre colocando-se *al disopra di ogni sospetto*. Como aqueles políticos dos quais se dizia serem capazes de mergulhar num tanque de creolina e sair recendendo a água-de-colônia... A explicação reside no fato de os economistas – e os médicos – lidarem com problemas e mazelas que nos atropelam a todos, no dia-a-dia de nossas vidas. Os profissionais da economia e da medicina são, de conseqüência, quotidianamente alvo de lembranças associando-os a dificuldades e desconforto, ao passo que os demais *doutores* ficam na penumbra acolhedora do *operoso profissional*, dela saindo apenas para receber láureas e, mais raramente, quando surgem acidentes de trabalho, em cuja autoria seja impossível ou muito difícil não envolvê-los. Pior ainda: ninguém de mediano bom senso se mete a engenheiro, ou químico, ou advogado, sem ter feito um curso, no qual presumivelmente estudou e talvez até aprendeu. Mas, de médico – além de economista e de técnico de futebol – todo mundo tem o bastante para dizer o que está errado, pois a obrigação de fazer o que deve dar certo não é nossa, e sim dos que nós criticamos.

A questão foi examinada, neste espaço da revista, em sua edição de outubro-dezembro de 1984, em tópico intitulado *Ciência Econômica, vale a pena?*, reproduzida no capítulo 9, do livro *A Economia no Quotidiano*. Foi então assinalada a semelhança que, para a sensibilidade de cada um, existe entre o que se passa no campo econômico e no campo da saúde. *Afinal*, pensamos, *quem melhor do que o doente sabe onde dói, e quem melhor do que o chefe de família ou a dona-de-casa avalia o prejuízo que a elevação do custo de vida lhe traz?* É verdade que presenciar e sofrer alguma coisa não é suficiente para saber por que aquilo ocorre e, menos ainda, o que deveria ser feito para que não ocorresse. Mas essa prudência mal se casa com o impulso que nos leva a julgar e a agir imediatamente e, às vezes, com imediatismo.

E, contudo, não é necessário cursar anos a fio uma universidade, para perceber que as complicações da realidade vão muito além das aparências, freqüentemente enganosas. Basta, para tanto, que alguém se disponha a reunir observações corriqueiras, encadeá-las com um mínimo de método, e refletir sobre quanto for descobrindo. Basta, a esse alguém, fazer isso, mas é indispensável que o faça. Se não fizer, ficará onde está: no reino dos palpites e das ilusórias e falazes ilações. Se achar demasiado maçante dedicar a essa tarefa o tempo e o esforço mental por ela requeridos, não poderá exigir que a verdade se lhe apresente de um jato e as soluções brotem fáceis e arrumadinhas, com certificado de êxito infalível.

Na economia, como na medicina, há diagnóstico e há terapêutica, e num e noutra são inúmeras as possibilidades, poucas e precárias as certezas e, além do mais, geralmente demorados e nunca garantidos os efeitos dos remédios.

Será, por desventura, tão difícil vislumbrar que as coisas são assim e não se tornam diferentes, se perdermos a paciência e nos revoltarmos contra quantos tentam mudá-las sem sucesso?

Para ficar no terreno econômico, sem incursões temerárias pelo campo da medicina, propõe-se nesta altura uma tentativa de ilustrar a colocação do assunto. Experimente, o leitor, percorrer com alguma atenção o tópico seguinte, no qual se desenvolve um raciocínio – mais um, dentre tantos aqui feitos e repetidos – sobre o surrado e agoniante tema da inflação. Verá que, de início, tudo parece muito simples e bastante claro. Na medida em que a exposição avança, porém, surgem as complicações causadas por fatores de dois tipos principais, ou seja:

I – *fatores circunstanciais*, que *circundam* a oferta e a procura de bens e serviços e lhes modulam, às vezes erraticamente, a atuação e influência; e

II – *fatores supervenientes*, que *sobrevêm*, freqüentemente, de forma inesperada, e reforçam ou enfraquecem a atuação e influência das forças em jogo.

À proporção que esses fatores forem comparecendo e operando, no curso da exposição, é provável que a paciência do leitor se vá esgotando e, com um mal sopitado *arre*, ele passe adiante. Infelizmente, como lembrou certa vez o douto e saudoso Padre Leonel Franca, as dificuldades e objeções lógicas não se assemelham a um bando de recrutas que se dispersam, num abrir e fechar de olhos, quando o sargento ordena *meia-volta* e *debandar*. Elas permanecem teimosamente onde estão e não o fazem à toa.

Manda a imparcialidade registrar que os economistas têm sido, eles mesmos, vítimas de seu próprio entusiasmo, ante as miragens de soluções rápidas e seguras, despertadas pelas suas pesquisas incessantes e criativas análises, para problemas que mantêm supliciados amplos setores das populações do mundo inteiro. As grandes expectativas, quando frustradas, desencadeiam violentas e quase sempre injustas reações. *Life is unfair* – dizia John Kennedy.

Se a raça dos economistas – que os céus não permitam – vier a extinguir-se, seja-nos pelo menos lícito esperar que os arqueólogos dos anos 3.000 e seguintes não se limitem a registrar o desaparecimento desses que se teriam então tornado os novos dinossauros. Mas ampliem seus estudos para esclarecer se não se haveria também confirmado, uma vez mais, a sabedoria popular do *mal com eles, pior sem eles...*

INFLAÇÃO
RECURSO AO *LIVRO DE JÓ*

Quando se intenta raciocinar validamente sobre o problema da inflação – e por mais aborrecido e maçante que seja estar a repeti-lo – não há como escapar ao reconhecimento inicial de resultar, esse problema e basicamente, da falta de correspondência entre o volume de bens e serviços oferecidos à venda no mercado e o volume do poder nominal de compra que ao mercado aflui procurando adquirir tais bens e serviços. Sem essa premissa fundamental, de muito pouco proveito será prosseguir no exame da questão. No máximo, talvez se consiga descobrir, nos desvãos das antipatias e dos interesses partidários, alguns novos bodes expiatórios, vários deles por certo até merecedores da milenar maldição, mas a maioria apenas integrante da turbamulta que forceja para não chegar atrasada na hora de remarcar seus preços e, com isso, defender suas remunerações e o tamanho das fatias às quais cada um julga ter direito, na divisão do bolo da produção coletiva.

A premissa fundamental citada parece simples e clara e, sem dúvida, o é, em sua formulação teórica. Na aplicação prática, contudo, deve ela enfrentar tantas e tão complexas situações que se corre o risco de perdê-la de vista, no emaranhado das operações de compra e venda. Façamos, por isso, o ensaio de construir um cenário que nos permita visualizar melhor a interação das forças da oferta e da procura.

Imaginemos que duas massas de líquidos, capazes de se misturarem, sem se fusionar – como água e óleo – entrem em contato, e que essas massas tenham igual volume. Teremos, então, que a mistura se fará na proporção, digamos, de um centímetro cúbico de água para cada centímetro cúbico de óleo. Se a esse conjunto forem sendo adicionados volumes iguais de cada elemento, manter-se-á na mistura a mesma proporção de um para um.

Mas, se a quantidade adicional de água, por exemplo, fluir em volume duas vezes superior ao de óleo, teremos na mistura dois centímetros cúbicos de água para cada centímetro cúbico de óleo.

Digamos, agora, que a água é o poder nominal de compra, sendo o óleo os bens e serviços oferecidos no mercado. Agora, cada centímetro cúbico de água terá, para misturar-se, menos de um centímetro cúbico de óleo. Ou seja, a cada unidade monetária de poder de compra, corresponderá unidade menor de bens e serviços. É a elevação geral dos preços, é a inflação.

No caso oposto, isto é, se o volume do fluxo de água (poder nominal de compra) for menor que o do óleo (bens e serviços), a cada unidade de poder de compra corresponderá quantidade maior de bens e serviços. É a baixa geral dos preços, é a deflação.

Perdoe, o leitor, a insistência nesse arrazoado elementar. Mesmo sobre esse chão batido, mas firme, não é nada fácil a indagação quanto ao que, na vida prática, ocorre realmente com a variação dos preços, e sobra muito lugar para dúvidas e incertezas. Fora desse solo alicerçado, porém, fica o campo aberto para todo gênero de sofismas e, pior ainda, de sedutores e perigosos descaminhos.

A esta altura, aliás, convém registrar uma observação que freqüentemente passa despercebida. Limitemos nosso exame à inflação, pois, da deflação, não se tem mais ouvido falar, no mundo inteiro, desde a primeira metade da década de 1930. E assinalemos uma distinção importante – que talvez ainda surpreenda muita gente – distinção a ser feita entre a *inflação*, de um lado, e os *preços altos*, de outro, pois se trata de categorias e conceitos muito diferentes.

Que é, cabe perguntar, um *preço alto*? É conceito que exige sempre a comparação de *dois* preços, um deles mais elevado que o outro. Ora, como já tem sido mencionado em comentários anteriores, pode haver *preços altos*, sem *inflação*. Para esclarecer este aparente paradoxo, consideremos os preços pagos pelos consumidores, na Alemanha e no Japão, comparando-os com os nossos. Os preços da carne e da locação de moradas nos dois países, para tomar este exemplo, estão muito acima dos nossos. E contudo, nos países referidos, não há praticamente inflação. É que neles o consumidor tem um poder de compra – *real* e não somente *nominal* – muito acima do nosso, como conseqüência, melhor se diria fruto, de uma produção *per capita* que, por ser fortemente capitalizada e tecnologicizada, é muitas vezes superior à da nossa gente. O que caracteriza a inflação – isso deve ficar bem claro – não é o nível atingido pelos preços, e sim o fato de os preços passarem, do patamar ao qual chegaram, a outro mais elevado. Em outras palavras: a inflação não é um *estado* mas um *processo*, uma série encadeada de mudanças, uma sucessão dinâmica de alterações dos preços no sentido da alta. Vale dizer: o que ontem se comprava por 10 unidades monetárias, hoje só pode ser comprado por 12, ou 15, ou 20 unidades. Mais ainda: é um processo *cumulativo* e *progressivo*, isto é, tende não apenas a manter-se, mas também a acelerar-se. E isso devido *à correção monetária*, que pode ser ou não oficialmente reconhecida – como na indexação por via legal – e todavia, na prática, se impõe sempre e inevitavelmente.

Como se origina o *processo* da inflação? Continuando a utilizar nossa imagem da conjunção de duas massas líquidas – a do óleo (bens e serviços) e a da água (poder nominal de compra) –, pode-se dizer que isso ocorre como efeito de um *desnivelamento*. Em nossa hipótese, partiremos de uma situação na qual as duas massas estão *niveladas*, ou seja, têm igual volume. Como é claro, quanto mais água (poder nominal de compra) houver, maior será a relação *água/óleo* igual a *poder nominal de compra/bens e serviços oferecidos*, e, portanto, mais elevados estarão os preços e a *média* destes, ou seja, o *índice* da inflação. A tendência desse *índice* – seja qual for a fórmula (desde que racionalmente válida) utilizada para calculá-lo – será sempre a de permanecer no patamar ao qual chegou, enquanto não se alterar o quociente da relação, acima descrita, entre os volumes da água (poder nominal de compra) e do óleo (bens e serviços oferecidos à venda). Tal posição, entretanto, não perdura indefinidamente. Os dois volumes – água e óleo, poder nominal de compra e bens e serviços oferecidos – sofrem constantes modificações, quer para mais, quer para menos. Assim, uma boa safra de grãos leva ao aumento da oferta de bens no mercado, ao passo que uma safra ruim reduz essa oferta. De igual modo, o acréscimo no padrão das remunerações (salários, lucros, aluguéis e juros) amplia o volume do poder nominal de compra, o qual é também elastecido quando o sistema financeiro faz empréstimos adicionais, utilizando dinheiro criado artificialmente, mediante emissões ou novas técnicas bancárias.

Se as modificações registradas nos dois volumes – o de bens e serviços, de uma parte, e o do poder nominal de compra, de outra – causarem novos desnivelamentos, estabelecer-se-á forçosamente um *fluxo* do nível mais alto para o mais baixo, daí resultando elevação de preços, se predominar o aumento do poder de compra, ou preços menores, se a predominância couber ao montante de bens e serviços.

Outra particularidade a ressaltar é a de quando os dois volumes – água (poder de compra) e óleo (bens e serviços) – sejam constituídos, não de matéria homogênea e sim de parcelas com alto grau de heterogeneidade. Melhor explicando: o poder nominal de compra, ao ser exercido por seus milhões de detentores, espalha tipos de procura que variam enormemente. Se o portador do poder de compra for pessoa de remuneração e conseqüente padrão de vida modestos, o mais provável é que dê preferência à aquisição de alimentos, vestuário, utensílios domésticos, enfim, bens de consumo estritamente necessários. Se pessoa de maiores posses, destinará parte relativamente importante a investimentos, gerando a aquisição de bens de produção.

Outrossim, a procura de bens de consumo apresentar-se-á diversificada, tal seja *o status* do adquirente:

quanto mais abonado financeiramente seja ele, maiores serão a quantidade e a qualidade dos produtos que adquire, e mais altos os preços cobrados e aceitos. E, no tocante aos bens de produção, a procura gerada pelos investimentos de grandes empresas causa – na influência que o poder nominal de compra determina no mercado e nos preços nele vigentes – um impacto muito diferente do originado pela procura resultante dos investimentos das pequenas e médias empresas. Coisa semelhante ocorre com o volume de bens e serviços oferecidos à venda. As safras agrícolas, é sabido, alteram num ou noutro sentido o abastecimento dos produtos alimentares e de muitas matérias-primas. Já os avanços ou atrasos tecnológicos podem dar à oferta de bens de produção características especialíssimas que se refletem no tipo de interesse despertado para a utilização e aquisição desses bens. Tal interesse pode variar muito em função dos incentivos psicológicos e financeiros – ou da falta deles – que influenciam os empresários.

A idéia de um volume *global* de bens e serviços produzidos e oferecidos à venda – idéia que tem sua expressão mais conhecida no *Produto Interno Bruto* ou *P.I.B.* é válida, do ponto de vista *macroeconômico*, ou seja, como indicativa de uma tendência mais ou menos geral do que se passa na economia de um país ou uma região. Mas não é suficiente para dar transparência aos múltiplos efeitos que resultam da vasta gama dos componentes do produto global considerado.

Igualmente, a noção de um volume *global* de poder nominal de compra – que constitui a base do conceito de *liquidez* –, tão útil sob muitos aspectos, longe está de refletir a multiformidade das pressões de procura, criadas pela variegada distribuição dos meios de pagamento entre os agentes econômicos. O índice da *liquidez global* é um indicador valiosíssimo do sentido para o qual se dirigem os impulsos da procura; isso, não obstante, nada diz sobre os efeitos desses impulsos, neste ou naquele setor mais limitado dos preços e das conseqüências daí resultantes para âmbitos mais vastos da economia.

Tudo isso não anula o valor dos conceitos de *P.I.B.* e de *liquidez*, como instrumentos de aferição da conjuntura econômica e de orientação para tentativas de encaminhá-la no rumo mais favorável ao bem comum. Faz imperativo, contudo, maior refinamento no raciocínio, a par de que facilita a compreensão de reações aparentemente inexplicáveis da realidade, em face de medidas adotadas para enfrentá-la. Quais os motivos — para tomarmos este exemplo — por que os preços mantêm sua tendência a subir, apesar dos apertos promovidos na liquidez e da abundância das safras?

Uma resposta razoavelmente lógica a essa indagação é a de que a junção, ou o confronto – entre a procura, alimentada pelo poder nominal de compra, e a oferta, resultante da quantidade e qualidade de bens e serviços presentes no mercado – não se opera sem atrito e mesmo sem fortes resistências. Os dois fluxos – o do poder de compra e o dos bens e serviços – não se assemelham a rios, como o Amazonas e o Negro, cujas águas se justapõem, literalmente *bem comportadas* e distinguíveis em linhas nítidas, águas que aos poucos se vão associando e mesclando. Antes, mais se parecem a conjuntos de igarapés, cada qual em caprichoso contacto com suas próprias margens e que, tais os deltas dos rios, conduzem a fozes bastante tumultuadas.

Pode assim acontecer, e freqüentemente acontece, que o poder nominal de compra, em vez de orientar-se no sentido da aquisição de bens de produção, inflicta na direção de bens de consumo e de determinada espécie. Isso desordena as expectativas dos empresários e dos órgãos de governo, inutilizando e até tornando contraproducentes decisões e atos que, ao serem projetados, se afiguravam racionais e prudentes. E, de fato, o eram: somente não incluíam – nem poderiam incluir –, nas previsões feitas, as sinuosas mudanças de rota deflagradas pelos acidentes de percurso.

Não há como desconhecer, diga-se ainda, que os *fatores caprichosos* desempenham – na vida social, política, econômica e até religiosa – papel bem mais importante do que unicamente o de fornecer desculpas para a imprudência e a incompetência. São eles, em geral, de natureza psicológica e geram as famosas *expectativas*, merecedoras, por certo, de atento estudo e de melhor avaliação pelo *povo em geral*, que é, no fim das contas, o agente e a vítima de muitos percalços reinantes na área.

Voltando à imagem do encontro dos líquidos – no do Amazonas e do Rio Negro, fala-se no *encontro das águas* –, poderíamos dizer que o curso e o volume das correntes é afetado, além de tudo o mais, pela força e a direção das lufadas atmosféricas, variáveis e imprevisíveis. É conhecido, por exemplo, o represamento da Lagoa dos Patos, pela ação do vento, de modo que o nível do Guaíba depende, não só da massa de água que recebe dos seus afluentes, mas ainda da direção e da intensidade dos deslocamentos de ar.

Em matéria de preços, as expectativas têm repetidamente desfechos curiosos: elas se auto-realizam. Quando, faz pouco tempo, o agravamento da guerra no Golfo Pérsico generalizou o receio de que faltaria gás de cozinha, a corrida aos botijões jogou seu preço nas alturas e o produto desapareceu do mercado, porque os estoques dos distribuidores acabaram transferidos para as casas dos assustados consumidores. Não foi o gás que faltou e sim a confiança que periclitou.

A que conclusões conduz esse infindável elenco de observações, imagens e comparações? Será, em última análise, impossível a tentativa de estabelecer alguma ordem no império dos preços e das trocas monetárias? Utilizando, uma vez mais, o método – tão proveitoso e também tão traiçoeiro – da analogia, podemos recorrer à similitude entre a saúde corporal e a seqüência favorável dos fenômenos econômicos. Pensando bem, o que deve causar surpresa não é o fato de alguém viver doente, e sim o de ter uma existência saudável. Porque, na segunda hipótese, faz-se mister que trilhões de células e dezenas de órgãos – maiores, menores e todos muito complicados – se componham, ajustem e completem, a ponto de só a célebre *mão invisível* de mestre Adam Smith fornecer alguma explicação para esse verdadeiro milagre. Em face dos descompassos econômicos, o economista se encontra, como o médico nas doenças – e que os céus se apiedem de ambos –, diante de um quadro no qual há muitos traços e coloridos fixos e nítidos, mas onde não faltam as zonas lábeis e furta-cores e que, além disso, é permanentemente invadido por jatos de matizes os mais diversos.

A boa saúde – impõe-se registrar – é fruto de uma luta contínua contra a enfermidade. Essa luta é, em sua maior parte e felizmente, acionada de forma espontânea pelo organismo. Não é, todavia, uma batalha em que a vitória se conquista uma vez por todas e em termos decisivos. É antes um entrechoque de guerrilhas, com avanços e recuos, e situações enoveladas e confusas.

Tem-se comparado a inflação ao câncer, e não sem motivo. A cura definitiva não foi ainda descoberta e talvez nunca o seja. Mas a atitude racional – tanto na política econômica, como na medicina – não é a de nada fazer porque não se pode fazer tudo, e sim a de fazer o possível, o que pode ser feito logo, e até o de tentar o impossível, o que sempre demora muito mais para dar algum resultado. E as medidas preventivas, como as de moderação, equilíbrio e até renúncia – na comida, na bebida e nos vícios, falando do aspecto somático, e nos gastos faraônicos e perdulários, com referência ao ambiente econômico – são sempre mais confiáveis e eficazes do que as prescrições farmacêuticas e cirúrgicas, em todos os horizontes. No ínterim, procederão acertadamente, médicos e economistas, ao se armarem de altas doses de paciência, para aturar as ironias, as xingações e mesmo as maldições de clientes, de jornalistas, de representantes do Legislativo, do Executivo, do Judiciário, dos militares, dos eclesiásticos, enfim de todos quantos, não sabendo o que fazer, encontram refúgio na pretensão de saberem o que dizer.

Recomenda-se, no caso, a leitura do *Livro de Jó* que, por sinal, tem um final feliz, coisa que, desgraçadamente, não costuma acontecer, neste nosso campo e nestes nossos dias, pelo menos com sofrível freqüência.

PLANO ZÉLIA E A TRAVESSIA NITERÓI-RIO

A história do cidadão que se propôs nadar de Niterói ao Rio e que, a duzentos metros da margem carioca, sentiu-se cansado e resolveu voltar – também a nado – para o ponto de partida, é quase tão velha quanto a Sé de Braga. Mas continua importante como auxílio para alertar contra arroubos de impaciência que provocam explosões de imprudência. Tudo indica que uma reflexão sobre essa arriscada eventualidade se faz oportuna, em face da mudança de guarda na chamada *equipe econômica* do Governo. Saiu a Ministra Zélia, com seus assessores; entrou o Ministro Marcílio, com seu novo time. Indaga-se agora se alguma coisa mudou, e o que, como e quando, e ainda aonde tudo isso há de levar-nos.

Façamos, em primeiro lugar, um merecido *in memoriam*. Dona Zélia Cardoso de Melo faz jus ao direito que os nossos zelosos e generosos Constituintes se esqueceram de incluir, no extenso e caprichado rol da Carta de 1988: o da promoção *post mortem*. Trata-se, afinal e apenas, de uma aplicação lógica do preceito consagrado pelo venerável brocardo: *de mortuis, nil nisi bonum*. Quem deixa o poder, mesmo que o faça debaixo de vaia – é o apedrejamento abissínio do sol poente – torna-se candidato garantido a uma avaliação, às vezes lenta e feita a contragosto pelos reavaliadores, mas que chega até a endeusar, embora de hábito fique tão-só no *atrás de mim virá, quem bom me fará*.

Lembro o que, certa ocasião, me disse um taxista, em Roma, enquanto tentava fazer manobras – que unicamente os motoristas romanos (e talvez os paulistanos) sabem fazer – para desvencilhar-se do tráfego tumultuado por uma ou várias das greves programadas para o dia: *quando c'era Lui, non era così*. *Lui* era nada menos que o oficialmente odiado Benito Mussolini, cujo corpo ensangüentado fora exposto à infâmia, pendurado pelos pés como uma rês, na Piazza Loreto, em Milão. Nada disso ocorreu – nem de longe, e nem em sonhos poderia ocorrer – com a nossa prendada primeira Ministra da Fazenda. Houve, é claro, as sólitas críticas à *insensibilidade tecnocrática*, mas tiveram elas por alvo sobretudo a *irmandade econômica* dos assessores da pasta.

Proferidos os discursos de praxe – os de despedida dos *out* e os vestibulares dos *in* – está na hora de perguntar: o Plano Zélia, em suas duas fases – a do *tiro único para matar o tigre da inflação* e a do *aprofundamento* daquele tiro que feriu gravemente, mas não liquidou a fera – foi ou não foi um sucesso? A resposta é: foi, e não foi.

Foi um sucesso, porque afastou – e já lá vai quase ano e meio – o fantasma da hiperinflação. Os apavorantes índices de cem por cento ao mês, no fim do Governo anterior, se apresentam agora – na corda bamba de onde curiosamente só se pode cair para cima – reduzidos aos ainda temíveis, mas bem menos ameaçadores, dez por cento. As críticas, que continuam a tomar a inflação por objeto, mudaram de tom. Repetem os conhecidos refrões dos *índices manipulados*, da *inflação reprimida*, dos *preços maquilados*. Perguntam onde está a *inflação zero* e preanunciam o disparo dos indicadores, no mês ou nos meses seguintes. Ficam, em suma, a remoer argumentação em que há um pouco de verdade e muito de má vontade.

O Plano, entretanto, não foi um sucesso maior, porque o grande e inegável problema que o combate à inflação fez aparecer está na recessão. Prevista como inevitável, ela ultrapassou as expectativas, que se supunham realistas e se revelaram otimistas: foi pior do que os governantes esperavam. Talvez seja um consolo aduzir que isso sempre aconteceu em todos os planos que *deram certo* em outros países. Todavia, para os operários que perdem empregos ou para empresários que não conseguem cobrir custos, tais razões, válidas embora, não lhes aliviam as agruras.

A inflação, como inimigo número um, vem perdendo posição nas pesquisas. Alguns comentaristas vão ao ponto de afirmar ser a inflação desabalada de outrora preferível à recessão atual. Deslembram que a inflação é o caminho mais certo para a recessão descontrolada. *Saudades da inflação* pode, quem sabe, vir a ser canção popular, mas precavido será o hipotético compositor se reservar espaço para os *olhos que choram*, como no pungente verso de Joubert de Carvalho, implorando a volta da cabocla Maringá. Se a inflação voltar mesmo com ímpeto, não haverá cabocla capaz de enxugar as lágrimas vertidas.

Quais as intenções, agora, do Ministro Marcílio Marques Moreira e sua nova seleção, na qual figuram craques integrantes de seleções passadas? Melhor seria talvez indagar quais as suas contingências, pois estas condicionam as intenções. A situação econômico-financeira do País hoje, apesar dos males que a infestam, é, sem dúvida, bem melhor do que a anterior ao Plano Zélia. Não estamos mais na iminência de uma hiperinflação e – detalhe muito importante – foi recuperada, em grau apreciável, a eficácia dos instrumentos de controle, notadamente os utilizáveis pelo Banco Central.

Em verdade, na época anterior citada, a síndrome inflacionária embotara o gume desses instrumentos. As providências requeridas para a contenção da liquidez – tais, as taxas de juros, o recolhimento compulsório dos bancos, as operações de mercado aberto – causavam pouco ou nenhum efeito e até se mostravam contraproducentes. Os déficits públicos tudo inundavam, as bombas de esgotamento giravam em vão, e as autoridades se assemelhavam a vítimas de enchentes tentando estancar, com sacos de areia, a irrupção da enxurrada em suas casas. Por outro lado, a indexação teve suas repercussões, realimentadoras das altas de preços, se não eliminadas, ao menos bastante reduzidas, pois perdeu sua institucionalidade legal, embora reapareça aqui e ali sob pseudônimos, além, é claro, de manter muito de seus inescapáveis repiques práticos. Por último, o ambiente psicológico, em que pese haver despencado do otimismo inicial – como sói ocorrer nos planos de impacto – não é tão ruim como antes. Assim, não obstante persista o grevismo – que alguns querem constitucionalmente protegido – com suas conseqüências desordenadoras da produção, a greve geral convocada pela CUT foi um rotundo fracasso, e limitou-se a ser uma *greve sobre rodas* e a badernar o acesso ao trabalho em vários setores.

O Ministro Marcílio deve enfrentar, porém, entre outros, dois grandes desafios. O primeiro é o da retomada do ritmo econômico, sem acelerar demasiado o da inflação. A velha esfinge do descongelamento dos preços – e seu implacável – *decifra-me, ou te devoro* – está sendo cuidadosamente cutucada pela Ministra do Trabalho do Governo Sarney e atual Secretária da Economia Dorotéa Werneck. Sua fórmula de conjugar, na administração dos preços, o tabelamento, o monitoramento e a livre fixação, é criativa e parece bem conduzida, por essa moderna versão do mitológico Édipo, que alia o estilo *soft* com largas pitadas de tempero *hard*. A seu turno, a política de crédito da nova direção do Banco Central se encaminha para a abertura das esquecidas *torneirinhas* que estavam por demais fechadas, notadamente na área agrícola como em tempo se assinalou nestes comentários (*Cultura e Fé*, número de julho-setembro-1990, tópico *Inflação – luz do fundo do túnel*). Certo é, contudo, que a efetivação de investimentos produtivos esbarra no obstáculo maior da falta de poupanças internas e a do longo jejum que estamos amargando, desde 1982, em matéria de poupanças externas. Muito vai depender da tão retardada negociação da dívida com os organismos financeiros internacionais, cujo deslinde vai ainda exigir tempo e habilidade, ambos de bom tamanho.

Outro grande desafio é o do desbloqueio dos ativos financeiros, cuja exigibilidade foi suspensa em 10 de março de 1990. O Plano previra que a remobilização dessa massa monetária teria início em setembro próximo e gradualmente. Surgiu em cena, porém, e nela permanece, o mecanismo judiciário, contestando a constitucionalidade da legislação pertinente. Decisões liminares e no mérito, liberando *cruzados novos* em numerosos pontos do País, foram se avolumando e calcula-se que cerca da metade do montante bloqueado já retornou à circulação. O que se teme, agora, é um eventual julgamento do Supremo Tribunal Federal que libere de chofre o restante.

O efeito do abrupto ingresso dessa montanha de poder nominal de compra, no mercado de consumo, pode ser desastroso. Muito concorrerá para delimitar os contornos desse efeito o clima psicológico reinante na ocasião, clima que poderá ou não favorecer o aproveitamento das oportunidades de aplicações financeiras então oferecidas. Se as perspectivas – como é bem provável – forem de rápido aumento da inflação, ninguém vai conseguir deter a corrida às lojas, para comprar, aos preços de hoje, o que estará mais caro amanhã. De outra parte, se forem propiciadas condições vantajosas, para utilizar o dinheiro tornado disponível, em títulos bancários ou de patrimônio bursátil, tais os conexos com a privatização de empresas estatais, parcelas importantes podem ser mantidas fora da fogueira consumista. Esse quadro, vale dizer, desenhar-se-á também, embora em cores menos carregadas, na hipótese da liberação dos ativos segundo o programa original do Plano, ou seja, em duodécimos mensais. Essa liberação gradual não se compara, entretanto, com a avalanche da restauração da exigibilidade imediata dos depósitos. É como o degelo da primavera nos Alpes: quando a temperatura se vai elevando aos poucos, a água da neve avoluma o curso dos rios, e as enchentes são moderadas e previsíveis. Quando uma inesperada onda de calor, porém, acelera demasiado o derretimento, as inundações tomam o aspecto de cataclismas, pois não há margens capazes de dar vazão às catadupas que descem das encostas.

A propósito, é tempo de repensar o princípio constitucional de que os Poderes da União são *independentes e harmônicos entre si* (Constituição, art. 2º). Da independência, fala-se a torto e a direito. Pelo lado direito, afirma-se que os representantes de cada Poder devem formar seu próprio juízo sobre as questões que lhes cabe apreciar e resolver. Mas, pelo lado torto, põe-se ênfase demasiada nos conflitos, reais ou não tanto, entre os Poderes, geralmente para enaltecer o Judiciário ou o Legislativo, nessa ordem, pois o Executivo tem ótima ressonância como caixa de pancadas e, além disso, não precisa de mais propaganda do que aquela com a qual a si próprio se mimoseia, utilizando as verbas da divulgação institucional. No fundo, há uma disputa pela publicidade, que é *esclarecedora*, quando feita por nós, e *mistificadora*, quando feita por nossos desafetos. E, nessa publicidade, vale a regra do *cachorro que mordeu o homem e não fez notícia, e do homem que mordeu o cachorro e a fez.*

Mas onde fica a *harmonia dos Poderes*? Será que ela se limita aos mútuos cumprimentos, nas sessões inaugurais e nas posses cerimoniosas? É evidente que ela deve alçar-se acima dessa passarela de competições, eleitorais e congêneres, e enveredar para a compreensão recíproca, a fim de que cada Poder por si e os três em conjunto realizem a finalidade pela qual existem: o bem da coletividade. *Salus populi, suprema lex* – ensinou Marco Túlio Cícero, há mais de dois mil anos – e a harmonia que se requer entre os governantes tem esse alto sentido e não pode ter outro. Não é aceitável, por isso, que cada Poder funcione como se governasse um país diferente, ou pouco se lhe desse das conseqüências, para a coletividade e no contexto no qual se encontram os problemas desta, que tivessem seus atos *independentes* que interferem com os dos outros dois Poderes. Fiquemos, por ora, na esfera do Judiciário. Que a Justiça seja *cega* pode ser verdade, no significado bíblico de *não fazer acepção de pessoas*. Mas não o é, se isso implica em não tomar conhecimento da realidade em que se insere a aplicação das leis objeto dos julgamentos. No caso do bloqueio dos ativos financeiros, não é possível ignorar a situação que se configura, depois de mais de um ano de vigência da medida tomada – certa ou erradamente – dentro do sistema usual na época. O *fiat justitia, et pereat mundus* é um desabafo de mau humor, e não um princípio jurídico lógico. Invoca-se que a suspensão temporária da exigibilidade dos depósitos de poupança violou a garantia constitucional da intangibilidade do *ato jurídico perfeito* (art. 5, n.º XXXVI da Constituição Federal). Mas que *direito* tinham os depositantes de poupanças e titulares de outros ativos, em 16 de março de 1990? O direito a haver *cruzados novos*, ou seja, uma moeda que não está mais em circulação no País, de vez que a União, usando de sua competência para *emitir moeda* (art. 21, n.º VII) e *legislar sobre o sistema monetário* (art. 22, n.º VI), criou uma nova moeda – o *cruzeiro*. O que a lei estabeleceu não foi o *confisco* dos cruzados novos, e sim a forma pela qual estes poderiam ser utilizados para a aquisição da nova moeda em curso no Brasil – o *cruzeiro*

– e isto foi feito, não para prejudicar, mas para resguardar o poder aquisitivo real dos depositantes. Foi, aliás, o que se sustentou, mais extensamente, nestes comentários, na edição de *Cultura e Fé*, de janeiro-junho-1990, no tópico *Governo Collor* – Plano Zélia,* ao qual nos permitimos remeter o leitor, se tiver tempo e paciência para isso. Poderiam alguns dizer que se trata de interpretação oportunista, para convalidar medida de legalidade precária. Longe disso, entretanto, essa é uma interpretação *construtivista*, ou seja, que ultrapassa a periferia do rotineiro e aprofunda o conteúdo da norma legal, para nela encontrar opções e instrumentos necessários a enfrentar contextos novos de problemas e circunstâncias. Em situações extraordinárias e, quando estão em jogo interesses vitais de todo um povo, confinar a ação do legislador na estreiteza de jurisprudências, válidas se tentam somente resolver conflitos individuais, é apequenar a missão dos Poderes que dinamizam o Estado e o fazem guardião e promotor do bem da coletividade. É ainda no grande Cícero que vamos encontrar a grave advertência: *Summum jus, summa injuria*. Que decidirá o Supremo Tribunal Federal? Tem ele a *autoridade* para decidir; mas a *responsabilidade* pelas conseqüências da decisão não pode ser despreocupadamente lançada sobre os ombros dos outros dois Poderes, com um simbólico lavar de mãos. O Ministro Marcílio Marques Moreira vai ter muita pista a percorrer, com seu estilo *soft*. O ritmo de bolero – para lembrar um dos fatores da queda de sua antecessora – está ele substituindo pelo de valsa, um tanto lenta. Façamos votos para que não tropece, neste novo passo. Porque, se isso acontecer e o cansaço se generalizar, a tentação de voltar para Niterói – a nado – pode reaparecer, perigosamente...

---

* Vide Cap. 2.

4

Outubro-Dezembro

1991

PLANOS ECONÔMICOS
POR QUE NÃO TÊM *DADO CERTO*?

DECORRIDOS MAIS DE vinte meses do mandato presidencial, entrou o País na fase típica dos meados de períodos de governo, que se caracteriza pelo agravamento de situações geradoras de descontentamento e até mesmo de revolta. Tudo isso tem causas naturais que, nem por serem de natureza psicológica, são menos discerníveis e atuantes.

Toda mudança, sobretudo quando resultado de prélios eleitorais, cria expectativas boas e más, que a vida prática se encarrega de confirmar ou desmentir. Um novo governo, via de regra – com seus planos, intenções e atos iniciais – descerra perspectivas e esperanças que se prenunciam capazes de *dar certo*. Entretanto, a realidade, a *teimosa realidade*, no dizer de Lenine, não demora a opor barreiras e a avolumar obstáculos ao desenvolvimento dos programas traçados. Os êxitos vão minguando e registram-se mesmo alguns retrocessos. O ambiente vai-se tornando tenso e se reavivam incômodas recordações de insucessos anteriores, com a ominosa sensação de *déjà vu*.

Fenômeno análogo se verifica no reino da hidrografia. O Amazonas corre milhares de quilômetros, seguro e com crescente vigor, até que, na foz, suas águas se chocam com as do mar. O rio quer entrar à força pelo oceano, mas este obstinadamente se antepõe à invasão. A resultante é a *pororoca*, onda gigantesca e barulhenta, que atroa os ares estrepitosa, na tentativa de empurrar o fluxo de volta, no rumo das cabeceiras. O rio acaba vencendo, a onda se desgasta e, contudo, o mar retorna à carga e o titânico embate periodicamente se renova, perpetuando-se. Não é o que ocorre na vida econômica, notadamente no tocante à luta contra a inflação e em prol do desenvolvimento?

Vejamos o caso do nosso País. Estudo publicado pela revista *Finanças e Desenvolvimento* do Fundo Monetário Internacional, de setembro último, reproduz dados do Banco Mundial, indicando que a renda *per capita*, no Brasil, dobrou de 1961 a 1979, ou seja, num período de 18 anos. Essa duplicação da renda exigiu 58 anos, na Inglaterra (de 1780 a 1838); 47 anos nos Estados Unidos (de 1839 a 1886); 34 anos no Japão (de 1885 a 1919); 20 anos na Turquia (de 1957 a 1977); 11 anos na República da Coréia (de 1966 a 1977) e 10 anos na China (de 1977 a 1987).

Em verdade, e no que nos diz respeito, os dados do Banco Mundial poderiam ser complementados, incluindo a informação de que o mesmo fenômeno – a duplicação da renda *per capita* – requereu apenas dez anos, na década de 70, a do tão discutido *milagre econômico*, que ainda hoje estomaga certos círculos políticos, desde aquela época empenhados em negá-lo ou pelo menos desmerecê-lo. De fato, como foi assinalado em *Atualidade Econômica* na edição de *Cultura e Fé* de junho – setembro-1989, o nosso Produto Interno Bruto *per capita* cresceu de US$ 1.081, em 1970, a US$ 1.955, em 1980. Vale dizer que o nosso Amazonas econômico vinha então fluindo e avolumando-se, o que era, sem dúvida, uma alvissareira amostra de modernização do nosso parque produtivo.

A partir de 1980, porém, o rio dos nossos anseios de estabilidade e progresso, que buscava adentrar pelo oceano da prosperidade mundial, para compartilhá-la, teve seu ímpeto barrado pelas repercussões dos choques do petróleo, às quais se ajuntaram as da crise do endividamento externo das nações em desenvolvimento, desencadeada com a moratória do México em 1982, e que paralisou a vinda de recursos internacionais para esses países. O ritmo do crescimento do nosso PIB global reduziu-se consideravelmente e o do PIB *per capita* praticamente estancou, tornando-se ambos índices negativos, nestes dois últimos anos. Era a *pororoca* econômica, com sua onda inversora do caminho das águas.

Se as dificuldades oriundas do exterior respondem, em boa parte, pela contramarcha, inegável é que, no centro do problema, estão os fatores de ordem interna. Porque o mundo lá fora é como é, e não se curva aos nossos desejos. Mas o que nós fazemos, ou deixamos de fazer, dentro das nossas fronteiras, isso é que revela se temos capacidade e garra suficientes para ultrapassar os obstáculos e eventualmente reverter o processo. Existe hoje – e esse é um aspecto favorável da situação – um consenso em torno do reconhecimento de residir, na inflação, a maior debilidade do nosso aparelhamento para sobrepor-nos à crise. Entretanto, não é a inflação um agente autônomo, não é um fator primário que se introduz no sistema como algo independente. Ela é um efeito, o resultado de práticas que desequilibram e desordenam o mecanismo dos preços, emperrando e entravando a produção, a circulação e a distribuição dos bens e serviços. Forma-se, então, um ambiente no qual o trabalho é tumultuado e impedido, as trocas monetárias decorrem em confusão desfiguradora e as remunerações dão origem a iniqüidades e insatisfações de toda espécie. Nesse clima deletério, o espírito empresarial se abastarda, quando não se dissolve inteiramente. O próprio Estado entra em colapso, precisamente nos setores onde sua atuação é mais importante para recuperar e robustecer o arcabouço social combalido, e o Governo fica relegado, pela deficiência de meios, ao papel de administrador da folha de pagamento de uma burocracia inoperante.

Note-se que os anos de auspicioso incremento do PIB, global e *per capita*, foram aqueles em que a inflação registrou níveis toleravelmente moderados, ao passo que os recuos seguem o agravamento da alta geral dos preços. Não há, é de reconhecer, correlação exata no movimento dos dois índices. Isso se explica, aliás, se atentarmos em que a recessão tem suas causas, não na inflação em si, mas no clima de incerteza e pessimismo por ela criado. Quando a inflação, embora relativamente elevada, é considerada de alguma forma sob controle, há ainda espaço, quer para novos empreendimentos, quer para expansão dos já em andamento. Quando, porém, se generaliza a idéia de que as coisas não vão bem e tendem a escapar da ação das autoridades, surge a infausta seqüência das más expectativas que se auto-realizam, como por exemplo, a de os preços subirem por estar todo mundo convencido de que irão subir.

Um dos principais objetivos dos *choques* – para os quais quase todos os governos terminam apelando – é, significativamente, o de golpear e reverter essas expectativas. Daí as medidas *heterodoxas*, tão discutíveis e sempre tão discutidas. Curioso é que os políticos, quando estão em postos de mando, raramente se livram da contingência de aplicar esse tipo de providências. Quando na oposição, entretanto, freqüentemente criticam acerbamente seus sucessores, por adotá-las.

Lembro, a propósito, um episódio ocorrido no Governo Castello Branco. Vinha, de governos anteriores, o hábito de alguns generais, quando colhidos pela compulsória, sem atingir o posto superior do qual se julgavam merecedores, colherem a primeira oportunidade para darem entrevistas, censurando o que entendiam serem desmandos das autoridades constituídas e com as quais haviam colaborado. Como os regulamentos castrenses proibiam aos militares, mesmo na reserva, os pronunciamentos políticos públicos, desenrolava-se daí por diante um filme conhecido: o ministro da pasta interpelava o general, que confirmava a autenticidade da entrevista e era, em seguida, punido com a prisão, por tantos dias, usualmente prisão domiciliar. Era esse o sinal para o início de verdadeiro rito. Um após outro, próceres oposicionistas desfilavam, em visitas de solidariedade ao *prisioneiro*, visitas devidamente registradas pelos jornais que, para tal fim, postavam seus repórteres em pontos estratégicos. Com o que transcorria pelo menos uma semana de glória para o punido e de aborrecimentos para os governantes.

Pouco depois de assumir, Castello resolveu antecipar-se a eventuais *reprises* e baixou ato alterando os regulamentos e eliminando as sanções disciplinares que alimentavam a síndrome da reserva. Semanas depois, recebeu ele a visita de um militar amigo, que fora seu subordinado. No meio da conversa, o visitante não deixou por menos e apresentou queixa formal: – *Mas, Presidente, o senhor nos igualou aos paisanos*...! Demonstração expressiva de que era preferível ser punido a passar despercebido. Nada mais natural – e mesmo nada mais salutar – que a apreciação crítica das soluções propostas para os problemas econômicos, notadamente quando adotadas pelos governos. Natural e salutar é também que os críticos, sejam eles expoentes políticos e parlamentares, ou ainda renitentes comentaristas, entre os quais este escriba pede vênia para incluir-se, ao emitirem seus enunciados, concordem com o que julgam acertado e discordem do que lhes parece errado. Mas, ao fazê-lo, razoável será que se revistam de alguma humildade, não propriamente por virtude, e sim por uma questão de inteligente prudência. Pois, como ensinou São Tomás, *a realidade transborda do conceito* e, além disso, nunca conseguimos traduzir em palavras e com inteira fidelidade os conceitos construídos pela nossa mente. Menos ainda logramos manter a coerência entre nossos conceitos e palavras de ontem e de hoje, e não será demais incluir, desde logo, os de amanhã.

A realidade, máxime a irrequieta realidade econômica, costuma ser extremamente complexa e, como por pirraça, travessamente mutável. Obstáculos que se supunham ultrapassados reaparecem mais adiante, às vezes sob vestes diferentes. E soluções que parecem novas revelam-se, quando devidamente analisadas, repetições de tentativas anteriores e malsucedidas. Em conseqüência, o que hoje se considera como nocivo foi, quem sabe, perfilhado ontem pelos seus depreciadores de hoje.

Há uma tendência, quase incoercível entre os que lidam com temas econômicos, a se terem por capazes de identificar crises e remédios, identificação que escapa à percepção de seus interlocutores e eventuais contraditores. E, quando a estes ocorre formular, talvez em outros termos, ilações e procedimentos por aqueles sustentados, a reação pode baixar ao nível do xingamento. No período que mediou entre as duas Grandes Guerras Mundiais, ficou famosa a animosidade reinante, nas discussões entre os especialistas, a respeito das agudas crises monetárias da época. A fúria da beligerância verbal, dizia-se, assemelhava-se à dos girondinos e jacobinos, na Revolução Francesa. E, se os contendores não se guilhotinavam uns aos outros, não era por falta de gana para tanto.

O que mais afrontava os debatedores, naquelas pugnas, era a insinuação de estarem reeditando, com retoques, teorias e receituários alheios e anteriores. O lema que vigorava era: *maledicti qui ante nos nostra dixerunt*. Hoje, ao ver como antigos manejadores das rédeas políticas crucificam os atuais titulares que – sem o confessarem, é claro – reproduzem, com alguma maquilagem, medidas por aqueles adotadas, sente-se a tentação de parafrasear: *maledicti qui post nos nostra fecerunt*. As maldições, outrora lançadas sobre os que antecipavam os ditos, recaem sobre os que agora reoperam os feitos. Não seria o caso de os militantes da reserva aceitarem *igualar-se aos paisanos*?

Quais os motivos por que as apreciações sobre teses e condutas referentes aos problemas econômicos provocam tamanha paixão? As causas certamente residem, menos na preocupação de encontrar a verdade, e mais na defesa e na busca de posições de prestígio e de poder, no mundo acadêmico e nos órgãos políticos nacionais e internacionais. Essa predisposição, embora explicável e até legítima, não raro distorce a colocação dos problemas e das soluções, transformando-a em instrumento de propaganda e de proselitismo partidário.

Não é o que tem acontecido em nosso tempo? Vêm-se renovando, ao longo dos anos, os programas para enfrentar nossos problemas econômicos. Como já se tem acentuado nestes comentários, em todos os planos há pontos que os ligam e deles fazem, de certo modo, um mesmo plano básico, remodelado sob a influência e a pressão das circunstâncias, com algumas idéias presumidamente inovadoras, mas cuja originalidade, em fim de contas, não é tão grande assim. Os planos deslancham cercados de esperanças, e alguns êxitos maiores ou menores soem acompanhá-los. Meses depois, entretanto, pipocam contratempos e falhas, e se amiúdam as manifestações de desconfiança e desagrado, os comentários e as previsões desfavoráveis. Finalmente, desencadeia-se uma tempestade de censuras e desaba uma catadupa de previsões pessimistas que culminam como concausas dos males prenunciados.

Tudo se passa como no esporte juvenil de *tascar pandorga*. O pássaro de papel, aproveitando correntes de ar propícias, vai subindo e se instala no alto para o que promete ser uma longa estada. Sobem então papagaios rivais, porfiando em derrubar o que se alçou primeiro e que manobra como doido para escapar, mas muitas vezes perde a batalha.

Raciocinemos um pouco. Os planos até agora editados são frutos de estudos, pesquisas e mesmo da experiência de destacados políticos e técnicos, neles incluídos alguns dos melhores de que dispõe o plantel nacional. Se, plano após plano, nenhum *dá certo*, será que a culpa é toda do esquema do treinador, como no futebol? Uma constante, nesses planos, é que eles nunca se executam como foram programados. Nunca se completam, e ficam sempre a meio caminho, perdem impulso ante as resistências que encontram, como as águas do Amazonas em confronto com as do Atlântico.

As maiores resistências têm sua origem nos sacrifícios inevitáveis. Que todo e qualquer plano, sofrivelmente sério e capaz de dar resultado, exige renúncias freqüentemente bem penosas, já é felizmente matéria de consenso geral. Não obstante, a polêmica se instaura e acesa, em torno da extensão e distribuição dos ônus. Todo mundo quer que o preço dos bens e serviços seja moderado; mas ninguém se resigna a moderar seu próprio consumo. Todos querem, isso sim garantir seu nível de vida anterior e, além disso, melhorá-lo e rapidamente. Ora, o volume da produção disponível só se amplia lentamente e quando favoráveis as condições para novos investimentos.

Em conseqüência, os resultados dos planos, se os houve no começo, vão se distanciando e cedendo lugar a frustrações. Os sacrifícios parecem eternizar-se, e o vazio criado pelas decepções vai sendo preenchido pelas arengas dos que, bem-intencionados ou não tanto, faturam cartaz e votos à custa da situação. As ponderações sugerindo compreensão e persistência esbarram infalivelmente na história do cavalo do inglês, cavalo que morreu justamente quando o dono pensava tê-lo ensinado a deixar de comer... Muda-se então a equipe econômica e tudo recomeça... ou continua!

Afinal, onde está – se é que está em algum lugar – a explicação desses fracassos? Em defeitos e erros dos planos, que teriam sido malconcebidos e articulados? Ou em defeitos e erros da coletividade, que não lhes dá a devida cooperação? É bem possível que se imponha resposta afirmativa nas duas hipóteses.

Ao que pode ser dito, sobre quantos planos até agora se sucederam, pouco ou nada mais resta a acrescentar.

Todos eles já foram escalpelados e execrados, se não pelos gregos, ao menos pelos troianos. No entanto, de referência ao comportamento da coletividade, há um expressivo silêncio. Pelo jeito, o pensamento dominante é o de que ela, como o freguês nas lojas, sempre tem razão. Se o plano não *dá certo*, a culpa é do plano, e ponto final. Essa é, aliás, uma atitude cautelosa e hábil, pois a coletividade é o *povo*, e ali se aninham os votantes das eleições, os destinatários da publicidade, os opinantes das pesquisas, em suma, a fonte do poder político e do *marketing* bem-sucedido. Mas é uma fonte animada, capaz de dar e de tirar, um soberano habituado a acolher com atenção e agrado os que o cortejam com imediatismos, e a manifestar enfado e até irritação aos que tentam persuadi-lo com argumentos. Hoje, porém, já se começa a reconhecer que há, em nosso País – como em quase todo o mundo menos desenvolvido – uma *cultura inflacionária*, uma tendência insopitada a optar pela facilidade ilusória e a repelir o esforço pertinaz. Quando o preço de um produto sobe, natural seria resistir a comprá-lo e cogitar de como suprir, por outro modo, a sua falta. Em vez disso, pensa-se logo em como aumentar o poder aquisitivo nominal, para contrabalançar o aumento do preço. Essa a tendência que tem sido institucionalizada pelo mecanismo da correção monetária, determinada por lei específica.

Entendamo-nos bem. A correção monetária é praticamente inevitável em regime de inflação. A acomodação de todos os preços – neles incluídas as remunerações (salários, juros, aluguéis e lucros) – é natural e incoercível.

Mas a correção institucionalizada – sobretudo quando *integral*, ou seja, em bases equivalentes aos índices de elevação dos preços e sem um adequado *redutor* que projete, para o futuro, aumentos inferiores aos do passado – anula as resistências que também são naturais e deveriam até ser estimuladas, se é que se pretende caminhar para a estabilidade. Em lugar disso, o que vemos é a prática generalizada de os pretendentes compradores amaldiçoarem a alta e os seus presumidos responsáveis, e logo em seguida disporem-se a, mesmo assim, comprar quais resignados cumpridores de implacável destino.

É evidente que, tratando-se de produtos indispensáveis à subsistência, a compulsão para adquiri-los não é uma opção e sim uma contingência inescapável, até mesmo e sobretudo para os menos bem aquinhoados na escala econômico-social. Entretanto, não brota deles o principal impulso que alimenta a elevação dos preços dos produtos básicos. Esses compradores, para manter o consumo dos gêneros de primeira necessidade, regateiam o que podem e sacrificam a aquisição de outros bens e serviços. Mas os demais – os que se alinham em categorias melhor abonadas – pechincham pouco e encontram sempre meios de enfrentar gastos maiores.

É preciso não esquecer que, em nosso País, os dotados de poder aquisitivo relativamente maior, embora seu número cubra algumas dezenas de milhões de pessoas, constituem parte pequena da população. Em estudo publicado na edição de outubro–dezembro-1982 – reproduzido no capítulo 4 do livro *A Economia no Quotidiano* – estudo com base em dados do Imposto de Renda, mencionou-se que cerca de 50% do valor da renda declarada estava sendo auferida por apenas 20% dos declarantes, os quais eram, portanto, os melhor remunerados, restando a outra metade do valor da renda global para ser distribuída pelos 80% menos favorecidos.

Localizam-se, sem dúvida, nos 20% acima referidos, os adquirentes potenciais que menor resistência oferecem às tentativas de elevação dos preços, e mais facilmente se prestam a pagá-los. Com isso, de certo modo, sancionam a alta e contribuem decisivamente para sua propagação, que irá atingir em cheio os 80% cuja renda individual é inferior à daqueles privilegiados.

Tais observações revelam que a exorbitância nos proventos dos ocupantes de altos cargos ou funções – seja no serviço público, seja na própria esfera particular – repercute extensamente, agravando a pressão inflacionária. De fato, a elevação nos ganhos se dissemina gradativamente, desde o cimo pelos demais escalões num *efeito dominó* que vai enfraquecendo a resistência à alta dos preços, estimulando e consolidando as remarcações. Uma das conseqüências perversas é que, nas camadas de remuneração mais baixa, o *efeito dominó* da subida dos ganhos nominais tarda a chegar, ao passo que bem mais rapidamente se alteia o custo de vida.

Surpreendente é que as notícias do alceamento de pingues ordenados surjam como manchetes e vozerio nos meios de comunicação e, não obstante, sejam logo esquecidas. Ninguém se dá conta de que todos irão pagar, e por longo tempo, a liberalidade aparentemente feita à custa alheia. É uma amostra a mais da nossa *cultura inflacionária*, da qual só pouco a pouco parece estarmos tomando consciência. E é também uma demonstração de que, não somente pelos seus defeitos intrínsecos, os planos não têm *dado certo*.

Outra prova de que nem tudo é culpa dos planos está na confusão criada pelo nosso processo judiciário, cujas seculares mazelas foram incrivelmente agravadas pela Constituição de 1988. A existência de um Poder Judiciário, capaz de dirimir e sancionar, com justiça e eqüidade, as dúvidas, os conflitos e as violações da lei, é postulado fundamental da democracia. Mas assumir o Judiciário o papel de legislador e administrador eqüivale a transformar a tão decantada independência de Poderes em desordenamento de funções. A interpretação da lei não pode, sem grave risco para a coisa pública, ser substituída pelo ativismo judiciário. De modo especial, decidir sobre qual a política econômica que convém ao País é atribuição reservada aos mandatários eleitos e que respondem pelo acerto ou não de suas decisões perante o eleitorado. Mas o que temos visto é o judicante – freqüentemente juiz de restrito âmbito regional – intrometendo-se na alçada executiva e legislativa, para revogar normas de caráter nacional consideradas imprescindíveis, em situações de crise, pelos órgãos politicamente responsáveis, e até mesmo para determinar medidas intervencionistas no ordenamento da moeda e do crédito no País inteiro.

O que está em causa, quase sempre, é a adequação da lei ou de ato executivo às disposições constitucionais. E o argumento da inconstitucionalidade é invocado fartamente para promover interesses privados, individuais ou grupais. Mas o pior é que tais interesses sistematicamente prevalecem sobre o que se deve presumir seja o interesse coletivo, antes mesmo do julgamento definitivo do mérito, mercê das famosas *liminares*, das quais se tem feito verdadeira indústria.

Muito disso se deve provavelmente às defeituosas regras processuais vigentes. Em geral, as decisões dos tribunais da cúpula judiciária vêm sendo construídas, em arestos unânimes ou de expressiva maioria, com observância, não só dos princípios jurídicos, mas ainda com oportunas qualificações de prudência e sensatez. Em outras instâncias, porém, há uma inundação de sentenças conflitantes e altamente onerosas, em termos financeiros, para os organismos estatais. No campo da Previdência Social, nomeadamente, prejuízos bilionários foram registrados, sob o manto de procedimentos forenses.

Eliminada que foi, outrossim, pelo novo quadro constitucional, a possibilidade de o Supremo Tribunal Federal avocar o julgamento de questões de grande importância nacional, têm sido inumeráveis os despachos de julgadores que, desprovidos da amplitude de visão e da formação técnica requeridas pela correta avaliação de relações econômicas mais complexas, ainda assim se abalançam a ditar a condução da economia nacional. Por conseguinte, instaurou-se a insegurança e multiplicaram-se os pleitos reivindicatórios de vantagens e isenções, dificultando ao extremo e até impossibilitando a execução das medidas projetadas pelos mandatários eleitos, para recuperar o equilíbrio e a estabilidade.

Deve-se culpar por isso a feição defeituosa dos planos? Sem dúvida, cabe-lhes também – e a todos eles – grau maior ou menor de culpa. Mas e a coletividade? Não há nela, igualmente, defeitos graves a apontar e a corrigir? No fundo do painel, aí está de novo a *cultura inflacionária*. Quando é o erário público que recebe condenação para gastar, pagar ou deixar de receber, ninguém se sente atingido pessoalmente: o problema é do *Governo*. Ninguém se lembra, entretanto, de que o *Governo*, quando compelido a despender acima do que arrecada, só consegue saída viável no financiamento inflacionário, seja pelo crédito sem cobertura de suficiente poupança, seja pela pura e simples emissão de moeda. Aí os preços disparam mais velozmente e todos gritam, mas gritam tarde porque o tempo para fazê-lo utilmente já passou.

Em verdade, o problema crucial que o nosso País deve enfrentar não é, a rigor, econômico, e sim político. A nossa grande carência não é a de articuladores de planos, que os temos tido e, em geral, muito competentes. O que nos tem faltado são líderes capazes de levar a coletividade a colaborar com os planos e a suportar-lhes os ônus. É sempre útil repetir, uma vez mais, o que dizia David Lilienthal – o talentoso artífice da recuperação do Vale do Tennessee – O *teste de um plano não é somente ser o plano bom para o povo, mas conseguir que o povo com ele coopere*. Para fazer o que é fácil e oferece vantagens imediatas e visíveis, não há necessidade de líderes. A verdadeira liderança se exerce, quando se obtém que a coletividade faça coisas difíceis, mas que devem ser feitas, mesmo se os resultados favoráveis demorem a aparecer. Numa palavra, o problema é político e é de liderança. Que não cai do céu e que é imperioso construir.

Será possível construí-la?

CONSTRUÇÃO DA LIDERANÇA COM O PARLAMENTARISMO?

A liderança exige líderes. É importante assinalar o plural. Pode, contudo, suceder – quantas vezes a História o registra – que movimentos sociais de envergadura tenham sido inspirados e conduzidos por personagens isolados e carismáticos, que empolgam a imaginação e a vontade popular, e tudo fazem confluir para memoráveis objetivos, nefastos, uns, benfazejos, outros.

Todos os povos – ora mais, ora menos – sempre cultivaram algum ideal messiânico. O *Führer*, o *Duce*, o

Guia Genial são caricaturas monstruosas que apavoraram e ensangüentaram o nosso século. Mas um Churchill, um Adenauer, um De Gaulle marcaram momentos decisivos de suas pátrias, que nesses admiráveis estadistas se apoiaram para superar enormes perigos e dificuldades. Não é só de grandes horas, porém, que vive um povo, e não é unicamente nessas horas que há tarefas ingentes a realizar e duras crises a ultrapassar. No dia-a-dia, na rotina quotidiana, os caminhos também são ásperos e se impõe percorrê-los com esclarecimento e determinação, contornando armadilhas e evitando o engodo de atalhos enganosos.

No Brasil, o messianismo tem sido endêmico, com surtos de duração e intensidade variáveis, e períodos de acalmia que seguem reiteradas decepções. Esse messianismo coexiste com o ceticismo político, e talvez seja até seu produto, como anticorpo: a própria descrença nos políticos que estão atuando nutre a esperança num iluminado cujo advento mude os rumos para melhor. A experiência milenar da humanidade, nela incluída a nossa secular crônica histórica, não permite descartar totalmente a reedição de antigas – e mais recentes – tentativas. Isso, não obstante, com a extensão e a abrangência dos atuais meios de comunicação, massificada e instantânea, se, por um lado, o candidato a *salvador da pátria* pode aparecer e prosperar da noite para o dia, por outra parte tantos serão seus concorrentes, que as possibilidades de afirmação individual murcham bastante.

Seja como for, inegável é que o regime presidencialista tem sido, a um tempo, e mormente em nosso País, originador e sustentáculo de vezos messiânicos. Já na designação do Chefe de Estado – em tal regime concomitantemente organizador e Chefe do Governo – tudo se orienta como se, de um único ser humano dependesse a sorte da nação. E os candidatos se desdobram de mil formas para demonstrá-lo, recorrendo a quanto julgam ser do agrado do eleitor, e provando, por *a* mais *b* e o restante do alfabeto, seu excepcional preparo para o cargo, não esquecendo, é óbvio, de pôr em evidência o cataclismo que representaria a escolha de outros contendores.

Será que isso ocorre igualmente no presidencialismo-modelo dos Estados Unidos que – apesar dos modismos antiamericanos, eleitoralmente tão rendosos em certos setores – foi e continua sendo o padrão básico de nosso sistema político? Ocorre, sim, com a notável diferença de que, lá e na prática, apenas duas agremiações partidárias mantêm presença influente, cabendo a elas selecionar seus respectivos candidatos, limitando-se o voto popular à indicação de um deles para o ambicionado posto. Depois de preencher esse ritual, como se a escolha fosse a de um *salvador da pátria*, o presidencialismo – seja feita justiça – preocupa-se com evitar sua transformação em ditador. A solução proposta é a clássica, dos *pesos e contrapesos*: um Congresso, com representantes eleitos e incumbido de legislar, reservando ao Presidente o encargo de executar as leis votadas.

Salva a irreverência, poder-se-ia dizer que o sistema é *bifronte:* o Governo teria duas faces, uma legislativa e outra executiva. Infelizmente, o que se verifica na vida real é tornar-se o governo *bicéfalo*, com duas cabeças, uma dizendo *sim*, enquanto a outra diz *talvez* e mesmo *não*. Ao criar dois poderes políticos independentes, o presidencialismo deixa sem solução factível uma questão freqüente e gravíssima: a do confronto hostil entre eles. Está escrito, por certo, na Constituição, que os poderes são *harmônicos*. Mas, e quando eles não se harmonizam?

A desavença entre os *poderes independentes* é sobremaneira maléfica, no referente à política econômica; e verdadeiramente desastrosa em situações críticas, quando a unidade de orientação é tão importante quanto o acerto das decisões. Pela Constituição, cabe ao Legislativo estabelecer a norma legal e, ao Executivo, executá-la. Mas quando se invoca a inadequação da própria norma legal? Tecnicamente, o executor deve conformar-se à norma, mesmo se dela discorda ou a considera insuficiente. Além disso, a norma e a execução, embora conceitualmente distintas, estão intimamente vinculadas no ato de governar. No mundo difícil e cambiante da realidade, a norma pode não ser executável, ou pode revelar-se ineficaz. Por sua vez, a execução pode ser tal que esterilize a norma e até a faça contraproducente. A quem caberá, então, a responsabilidade pelo insucesso? Sobre isso, discutirão inflamadamente os dois Poderes, o impasse perdurará, e a coletividade, como o dono da estalagem, pagará o pato.

A *responsabilidade*, no caso, não é algo cujo papel se resuma a tornar-se objeto de pesquisas futuras para a História, ou munição para defasadas repercussões eleitorais. Bem ao contrário, ela é fator de primordial valia para a efetividade do mecanismo democrático de governo. Cabe insistir neste ponto, que é central e nevrálgico no exame do tema.

O maior defeito do presidencialismo reside em que, nele, a *autoridade* e a *responsabilidade* estão separadas, e com isso ficam falseadas e anuladas as conseqüências eleitorais. Quando as coisas correm bem, a disputa entre os titulares do Executivo e do Legislativo, pela glória e pelos dividendos do êxito, fica circunscrita no terreno, quiçá folclórico, do prestígio pessoal e partidário. Quando as coisas vão mal, porém, e a perplexidade ronda os muros, quando se coloca o dilema de manter ou mudar os rumos e se frustram as tentativas de fixar uma rota confiável, desaparecem as amenidades do bom tempo, e entram a dominar as trevas e os redemoinhos da tempestade.

Logicamente, quem possui a *autoridade* de traçar o caminho a seguir deve carregar a *responsabilidade* por atingir-se, ou não, a meta. A autoridade, sem responsabilidade, degenera em arbítrio impulsivo e inoperante. E a responsabilidade, sem autoridade, é uma ignominiosa e inútil perversidade. Ora, como todos estão cansados de presenciar, quando os planos fracassam, os *Poderes Independentes* atribuem, um ao outro, a responsabilidade, e ambos reclamam faltar-lhes a autoridade necessária a remediar o mal.

Suponhamos agora que, bem analisada a pendência, a responsabilidade caiba ao Poder Executivo, e que este se obstine em seu malsucedido propósito. No presidencialismo, não há solução legal possível. O mandato do Presidente é *sagrado* e é regido pelo calendário, pela folhinha. Enquanto não transcorrerem os anos, os meses e os dias do seu período, de lá ninguém o tira. Salvo, é claro, o *impeachment*. Mas este, já se disse, é semelhante aos canhões da batalha de Crécy: extremamente complicados para manejar, e tão perigosos para os que os disparam, como para os que deles são alvo.

E quando a responsabilidade deve ser imputada aos legisladores, aos parlamentares? Também aí vigora a *lei do calendário*. O mandato deverá esgotar por completo seus anos, meses e dias, e antes ninguém sai, senão pela perda individual do cargo, em casos essencialíssimos de abusos que eqüivalem ao suicídio político e, mesmo assim, raríssimas vezes são oficialmente reconhecidos.

No presidencialismo, não há saída legal e viável para superar conflitos entre o Executivo e o Legislativo, quando insanavelmente desavindos. Várias vezes ouvi de Agamenon Magalhães a sábia advertência: *no parlamentarismo, as crises políticas se solucionam com a queda do Gabinete; no presidencialismo, elas desembocam no golpe de estado ou na revolução.*

Foi esse, aliás, um dos argumentos que me levou a aceitar o parlamentarismo, depois de ter, por considerações puramente teóricas e falta de experiência política, defendido o presidencialismo e votado pela sua manutenção, na Constituinte de 1946. Em tese e quando se parte da *independência dos Poderes* como princípio basilar do governo democrático, o presidencialismo se apresenta como superior ao parlamentarismo. Mas o problema fundamental não é de perfeição jurídica – tem-se até a tentação de dizer *estética* – do sistema, e sim o do seu funcionamento prático e o da adequação do *mecanismo de governo* à realidade.

No presidencialismo, o Presidente da República – como conseqüência da dinâmica do sistema, e queiram ou não, ele próprio, com seus partidários e mesmo opositores – é o líder isolado, nas funções de governar. Dele se espera a inspiração, nele se concentra a autoridade efetiva e, de modo especial, sobre ele recai o peso da responsabilidade. Deu certo? Mérito do Presidente. Deu errado? Culpa do Presidente. Mas é uma responsabilidade à qual não corresponde uma sanção política, eficaz e oportuna. Seu mandato *sagrado* irá até o instante cronológico prefixado, a partir do qual, então, sua carreira política colhe ou suporta a retribuição dos erros e acertos.

Por seu lado e no presidencialismo, o Congresso é um Poder no qual a autoridade não tem, a contrabalançá-la, garantia de sanção adequada e tempestiva. Os mandatários parlamentares podem, com seus pronunciamentos e suas decisões, apoiar e facilitar, ou tumultuar e impedir, a ação governamental: as conseqüências políticas só irão surgir no término da legislatura.

Julga-se erradamente que o parlamentarismo é o regime em que o Parlamento *governa*. Não é exato. É, sim, o sistema no qual ao Parlamento cabe *constituir* o Governo, pela aprovação do Gabinete de Ministros, acompanhar seu desempenho e sustentá-lo ou destituí-lo. É um sistema em que a liderança não é *isolada*, mas *associada*, e a *harmonia de Poderes* não é um preceito constitucional anódino, mas uma imposição do processo de formação e atuação dos órgãos políticos que regem os destinos nacionais.

Receia-se muito – e este foi o mote que fulminou a adoção do regime em 1946 – a *instabilidade* no parlamentarismo, com Ministérios caindo a todo mês e a reboque de maiorias voluntariosas. Tal receio será procedente se, nas regras constitucionais pertinentes, não for previsto e devidamente regulado o instituto da dissolução do Parlamento e a convocação de eleições, quando mais de um Gabinete for colhido por voto de desconfiança, em determinado prazo. Sem isso, é evidente, a responsabilidade do Parlamento não terá a efetivá-la sanção eficaz. Nessa hipótese, não se estaria instalando o parlamentarismo, mas um *governo de assembléia*, desordenado e anárquico, em suma, uma contrafação grotesca e desonesta. Seja-me lícito, a respeito, reportar-me ao livro *Parlamento, Vale a Pena?* (Editora Globo – Porto Alegre – 1978), no qual tive ensejo de examinar a questão, à qual se voltará oportunamente, nestes comentários, se Deus quiser, pois política e economia, neste futuro próximo, prometem ser inseparáveis.

O problema, repita-se, é o de construir uma liderança política capaz de, não apenas revelar competência na formulação de planos de governo, mas de dar-lhes execução satisfatória e angariar, para tanto, a indispensável cooperação da coletividade. No presidencialismo – a experiência nô-lo tem demonstrado – isso é tão difícil que beira o impossível. Com o parlamentarismo, desnecessário será lembrá-lo, não serão removidos, como por encanto, os males que nos afligem. Contudo, crescerão muito as probabilidades de bem encaminhar soluções racionais.

Resta, finalmente, a pergunta: se o presidencialismo é tão ruim, como se explica que tenha dado certo nos Estados Unidos? Se atentarmos para os trancos e barrancos que ele tem enfrentado em terras de Tio Sam, não será demais registrar que a formação política dos norte-americanos é peculiar e bem diferente da nossa. E, ainda, que o país é suficientemente rico e poderoso, para custear suas imprudências e até seus desatinos.

A explicação mais plausível, entretanto, talvez seja a de que, como é sabido, a Providência toma cuidados especiais com três categorias de seres: as crianças, os bêbados e...os Estados Unidos da América. Pois somente assim se compreende como conseguem eles sobreviver às complicações em que se metem.

É bem verdade, também, que Deus é brasileiro. E, ainda, que Sua paciência é infinita.

Para fortuna nossa!

DEPOIS DA QUEDA
MAS QUE PENA!

Quando despontou, um pouco de surpresa e em alto patamar, no panorama político, nossa primeira Ministra da Economia, Fazenda e Planejamento, teve a cercá-la atmosfera mista de curiosidade e esperança. Curiosidade, porque era praticamente desconhecida do grande público, e sua orientação técnica e sua capacidade administrativa tinham sido testadas apenas em cargos de assessoria e de escalão relativamente modesto. Esperança, porque vinha no rebojo da onda de uma campanha presidencial vitoriosa, núncia de grandes mudanças e de frutuosa modernização, em nossa atribulada vida econômica e social.

Sua estréia foi marcante. Revelou, desde logo, conhecimentos e competência à altura dos nossos melhores mestres, nas matérias de sua alçada, por todos consideradas extremamente difíceis e complexas. E demonstrou tal determinação e vigor, na condução dos programas traçados, que não tardou a ser cognominada *Dama de Ferro* da nossa política econômico-financeira.

Foram-lhe ampla e majoritariamente favoráveis, por isso, as primeiras apreciações da opinião pública. Excetuavam-se, como é natural, os opositores profissionais e de plantão. Mas os Velhos do Restelo – Camões que o diga – sempre foram figuras obrigatórias, em todo empreendimento no qual algum arrojado nauta *nas ondas velas pôs em seco lenho*. Os êxitos iniciais mostraram-se auspiciosos. Entretanto, com o decorrer dos meses, foram-se adelgaçando as perspectivas de *matar o tigre da inflação com um único tiro*, e intensificando o exercício de *tascar pandorga*, para tumultuar os projetos de governo (vide primeiro tópico destes comentários). No Congresso, como de praxe, deu em crescer o faturamento de futuras vantagens eleitorais, à custa dos inconformismos que espocavam. Partiu, contudo, das instâncias judiciárias, a mais corrosiva atuação de desgaste, atingindo, especialmente, os setores nevrálgicos da disciplina das remunerações e da liquidez. Juízes e juízas e alguns tribunais tiveram seus momentos de brilho nas manchetes, decretando aumentos e liberações, e mandando prender réus publicitariamente valiosos, como o Presidente do Banco Central.

Alvo predileto das críticas foi o *confisco* dos depósitos de poupança. De nada adiantou o fato de ter sido sustada, com a medida, uma explosão de consumo que, muito provavelmente, inviabilizaria o controle da inflação, e de o *confisco* – na verdade um adiamento, doloroso mas inevitável, da exigibilidade – haver preservado a massa dos pequenos depositantes, fixando-se no segmento, bem menor, dos possuidores de recursos mais avultados (vide *Atualidade Econômica*, na edição de janeiro-junho-1990, de Cultura e Fé*). O *confisco* – pontificaram os críticos – ferira de morte a *credibilidade* nas transações financeiras, e, quando os depósitos fossem devolvidos, se é que o seriam, no *setembro negro* de 1991, as retiradas destruiriam o mecanismo das cadernetas de poupança.

Bombardeado por todos os flancos, o *plano* entrou a fazer água, e desenhou-se-lhe o destino de seus predecessores, para o que bastante concorreu a velha sina de sua deficiente execução. Apesar de tudo, mesmo com os porões ameaçando inundar-se, o barco vem sendo mantido à tona – e já lá vão quase dois anos – obrigando os profetas da catástrofe a estabelecer novos prazos para o naufrágio total, esquecendo desta vez as cadernetas, e apostando na *recessão*.

Antes disso, a Ministra caiu. Sua queda foi menos devida ao desempenho do *plano* do que a obscuros e novelescos episódios, intra e extra palacianos, que a própria heroína se tem encarregado de divulgar parceladamente, prometendo voltar em próximos capítulos.

O que mais impressiona, nesta ascensão e queda, não está em suas conotações político-econômicas. Sob esse

---

* Vide Cap. 2.

aspecto, temos somente um caso a mais, numa longa e imperecível série. O que realmente abala é testemunhar como podem coexistir, na mesma pessoa, posições tão incompreensivelmente opostas. De uma parte, altíssimo grau de lucidez e de presciente raciocínio, e ainda de capacidade para enfrentar obstáculos relativos a fenômenos naturais, de superação tão árdua quanto os problemas econômicos. De outro lado, a total ausência de uma percepção clara das realidades espirituais e sobrenaturais, de um conhecimento que ultrapasse o acanhado horizonte dos sentidos e do racionalismo estreito e arremesse o cérebro e o coração às alturas insondáveis e, não obstante, seguríssimas, que abrem a mente para as verdades da fé.

Lamartine resumiu, numa estrofe perene, o angustiado drama do ser humano:

Borné dans sa puissance
Infini dans ses voeux
L'homme est un dieu tombé
Qui se souvient des cieux!

Contudo, quando esse *deus caído* mergulha na volubilidade e nos desvarios de seus impulsos miseramente terrenos, ele pode esquecer os *anelos infinitos* do destino eterno, único ideal capaz de dar sentido a esta nossa pobre e inquieta vida.

Uma alma que se eleva – foi o grito de Elisabeth Leseur – *eleva consigo o mundo*. Mas a alma que cai prisioneira dos sonhos vãos de uma felicidade inapelavelmente passageira torna-se agente inexorável de atração, para baixo, deste mundo já tão afundado nos atoleiros da descrença e da desesperança.

Que pena. Mas que pena, mesmo!

5

Janeiro-Março

1992

A DISTRIBUIÇÃO
DE QUE SE TRATA

No estudo da Economia Social, muito utilizado é o método de situar seus fenômenos em quatro grandes conjuntos: Produção, Circulação, Distribuição e Consumo. Desses conjuntos, a rigor, dois são fundamentais: a Produção e o Consumo. Os dois outros – Circulação e Distribuição – podem teoricamente ser classificados como complementares, mas são integrados por atos e impulsos de tal importância que, se não forem incluídos no exame, ou se nele forem subestimados, dificílima se torna a investigação que intente descobrir como se processa a vida econômica.

É que há, entre os fenômenos dos quatro setores citados, uma estreita e complexa inter-relação, em virtude da qual tudo quanto ocorre, com referência a qualquer deles, repercute mais ou menos intensamente sobre os demais.

Por outro lado, dos quatro grandes capítulos referidos, os mais estudados têm sido os da Produção e da Circulação, ou seja, aqueles em que o processo da técnica produtiva e a sofisticação dos instrumentos monetários e creditícios mais se tem acentuado. Já nos dois restantes – Circulação e Consumo –, embora também aqui a evolução natural venha ocasionando transformações de certo vulto, o passo das mudanças, apesar de crescentemente rápido, não se tem desenvolvido no mesmo ritmo.

Nos últimos tempos, contudo, vem se acentuando consideravelmente a preocupação com esses setores, o que se deve provavelmente ao fato de estarem sendo identificados, na Distribuição e no Consumo, fatores de perturbação, de estagnação e até de regressão do processo econômico global. No presente tópico, intentar-se-á refletir um pouco sobre o tema da Distribuição.

Trata-se de problema que, evidentemente, surge apenas quando se considera, não o produto resultante da ação individual e isolada, e sim de atividade associada e, além disso, coletivamente organizada.

Troquemos em miúdos. Quando o *homem primitivo* – que, felizmente para nós, não sobreviveu o suficiente para protestar contra as barbaridades que os nossos doutos antropólogos lhe atribuem – colhia frutos selvagens numa floresta nativa, nada havia a dividir. Mesmo no caso de esse homem primitivo levar, para sua celebrada caverna, os frutos que colhesse, e com eles presenteasse a mulher e os filhos, não haveria por que discutir. Mas, se dois dos nossos veneráveis antepassados combinassem agir em conjunto, subindo um deles à árvore para apanhar os frutos e ficando o outro embaixo para apará-los, a questão logo se apresentaria: que parte caberia a cada um dos nossos garimpeiros florestais? Em suma: qual o critério a adotar na divisão? Note-se, desde logo, a influência que esse *critério* exerceria sobre a produtividade, pois, se os dois se desentendessem a respeito e cada qual se fosse para o seu lado, ou os frutos mais altos seriam abandonados, ou correriam o risco de esborracharem-se no chão.

Decorridos alguns milhares de anos, segundo os antropólogos mais comedidos, ou muitos milhares, segundo outros mais ousados, a questão do *critério* continua a colocar-se e a provocar discussões e cada vez mais complicadas, porque se complicaram enormemente, tanto o processo de produção em si, quanto as circunstâncias no qual aquele processo se desenvolve. Na evolução milenar, o critério mais lógico – embora não seja único e nem sempre pacificamente aceito – parece ter sua base no princípio que condiciona a distribuição à produção. Daí o uso generalizado do vocábulo *repartição* como sinônimo de distribuição, para indicar que se *reparte* o que se *produz*. O princípio em apreço poderia ser enunciado, em termos simples e acessíveis à compreensão de todo mundo, com a expressão *quem faz, leva*. Assim, é lógica e admitida por todos a tese de que quem colhe o fruto numa floresta perdida deve ficar com ele. Na vida social moderna, porém, as coisas não se passam com essa simplicidade. Como se aplicará o princípio, por exemplo, se o fruto for colhido num pomar? Será todo ele de quem o apanhar? Ou, será também, e pelo menos em parte, do dono do pomar, ou de quem plantou as árvores e as cultivou, ou do agrônomo que ensinou a plantar e a cultivar, ou do governo que presumivelmente garante o direito de plantar, de cultivar e colher?

Tudo indica que, adotado como base o princípio de *quem faz leva*, colocam-se, em sua aplicação prática, quatro questionamentos fundamentais, ou seja:

I. Quem faz e quem leva?
II. O que se faz e o que se leva?
III. Como se faz e como se leva?
IV. Quando se faz e quando se leva?

É preferível usar o verbo *fazer* em vez de *produzir*, por ter, o primeiro, sentido mais abrangente, incluindo todas as atividades, sejam as de que resulta a produção de bens e serviços materiais, sejam as que visam a outros objetivos considerados úteis ou desejáveis para a vida social. Como se verá, tanto umas como outras são contempladas na repartição.

Igualmente, a utilização do verbo *levar* é mais adequada que a de *ganhar* ou semelhante, para evitar equívocos e deformações eventuais, resultantes de fatores monetários. Afinal, também em economia se pode *ganhar e não levar*.

O princípio *quem faz deve levar* é dos mais antigos e arraigados da consciência universal. Sofreu ele, por certo, no decorrer de milênios, obscurecimentos e manipulações, desde os abusos evidentes e deslavados dos latrocínios, passando pelas formas juridicamente elaboradas da escravidão, até incluir expressões mais sutis e disfarçadas de exploração, das quais o colonialismo, a usura financeira, o capitalismo selvagem e o socialismo real são manifestações mais modernas. Quando a ciência econômica, em seus albores, descobriu o *valor* como uma de suas importantes categorias, generalizou-se a idéia de ser o *trabalho* a sua fonte primordial e, como corolário, a de caber ao *trabalhador*, a sua apropriação. Mas essa teoria – que teve em David Ricardo e em Karl Marx, expoentes destacados e mais chegados aos nossos dias – esteve sempre, em seu corolário, implícita na instituição milenar do *salário*. O *trabalho* – isto é, a atividade humana exercida com finalidade que vai além da mera fruição individual do agente – sempre foi considerado um título justificador de *remuneração*.

A esta altura, convém notar que o *trabalho* não é, invariavelmente e por sua natureza, *oneroso*, ou seja, impositor de sacrifício e desconforto. Pode e deve haver prazer e alegria no trabalho, notadamente quando motivado, e sem que isso anule de todo o desagrado e até a repugnância, causados pelo esforço e a extenuação física e mental que costuma acompanhá-lo.

O relato bíblico da criação e da queda original é, a respeito, muito expressivo. Como acentuou Leão XIII, há mais de cem anos, *o homem, mesmo no estado de inocência, não era destinado a viver na ociosidade* (*Rerum Novarum*, n.º 26). Com efeito, nas palavras do Gênesis, Deus pôs o homem, no Paraíso Terrestre, *ut operaretur* (Gen. 2.15), para que operasse, para que o cultivasse e conservasse. E o homem estava, então, *in paradiso voluptatis*, no jardim das delícias, onde a dor e o tédio eram desconhecidos. Após a queda, porém, foi acrescentada, no exercício da atividade natural, a maldição da pena. *Maledicta terra in opere tuo: in laboribus comedes ex ea cunctis diebus vitae tuae* (3.17). E mais adiante, *in sudore vultus tui vesceris pane* (3.19).

Podem, os sábios deste mundo, sem dúvida, descartar como mitológica a versão do Gênesis. Caber-lhes-á encontrar outra explicação para esta mistura de atração e repulsão, de prazer e dor, de alegria e aborrecimentos, que há no trabalho humano. Seja como for, não se pode identificar, no aspecto penoso do trabalho, a razão justificadora de sua remuneração, que teria então caráter compensatório. Trabalhos penosos são freqüentemente bem menos remunerados que outros muito atraentes. É que há no trabalho um *preço* – embora não apenas isso –, o qual corresponde, com numerosas qualificações, ao *produto* resultante do processo econômico de que o trabalho participa. Em suma, uma correspondência entre o *fazer* e o *levar*.

Dito isso, vejamos agora como se colocam as quatro questões acima mencionadas.

A DISTRIBUIÇÃO
QUEM FAZ E QUEM LEVA?

Quem faz? Quem produz? A resposta a essas perguntas, no contexto global da vida econômica, não é fácil e muito menos óbvia. Assim, por exemplo e aparentemente, o problema não se apresenta no caso do produtor singular e isolado. Mas, na vida prática de nossos dias, existe esse produtor singular e isolado? Toda atividade humana se exerce hoje num quadro de forças e influências que mutuamente se condicionam e complementam. Ninguém produz nada sozinho. Todos os bens e todos os serviços resultam da operação de um numeroso e multiforme conjunto, com mecanismos e dispositivos, cuja atuação nem sempre é percebida, seja pela distância em que ocorre, no espaço e no tempo, do estágio final do processo, seja pelo caráter indireto do qual se reveste determinado tipo da referida atuação.

Imaginemos um caso concreto. Quando o médico examina um paciente e receita determinado remédio, parece atuar sozinho, na prestação do serviço de preservação da saúde. Na verdade, os conhecimentos que habilitam esse médico a clinicar lhe foram ministrados por professores que, nessa tarefa, se esmeraram anos a fio. Além disso, o nosso esculápio aplica medicamentos, cuja eficácia foi descoberta e testada por pesquisadores e laboratórios que porfiaram anos seguidos com esse objetivo. Finalmente – e sem com isso esgotar a enumeração dos fatores envolvidos no processo – todos eles agiram num ambiente social, jurídico e político, cuja constituição e funcionamento requereram e requerem a operação de outros agentes. A resposta, portanto, à pergunta *quem faz, quem produz*, vai além dos produtores que aparecem como, direta e imediatament,e ligados ao surgimento do produto. E indagar qual o papel que cada um desses agentes desempenha assemelha-se, por vezes, a descobrir, no corte feito pela tesoura, qual foi mais eficiente: a folha de cima ou a de baixo.

Isso que parece uma disquisição teórica para preencher ócios intelectuais tem conseqüências práticas que, nem por passarem despercebidas, são menos carregadas de importância na vida quotidiana. Com efeito, se admitirmos como incontestável o princípio do *quem faz deve levar*, absolutamente necessário é identificar *quem faz* para atribuir-lhe o fruto do que *fez*. Qual o critério a adotar, nessa atribuição? No caso mencionado da consulta médica, que parcela de valor caberá ao médico? Aos professores que o habilitaram? Aos laboratórios e aos pesquisadores do fármaco prescrito?

Inútil seria a tentativa de dividir a quantia paga pela consulta, ou seja, o valor do produto, por todos os seus produtores, diretos e indiretos, imediatos e mediatos, enfim, fazer *quem faz* levar *o que fez*.

Esse problema, na aparência insolúvel, vem sendo resolvido, na prática, por um sem-número de formas, nas quais e em sua grande maioria, é possível reconhecer a aplicação do princípio básico de *quem faz leva*; mas de modos que muitas vezes guardam com ele uma ligação tênue demais para ser identificada. Ao longo da História, foram sendo construídos – e modificados – sistemas de repartição muito diferentes, variando enormemente o que se poderia determinar o *motivo de atribuição*, a determinado indivíduo, de parte dos bens e serviços socialmente produzidos. Tais bens são sempre *apropriados*, no sentido de que se tornam *propriedade* de alguém, seja pessoa física ou jurídica. O maior obstáculo no estabelecimento de uma ligação entre *quem faz* e *quem leva* reside no distanciamento que se registra entre o ato de *fazer* e o de *levar*. Entre esses dois momentos, forma-se um vácuo, um hiato no qual ocorre um ajustamento do *quem faz* com o *quem leva*, ajustamento que nem sempre deixa clara a relação entre os dois atos, mas freqüentemente *deforma* a relação entre eles. Pode-se falar, assim, de um *hiato deformador* que quebra, ou pelo menos obscurece, o vínculo entre o *fazer* e o *levar*, e corta qualquer ligação visível de um para com o outro.

Cria-se, em conseqüência, uma situação cujos característicos se deve ter sempre bem presentes, para evitar equívocos e falsas ilações. Voltemos ao caso do médico que presta assistência na área da saúde. Cabe, evidentemente, enquadrá-lo na categoria de *produtor* e reconhecer-lhe o título à apropriação de uma parcela do *produto social*. Essa parcela, entretanto e geralmente, é composta por utilidades de natureza bem diferente daquela de que se reveste o *serviço* que a produziu. A moeda que recebe em pagamento não vai ele afixá-la num quadro, para ornamento da parede do consultório, mas irá empregá-la, digamos, na aquisição de gêneros alimentícios, produzidos talvez pelo seu próprio cliente. Não era raro, antigamente, no interior, receberem os médicos e as parteiras frangos e hortigranjeiros em pagamento.

Com todo o seu aspecto pitoresco, aliás, aí está uma demonstração do que realmente ocorre, no fundo da aparatosa vida econômica moderna, na qual o que se produz e reparte são bens e serviços, realidade que o *véu monetário* muitas vezes encobre. E que dizer dos mestres que habilitaram nosso médico e que não têm como partilhar as aves e os legumes dos quais aquele se apropriou, a justo título? Ficarão, por isso, excluídos da repartição do produto social? Ou devemos considerá-los, sob esse aspecto, isolados do processo econômico-social, localizando-se num limbo em que as leis econômicas não funcionam?

Tentar-se-á abordar melhor esses pontos, no tópico seguinte, em resposta à questão: *o que se faz, e o que se leva*. Entretanto, nesta altura do raciocínio e no tocante à indagação *quem faz e quem leva*, parece ter ficado claro que:

I. Ninguém, na prática, faz, produz *sozinho*, bens e serviços. A produção destes se processa sempre de modo *associado*, no sentido de que a produção resulta da interação de incontáveis agentes e ambientes, cuja influência específica, na formação de determinado produto, não há como estabelecer.

II. Embora o princípio de *quem faz deve levar* tenha aceitação geral, o fio da ligação entre *fazer* e *levar* se perde no emaranhado das concausas que funcionam no processo de produção.

A DISTRIBUIÇÃO
O QUE SE FAZ E O QUE SE LEVA?

Viu-se, linhas atrás, não ser viável estabelecer – e, menos ainda, será quantificar com exatidão – a influência específica dos agentes e ambientes cuja presença e atuação se fazem necessárias para o aparecimento de determinados bens e serviços. É possível, contudo, tentar um exame mais aprofundado da tessitura econômica, para rastrear, no curso do processo, que tipo de efeito exercem os múltiplos fatores mobilizados.

A produção é sempre um ato humano. A clássica divisão dos fatores produtivos – em natureza, capital e trabalho – é válida para caracterizar as circunstâncias que compõem e acompanham as operações pelas quais os bens e serviços se tornam disponíveis. Todos esses fatores, porém, supõem sempre um ser humano que os dinamize. Da natureza surgem os frutos, que podem formar-se na buliçosa solidão de uma floresta virgem, mas requerem que alguém, pelo menos os colha para terem sentido econômico. Igualmente, o capital – produto que se aplica em uma nova produção – ficará estéril, se não houver quem o torne operante. Quanto ao trabalho, desnecessário é ressaltar sua peculiaridade como fator humano por excelência, no complexo organismo da produção.

Reparo importante a formular, nesta altura, é o de que se deve ter bem presente o conteúdo semântico com o qual se emprega o vocábulo *trabalho*. Quando se diz, por exemplo, que o trabalho, com a natureza e o capital, é fator de produção, o significado da palavra é o de atividade humana aplicada, direta e indiretamente, nas tarefas de produzir bens e serviços. Nem todo ato humano, entretanto, constitui trabalho nesse sentido. Por outro lado, não é o trabalho o único fator da produção, não é o único que *faz* o produto. Este resulta, já foi mencionado, da ação *associada*, com outros agentes. Na formação ou adequação desses agentes – natureza e capital, por exemplo – o trabalho pode haver desempenhado papel, até mesmo importante, mas com isso sua ação se esgotou. Dizer, como às vezes se ouve, que o capital é o trabalho acumulado ou cristalizado é um tropo retórico, não uma notação científica. O capital é um produto em cuja feitura o trabalho pode ter cooperado, mas um ente com características próprias e que não há como confundir com a atividade empregada em sua geração.

Essa distinção – que parece puramente teórica – tem importância na prática, na hora de determinar a partilha dos novos bens e serviços, em cuja produção o capital atua como fator. Não há dúvida de que essas novas utilidades não apareceriam sem o trabalho aplicado na formação do capital que, por sua vez, se tornou um fator do novo produto; mas a ligação entre esse trabalho e o novo produto é tão indireta e mediata que de nada serve como título de apropriação de parte maior ou menor do resultado da produção.

Coloquemos mais uma vez a questão: *o que se faz*, para produzir? Observação de sumo alcance, neste passo, é a de que, no emprego dos fatores de produção, há sempre uma *opção* do ser humano, que é decisiva para caracterizar o fator como tal. Tomemos, para exemplo, uma área de terra. Quem dela dispõe pode deixá-la inculta, ou destiná-la ao próprio lazer. No caso, *a natureza* não atuará como *fator* de produção. Se o proprietário, porém, *optar* por cultivar nela uma horta, ou um pomar, caracteriza-se a terra como fator de produção. A natureza é a mesma nas duas hipóteses: o elemento decisivo, no caso, foi a *opção* do proprietário.

Coisa semelhante ocorre com o *capital*. Se alguém dispõe de um veículo, mas o deixa parado ou nele faz um passeio, não o utiliza como fator de produção. Dizer que, na hipótese do passeio, é produzido o serviço de locomoção, para consumo próprio do produtor, é levar demasiado longe e com duvidoso proveito a teorização. Note-se, aliás, de passagem e colhendo o ensejo, que as construções teóricas, válidas como meio para encontrar caminhos nos meandros da realidade, nunca permitem descrevê-la com rigorosa exatidão. Diga-se isso a fim de prevenir críticas, sempre possíveis e até legítimas, à feição inevitavelmente artificial das construções, e enquanto se espera que algum iluminado descubra modo melhor de raciocinar, no campo acidentado da repartição. Mas, voltando ao tema, claro está que, se o possuidor do veículo *optar* por destiná-lo a carregar mercadorias, evidenciado fica o uso do capital como fator de produção. Vale insistir na característica de opção da qual se reveste o emprego dos fatores – natureza, capital, trabalho – na produção de bens e serviços. Essa *opção* nem sempre é totalmente livre e espontânea. Ela está condicionada, naturalmente e em primeiro lugar, pela disponibilidade do fator. Nas regiões áridas, escasseiam os agentes naturais e, onde a mão-de-obra é mal qualificada, pouco se pode esperar do trabalho. Mesmo quando essas deficiências podem ser superadas, porém, a *opção* registra limitações, como, por exemplo, a da má distribuição da propriedade agrária, ou a do perdularismo, no uso da riqueza, ou, ainda, a falta de operosidade das populações. E, além da disponibilidade pelo menos potencial dos fatores, a *opção* requer estímulos e incentivos para exercer-se e, sobretudo, para intensificar-se. Esses estímulos e esses incentivos são, em grande parte, obra e efeito da retribuição que as *opções* suscitam: em suma, da remuneração que os optantes recebem. Em outras palavras, *o que se faz* depende – e muito – de *o que se leva*.

Ocorre, entretanto, que *o que se leva* não mantém uma ligação, digamos *física*, com *o que se faz*. O pedreiro constrói casas em que não irá morar. O pecuarista vegetariano – se é que os há – produz carne que não irá comer. Em resumo, raramente se recebe o que se faz: faz-se uma coisa e recebe-se coisa bem diferente. Esse mecanismo, como é sabido, funciona pela intervenção da moeda. Quem produz recebe em retribuição determinada soma de moeda, ou seja, ultrapassando o *véu monetário*, determinado *poder de compra*, ou *poder aquisitivo*, isto é, o direito de retirar do mercado os bens e serviços que escolher, dentro, é claro, do sistema de preços então vigorante.

Tudo parece resumir-se, portanto, na seguinte afirmação: produz-se para a sociedade, e da sociedade se recebe o equivalente ao que a ela se entregou. Ver-se-á, nos próximos tópicos, que essa operação se realiza, em sua maior parte, por intermédio dos instrumentos monetários.

A DISTRIBUIÇÃO
COMO SE FAZ E COMO SE LEVA

A ligação entre o *que se faz* e o que *se leva*, via de regra, não é clara. Não segue linhas retas e nítidas; ao contrário, sua representação gráfica teria de ser feita por traços em contornos sinuosos e, ao demais, por vezes quase imperceptíveis. Ou, como já foi dito, de ordinário, faz-se uma coisa e leva-se outra.

Deve-se isso ao fato de haver, na ligação citada, uma bipartição: fenômeno semelhante ao que ocorre nas operações de compra e venda. O que realmente se passa, nessas operações, é a troca de bens e serviços, uns pelos outros. Mas a troca direta, ou seja, o escambo, é muito rara. A permuta, de hábito, é feita pela sua dissociação em dois momentos, num dos quais se *vende* o que se quer entregar, e no outro se *compra* o que se quer receber. Entre os dois momentos, há um intervalo, um hiato, que pode ser maior ou menor, no tempo e no espaço. É a troca monetária: quem vende torna-se titular de certo volume de *poder aquisitivo*, e quem compra utiliza o *poder aquisitivo* de que dispõe, para retirar do mercado e na medida desse poder, os bens que prefere. Examinemos, agora, um pouco mais de perto, os dois momentos atrás referidos, no que diz respeito ao *como se faz e como se leva*.

Quem *faz*, quem *produz* faz jus, por isso, a receber algo, ou seja, uma *remuneração*. Tal remuneração, em alguns casos e ao menos em parte, pode ser dada *in natura*, ou seja, consistir em bens e serviços e ainda em *consideração*, em *status*. Outro tipo de remuneração reside nas *perspectivas* asseguradas ou entreabertas pelo *que se faz* e *como se faz*. Mas a principal parcela da remuneração é constituída, em geral, por signos monetários, vale dizer, pela atribuição de volume determinado de *poder aquisitivo*.

No tocante à remuneração *in natura*, basta esclarecer, por enquanto, numa enumeração apenas exemplificativa, que ela se evidencia, em casos como os seguintes:

I. em termos de *status*: o professor universitário, os detentores de cargos de algum relevo, recebem tratamento ao qual, por vezes, dão valor maior que o dos aportes pecuniários: (lembro ter ouvido, certa vez, da esposa de um congressista americano que uma das melhores retribuições do exercício da função era ser tratado por *Excelência*).
II. em termos de bens e serviços: são as conhecidas *mordomias*, cujos exageros, no serviço público, tantas notícias tragicômicas têm alimentado, mas cujo uso racional se enquadra perfeitamente nas boas regras administrativas, quer estatais, quer da iniciativa privada. Morada, condução, alimentação e até serviços pessoais integram, normalmente, em quase todos os países, a remuneração pelo *que se*

faz, muitas vezes para possibilitar e melhorar o *como se faz*.

Com referência às *perspectivas*, asseguradas ou entreabertas, como remuneração pelo *que se faz* e *como se faz*, cumpre destacar:

I. a *estabilidade*, ou seja, uma garantia maior ou menor de que será mantida a situação da qual decorre a remuneração. Entre nós, essa estabilidade, no serviço público e nas estatais, tornou-se praticamente vitalícia.
II. a probabilidade de acesso a níveis mais elevados de remuneração, mediante promoções ou conquistas pessoais de melhores situações ou generosas aposentadorias por tempo de serviço, ou financiamentos favorecidos. Isso explica – vale o exemplo – os motivos pelos quais os concursos para empregos públicos ou paraestatais atraem milhões de candidatos.

Chegamos, assim, à remuneração, em termos monetários, que é, de todas, a mais visível e sujeita a discussões. Como se fixa essa remuneração? Quais os elementos que compõem o arcabouço de suas diferentes formas e seus diversos níveis?

Quatro são as formas que esse tipo de remuneração parece revestir, ou seja:

I. *salário* (tomada a palavra em sentido que englobe honorários e semelhantes): remuneração pela atividade pessoal exercida no contexto em que se desenrola a vida social):
II. *juros:* remuneração à qual faz jus quem *capitaliza poupanças;*

III. *aluguel:* remuneração devida a quem cede o uso de bens móveis ou imóveis;
IV. *lucro:* remuneração típica da atividade *empresarial*.

Ponto importante a destacar, nesta altura, é o de que, como repetidamente tem sido acentuado nestes comentários, em todas essas remunerações, há sempre um *preço*.

O salário é *preço* da atividade pessoal. Não é *só* preço; mas é, e muito, *preço*. O mesmo ocorre com o juro, o aluguel e o lucro. Essa observação é indispensável para o reconhecimento de um fato que, freqüentemente e mesmo quase sempre, se desconhece: o da influência que a venerável e ainda não revogada lei da oferta e procura exerce na formação de preços que nos preocupa. Temos, portanto:

I. o salário é *preço* e, como tal, sofre a influência da *procura* de atividade pessoal, que se registra, no processo econômico-social, para nele ser aplicada; e da *oferta* de atividade pessoal, que se apresenta como disponível para utilização nesse mesmo processo.
II. o juro é *preço*, em cuja fixação influi, de um lado, a *oferta* de empréstimo do poder aquisitivo não utilizado no consumo direto – *a poupança* – em busca de capitalização, mediante vários mecanismos financeiros em ação; e, de outra parte, a *procura* de recursos, pelos que intentam acrescer sua capacidade de compra, seja para empregá-la na aquisição de meios de produção, seja para antecipar a fruição de bens de consumo.
III. o aluguel é *preço*, no qual a *oferta* depende da existência de bens móveis e imóveis disponíveis, e ainda da intenção de seus proprietários de ceder-

lhes o uso, nas condições que no momento prevalecerem no mercado. A essa *oferta* contrapor-se-á a procura dos que querem utilizar bens de propriedade alheia.

IV. o lucro, também ele, é *preço*. Que depende, no lado da *oferta*, da presença de empresários que disputam – em regime de concorrência mais ou menos imperfeita – os clientes, os quais pagarão, pelos bens e serviços adquiridos, quantias que, se tudo correr como os empresários planejaram, cobrirão os custos de produzi-los e deixarão, além disso, algo mais que será, no caso, a retribuição a que fará jus o *empreendimento*. O volume da *procura* resultará, nessa hipótese, da quantidade e qualidade dos bens e serviços que os clientes potenciais desejarem adquirir.

Entretanto – se, como foi dito e repetido – nas remunerações há sempre *preço*, isto é, uma contraprestação, *in natura* ou em poder aquisitivo monetário, determinada pelo mercado e resultante do confronto das forças de oferta e procura – não há nessas remunerações unicamente preço. Muito freqüentemente se lhes acresce um *componente administrativo*, proveniente da ação de autoridades, empenhadas em corrigir, por motivos de natureza social ou econômico-financeira, o que lhes parecem efeitos indesejáveis do funcionamento do mercado. Salários, juros, aluguéis e lucros são, em conseqüência, objeto de normas legais, que lhe fixam mínimos e máximos, ou, de alguma forma, os regulam.

Impõe-se notar, contudo, que essa intervenção dos órgãos estatais pode ter – geralmente tem – conseqüências que vão muito além das intenções reguladoras de seus autores. É possível, por via administrativa, limitar ou altear preços e mesmo fixá-los, de modo efetivo. Geralmente, porém, não se consegue neutralizar repercussões adversas, que podem até comprometer os objetivos a que visa.

Se os salários, por exemplo, forem fixados em níveis inadequadamente altos, isso pode gerar desemprego em setores mais ou menos extensos e, se a alta atingir áreas muito amplas, poderá consolidar ou intensificar movimentos inflacionários. Por sua vez, salários exageradamente reprimidos podem criar desinteresse para o exercício de atividades necessárias ou valiosas para a vida econômico-social. Dessas observações, não há por que concluir pelo banimento de qualquer intervenção estatal em matéria de salários. Impõe-se, isto sim, ter bem presentes os efeitos das medidas propostas ou adotadas, efeitos que podem contra-indicá-las, ou talvez recomendar o exame de procedimentos tendentes a contrabalançar as conseqüências perniciosas.

No tocante aos juros, é preciso também atentar para a influência que as respectivas taxas exercem sobre o volume e a composição do crédito e, de conseguinte, sobre os preços e a atividade econômica em geral. Taxas de juros muito elevadas, se, por um lado, são impeditivas da estocagem abusiva e contribuem para a moderação dos preços, de outra parte, agravam os custos da produção e as pressões recessivas. Mas a baixa das taxas de juros – que tantas vezes se cobra dos governos como remédio óbvio e salvador – desestimula a poupança e sua capitalização, e só poderia ser sustentada, ou pelo racionamento dos empréstimos, aberto ou disfarçado, ou por emissões inflacionárias.

Coisa semelhante sucede com os *aluguéis*. Quando se lhes tolhe o caráter de preço de mercado – como nas famigeradas *leis do inquilinato* –, tudo quanto se consegue é, quase sempre, criar situações de privilégio para os antigos e atuais locatários, à custa de desanimar os potenciais futuros locadores de alugar seus imóveis. A tradição de aplicar poupanças, laboriosa e prudentemente amealhadas – para adquirir ou construir uma casa além da própria residência, destinada a complementar, com o respectivo aluguel, a renda familiar, na velhice e nos anos de viuvez e orfandade – essa tradição foi praticamente liquidada. Com isso, a indústria da construção civil perdeu impulso, a oferta de moradas para alugar reduziu-se drasticamente, e a legislação, que se propunha *proteger* os inquilinos, criou uma escassez enorme, para agonia de quantos procuram em vão onde morar.

Não menos contraproducente costuma apresentar-se o quadro com relação ao *lucro*, ou seja, a remuneração da atividade empresarial. A intervenção do Estado, com a finalidade de reprimir lucros considerados excessivos, é feita em geral por via do tabelamento dos preços de venda. Também não se pode, nesse campo, condenar toda e qualquer medida que vise reprimir ganhos imoderados. Notadamente em face da nossa *cultura inflacionária*, pela qual as empresas não se resignam a *ganhar pouco, por unidade, em muitas unidades*, e preferem *ganhar muito, por unidade, em poucas unidades*. Mas o risco dos tabelamentos – e outras medidas coercitivas e mais ou menos diretas – quando inadequadas, reside em que, desestimulando a ação dos produtores, criam e intensificam o desabastecimento. É sempre preferível, assim, em vez de tabelar preços, estimular a concorrência, reservando eventuais medidas repressoras para os casos de monopólio ou cartelização.

A DISTRIBUIÇÃO
QUANDO SE FAZ E QUANDO SE LEVA?

A remuneração pelo contributo que os indivíduos prestam à vida econômico-social nem sempre é imediata. Pode-se mesmo dizer que, tirante a remuneração *in natura*, há nos demais casos uma *mediação*, seja instrumental, porque a retribuição é paga em signos monetários, seja cronológica, porque é feita decorrido certo período de tempo. Essa observação é importante, sobretudo em épocas de instabilidade monetária e, nomeadamente, em conjuntura de altos graus de inflação.

Uma das piores conseqüências da diátese inflacionária é que ela desordena por completo o quadro da *distribuição*. Com efeito, o processo de distribuição ou repartição dos bens e serviços produzidos na vida econômico-social não pode ser visto apenas como um amontoado amorfo de operações isoladas entre *quem faz* e *quem leva*. Tal processo, ao revés, se efetiva num *quadro*, num conjunto de operações interligadas por um relacionamento que se estabelece entre elas, numa interdependência, de certo modo, bem estreita.

Vejamos, por exemplo, o caso das atividades pessoais. Entre o que o médico recebe, de um lado, e o engenheiro ou o advogado, por sua vez, ganham pelos respectivos serviços, sempre se estabelece certa proporção, certa equivalência. Do contrário, criam-se tensões, resistências e impulsos que, ou corrigem as diferenças, ou dão origem a situações conflituosas. O mesmo vale para os serviços dos metalúrgicos, dos bancários, dos balconistas e dos faxineiros. Ao longo do tempo, forma-se, entre os quantitativos dessas remunerações, certa *hierarquia* que guarda alguma correspondência com a importância relativa dos serviços prestados e com a capacidade e a disposição das pessoas de prestá-los. Coisa semelhante ocorre com as outras remunerações: juros, aluguéis e lucros. Exercício intelectual interessante seria indagar como isso ocorre. Infelizmente, o espaço não nos permite fazê-lo aqui.

A inflação, porém, desfigura esse quadro, ao destruir praticamente a moeda como medida de valor. Tudo se passa como se o metro tivesse, num momento, 100 centímetros, e, no outro, 89, ou 60, ou 20. Lembrou há pouco – e com muita pertinência – o Ministro Marcílio Marques Moreira – que a moeda, na inflação, deixa de ser a língua franca, por todos entendida, e isso conduz à *babelização* da economia. Em conseqüência, entre o *quando se faz* e o *quando se leva*, rompe-se o elo de valor que os deveria ligar. As remunerações como que enlouquecem e perde-se o sentido de harmonia e hierarquia, na divisão dos bens e serviços produzidos. É o que estamos presenciando, hoje e infelizmente, em nosso País.

Para encerrar – por enquanto, porque o tema merece e exige que a ele se volte – estas observações sobre a Distribuição, cumpriria examinar ainda duas questões que vêm provocando acesos debates, e em torno das quais há mais perplexidade do que esclarecimento. São elas: a tributação (fiscal e parafiscal) e a seguridade social, ou seja, dois setores pelos quais se opera também a repartição dos bens e serviços produzidos. Mas esta repartição, que é feita de modo peculiar, não é enquadrável nas *remunerações* que foram matéria dos tópicos anteriores.

PODER JUDICIÁRIO
PAPEL A REPENSAR

A divisão dos Poderes da República – em Legislativo, Executivo e Judiciário – é lógica e, sem dúvida, utilíssima para o bom ordenamento das funções de governar. Já o dogma leigo da *independência* dos Poderes, mesmo temperada pela referência à *harmonia*, que se lhe gruda nos textos constitucionais, é mais uma tentativa, por certo bem intencionada, de impedir que o Presidente da República se transforme em ditador do que uma decorrência racional da natureza dos Poderes. Mas uma tentativa que pode degenerar – e freqüentemente degenera – no desordenamento das funções de governo e no comprometimento de suas finalidades.

Em estudo anterior sobre o Presidencialismo e o Parlamentarismo – *Atualidade Econômica*, edição de outubro-dezembro-1991 de Cultura e Fé* – foram examinadas as relações entre o Executivo e o Legislativo. No presente tópico, cabe breve menção à necessidade de repensar e reformular o papel do Poder Judiciário, necessidade que, entre nós, está a demonstrar-se imperiosa e urgente.

Criou-se uma espécie de mística, que coloca o Judiciário como em um nicho sagrado e impenetrável, no qual não vigora o princípio de que toda *autoridade* deve estar sempre jungida a uma correspondente *responsabilidade*. Não apenas a *responsabilidade perante a própria consciência* – vaga, inaferível e politicamente inoperante –, e sim uma responsabilidade que possa ser imputada e dar origem a processos práticos para corrigir tempestivamente arbitrarismo e temeridades.

---

* Vide Cap. 4.

Ninguém – e muito menos este obscuro comentarista – atrever-se-á a contestar e até a simplesmente dispensar o pálio protetor do Poder Judicante. *Há juízes em Berlim* é uma esperança de socorro, nas horas em que a injustiça e a violência ameaçam tripudiar sobre os direitos individuais. Mas o problema é outro: é o do mecanismo judiciário transformar-se, pelo emaranhamento e pelo cego judiciarismo, em fator de tumulto e perturbação da vida econômico-social.

Fiquemos num exemplo. Será admissível que a opinião de um julgador – porque revestido das insígnias da *independência* dos Poderes – paralise e mesmo contra-arreste o que decidiram os outros Poderes, cuja autoridade está submetida a responsabilidade efetiva e politicamente sancionável, decisões por vezes tomadas em prol da *salus populi*, que é a *suprema lex*?

E não é isso o que está ocorrendo no País, à sombra da combinação de artigos, incisos e parágrafos que cada instância interpreta a seu modo, em liminares e sentenças que acabam quase sempre explodindo em despesas bilionárias, e aniquilando todo o esforço de superação do nosso crônico e ruinoso descontrole das finanças públicas?

Isso, afinal, eqüivale à prerrogativa de usar da *autoridade* para suscitar problemas e dar de ombros à *responsabilidade* de encaminhar-lhes a solução.

O problema, inegavelmente, não é nada fácil e é extremamente delicado. Há grave risco de, na justa preocupação de restabelecer e salvaguardar a operacionalidade e a co-responsabilidade na pública administração, vulnerar garantias indispensáveis da cidadania.

Mas algo deve começar a ser feito e sem demora, sob pena de beirarmos a ingovernabilidade ou, na melhor das hipóteses, perpetuarmos a ineficiência institucionalizada.

6

Abril-Junho

1992

PREVIDÊNCIA SOCIAL
INTRODUÇÃO

TODO COMENTÁRIO *acerca dos fatos econômicos – dissemos no prefácio do livro A Economia no Quotidiano – por mais que se evite formular profecias descabidas, não consegue excluir certo grau de previsão. Trata-se, no caso, não da tentativa de exercer poderes divinatórios, mas do encadeamento lógico de premissas postuladoras de conclusões que podem, ou não, realizar-se e que geralmente se realizam, em certa medida. Verificar como e até onde isso ocorre é também de grande interesse para compreender melhor a natureza e as correlações dos fenômenos analisados.*

Eis a razão pela qual, para focalizar o problema da Previdência Social, como ele se nos apresenta hoje, afigura-se-nos de utilidade reproduzir aqui tópicos de comentários publicados, a partir de 1979, nas edições de *Cultura e Fé* adiante mencionadas.

PREVIDÊNCIA SOCIAL
ALGO SEMELHANTE AO PETRÓLEO
(outubro-dezembro-1979)

A previdência social é uma instituição relativamente nova, na história da humanidade, considerada sobretudo a generalização que alcançou hoje nos principais países do mundo. Por isso mesmo, é uma instituição que ainda não passou pela prova decisiva do tempo, prova que nela, mais do que em quase todas as outras instituições econômico-sociais, é importante, pois a previdência se destina precisamente a atuar ao longo do tempo, enlaçando, não só rendas e custos que se apresentam no decurso dos anos de uma geração, mas comprometendo também duas ou mais gerações, num programa que prevê vantagens, e ainda – ponto a acentuar – prevê também ônus correspondentes.

Nasce a previdência da preocupação natural e justa do homem com o futuro. O aspecto previdenciário que pretendemos abordar aqui – o da aposentadoria – tem em vista especialmente a preocupação com a velhice e o desgaste de energias e rendas que ela acarreta. Que acontecerá ao ser humano, quando não puder mais produzir e ganhar? Antigamente, a única solução viável era acumular poupanças para formar um *pé de meia*, e/ou confiar na boa vontade dos filhos que se encarregariam de sustentar os *velhos pais*.

Precárias e insatisfatórias são essas soluções, pois não é dado a todos poupar o suficiente para assegurar um fim de vida razoável; e a dependência do auxílio dos filhos, além de sujeita a muitas incertezas, abre compreensíveis feridas no amor-próprio. Fórmulas particulares de enfrentar o problema – como a instituição de rendas ou pensões, por meio de companhias de seguro ou associações especializadas – foram surgindo e são ainda hoje adotadas, de modo mais ou menos intenso, nos vários países. Desde a primeira metade deste século, porém, a ênfase se localizou nas instituições oficiais de previdência, ou seja, em programas legalmente obrigatórios, segundo os quais se presume que os indivíduos contribuam, durante a sua vida ativa, para a destinação de recursos que irão custear as aposentadorias, isto é, o pagamento de quantias determinadas, quando passarem à inatividade.

O programa consiste, portanto, em pagar, aos *inativos* e enquanto viverem, uma determinada quantia mensal. Ora, para que os *inativos* recebam, alguém deverá pagar. Dois são os esquemas básicos para enfrentar esse pagamento. Um deles é o chamado processo de *capitalização*, o qual presume que o futuro beneficiário contribua, no decurso do tempo em que estiver em atividade, para a constituição de um fundo que, capitalizado porque aplicado em negócios rentáveis, irá fornecer os recursos com que pagar as aposentadorias. O segundo esquema é o de *distribuição*. De acordo com ele, os *ativos* – vale dizer os que trabalham e produzem – transferem uma parcela de seus ganhos para custear o pagamento dos *inativos*.

O esquema de *capitalização* – que nos parece lógico – defronta uma série de dificuldades. A principal delas é a da rentabilidade dos recursos coletados pelas contribuições estipuladas. A aplicação desses recursos não é sempre e necessariamente bastante segura e rentável. Há pressões muito grandes, no sentido de serem elas aplicadas em finalidades ditas *sociais* – como financiamentos de casa própria e outros – e isso em condições favoráveis aos mutuários, como juros baixos e ausência ou insuficiência de correção monetária. O resultado é que os fundos se desgastam e acabam revelando-se incapazes de atender ao pagamento das aposentadorias. Em conseqüência, o esquema que termina por prevalecer, no todo ou em parte, é o de *distribuição*, ou seja, pagarem os ativos o que recebem os inativos.

O esquema de *distribuição* funciona bem quando a relação ativos/inativos é alta, ou seja, quando há muitos ativos e poucos inativos, como ocorre no início dos programas. Na medida em que crescer o número de inativos, porém, far-se-á necessário aumentar a contribuição dos ativos. Com a constante dilatação da vida média, registrada em todo o mundo, e com a tendência que se verifica, em alguns países, de conceder aposentadoria mais cedo, a carga sobre os ativos começa a pesar e há uma crise à vista, que deverá inevitavelmente tornar-se efetiva neste final de século.

Nos Estados Unidos, a relação ativos/inativos – que era de 7 a 1, trinta anos atrás – está hoje em 5 a 1 e caminha para ser de 3 a 1, na próxima geração. Coisa semelhante ocorre nos países europeus. Em nosso País, a relação atual, segundo se depreende de declarações oficiais recentes, é de 5 a 1.

Parece estar ocorrendo, com a aposentadoria da previdência social, algo semelhante ao que ocorre com o petróleo. Durante muito tempo se procedeu como se os recursos disponíveis fossem inesgotáveis. De repente, porém, a realidade se impõe: os recursos são finitos e se torna imperativo tomar em consideração esse fato inarredável, por mais aborrecido que isso seja e por mais iradas que se tornem as manifestações de desconformidade provocadas pelo puro e simples reconhecimento das coisas como são.

PREVIDÊNCIA SOCIAL
BOMBA DE TEMPO?
(abril-junho-1981)

O assunto é dos que tendem a ocupar cada vez mais as atenções do público, no mundo inteiro. O problema é extremamente simples de enunciar e extremamente difícil de resolver. Porque é o da discrepância – e crescente – entre as despesas exigidas pelos programas previdenciários e as receitas que os financiam. Entretanto, quer a redução da despesa, quer a majoração da receita requerem medidas altamente impopulares, até mesmo porque não existe uma consciência coletiva exata do nexo que liga as citadas despesa e receita.

A preocupação com as incertezas do futuro e com o declínio da capacidade de trabalhar e ganhar a vida sempre existiu e deu lugar ao desejo de acumular reservas para atender às deficiências previstas e imprevistas do porvir. Essas reservas tomavam várias formas, desde a aquisição de imóveis, até a guarda de moeda em espécie, ou títulos mais ou menos facilmente conversíveis em dinheiro.

Nem todos, porém, podem levar adiante, com êxito, tal propósito. Por outro lado, associando muitas pessoas, é possível enfrentar vicissitudes cujas conseqüências e repercussões o indivíduo não tem como remediar isoladamente – tais as doenças e a morte em idade jovem – sem ter tido tempo de acumular recursos. Essa possibilidade se verifica, por exemplo, com a aplicação do princípio do seguro, de acordo com o qual cada indivíduo de um grupo contribui periodicamente com uma quantia determinada, e relativamente módica, para atender aos casos de sinistros, doenças ou mortes, cuja ocorrência, embora imprevisível no âmbito individual, tem freqüência constante, calculável com tanto maior precisão, quanto mais numeroso for grupo considerado.

Prosperou, por isso, a idéia de fazer da previdência um encargo social, incumbindo-se a coletividade de dar provimento àquelas necessidades a que o indivíduo não pode atender sozinho, e de arrecadar os meios indispensáveis a custear a operação. Ficou famoso, na Inglaterra – pouco antes de terminar a Segunda Grande Guerra – o chamado *Plano Beveridge*, que se propunha proteger o indivíduo *from cradle to grave*: do berço ao túmulo. Planos e leis de previdência surgiram por todos os países e tornou-se, política e eleitoralmente, muito interessante ampliar e estender os benefícios concedidos. Hoje, fala-se em proteger o indivíduo *from womb to tomb* – do ventre até a tumba. Desde logo, porém, o problema de como financiar a concessão desses benefícios se foi apresentando e aumentando em dimensões e complexidade. Se alguém ou muitos recebem benefícios, quem e como os paga?

Pelo princípio do seguro, os benefícios devem ser pagos, em última análise, por quem os recebe. Suponhamos – num exemplo com altíssima dose de simplificação, a fim de facilitar o raciocínio – que um grupo de dez pessoas se organiza para, em caso de morte de cada um dos seus membros, pagar aos herdeiros o pecúlio de Cr$ 1.000.000,00*. Se, em face da distribuição etária, for previsto que, em cada ano, morrerá um dos segurados, o pecúlio global a pagar será de Cr$ 10.000.000,00 em dez anos, o que poderá ser satisfeito com o pagamento de dez contribuições individuais e anuais de Cr$ 100.000,00, vale dizer, um total de 100 contribuições no decênio.

---

* Cruzeiros: denominação da nossa moeda, então vigorante.

Poder-se-ia pensar que – fixando-se em Cr$ 100.000,00 a contribuição individual e anual, no grupo em causa – ao fim de dez anos, o valor das contribuições, ou *prêmios* como se costuma dizer, cobriria o valor dos seguros pagos. Isso não ocorre, porém, porque, ao morrer, cada segurado deixa de pagar os prêmios, tornando-se, portanto, indispensável acrescer, aos prêmios pagos, o necessário a cobrir a diferença, que será de uma contribuição no segundo ano, de duas no terceiro, até que o último segurado ficará sozinho para pagar o último prêmio. Em conseqüência, no início do primeiro ano, haverá o recebimento de 10 contribuições ou prêmios de Cr$ 100.000,00 cada um, com o que serão suficientes os recursos para pagar o primeiro pecúlio, no decorrer dos doze meses seguintes. No início do segundo ano, porém, só haverá o recebimento de 9 contribuições de Cr$ 100.000,00 cada, o que não será mais suficiente para pagar o novo pecúlio. A situação agravar-se-á nos demais anos, como é claro.

Em outras palavras, como há 10 contribuintes no primeiro ano, 9 no segundo e assim por diante, até restar um só contribuinte no último ano, ao todo serão 10-9-8-...-1=55 contribuições, totalizando Cr$ 5.500.000,00. Como são 10 os pecúlios de Cr$ 1.000.000,00 a pagar, totalizando Cr$ 10.000.000,00, ficam faltando Cr$ 4.500.00,00, que deverão ser divididos pelas 55 contribuições e a elas acrescidos. Cada contribuição anual passará a ser, portanto, de Cr$ 181.818,00, e 55 contribuições desse valor totalizarão Cr$ 10.000.000,00.

Poder-se-ia alterar os números da hipótese, para cobrir os casos em que haverá milhares ou milhões de segurados, e o período se estenderá por dezenas de anos, tornando-se o exemplo mais plausível. Em qualquer caso, o raciocínio básico será o mesmo. Esse sistema de financiamento é chamado de capitalização.

A sua lógica consiste em que o custo total do programa de seguro é pago, em conjunto, pelos que dele se beneficiam. Embora alguns paguem mais tempo do que os outros – como é inevitável, porque nem todos morrem ao mesmo tempo – o valor global das contribuições cobre o valor global dos desembolsos.

Na prática haverá, é claro, de tomar-se em consideração as possibilidades de aplicar as reservas que se vão formando, tornando-as rentáveis e permitindo, assim, a redução do valor de cada contribuição. Mas o princípio básico é sempre o mesmo: o valor global das contribuições – no caso, então, rentavelmente aplicadas – cobre os gastos globais do programa. Como é também evidente, toda medida que importar em aumento de gastos, deverá trazer consigo, necessariamente, o aumento das contribuições.

Que acontecerá, se isso não se verificar, como, por exemplo, se o programa – que inicialmente era apenas de pagamento de pecúlio por morte – for acrescido do benefício da aposentadoria por invalidez e não houver aumento da contribuição? Nesse caso, se o número de participantes for muito grande, tudo correrá bem nos primeiros anos, enquanto forem sendo consumidas as reservas acumuladas. Rapidamente, porém, essas reservas se esgotarão e não haverá recursos suficientes para custear o programa acrescido e nem mesmo o programa anterior.

O sistema da *capitalização* foi inicialmente adotado em nosso País. Quando começaram os IAPs – Institutos de Aposentadorias e Pensões – havia relativamente poucas aposentadorias e pensões a pagar, e consideráveis reservas se foram acumulando, tanto que se tornou famosa a expressão de um candidato à Presidência da República, em 1937, de que *sabia onde estava o dinhei-*

ro para realizar seu amplo plano de governo, pensando, ao que parece, na utilização dessas reservas. Estas foram sendo empregadas, grande parte, em imóveis alugados ou vendidos, a prestações e a longo prazo, aos próprios segurados. A inflação, porém, incumbiu-se de ir corroendo o valor real das prestações e dos aluguéis, sobretudo diante da falta do mecanismo que se chamou depois a *correção monetária* e, ainda, da resistência oposta ao reajustamento dos aluguéis, para adequá-los ao novo e continuamente menor valor da moeda. Com isso, as reservas foram sendo aniquiladas e a *capitalização* deixou de existir, para todos os efeitos práticos.

Outro fator importante de perturbação do processo de financiamento da previdência foi a progressiva adoção, pelos IAPs, da assistência médico-hospitalar gratuita. Embora tivesse havido, no começo, o cuidado de elevar a contribuição, o acréscimo sempre se revelou insuficiente para cobrir o custo do serviço de assistência, devido mesmo à própria melhoria – e conseqüente acréscimo de dispêndio – desse serviço, coincidindo, além do mais, com o aumento do custo da medicina em geral, fenômeno que ocorre, aliás, em todo o mundo.

Abandonou-se, assim, sob a pressão dos acontecimentos, a idéia da *capitalização*, que foi substituída pela da *distribuição*. A lógica da idéia repousa em que, sendo incessante o ingresso de novos segurados no sistema, as contribuições de cada exercício pagam as despesas desse mesmo exercício, que passam a ser assim *distribuídas* por todos os contribuintes. Haverá sempre novas despesas, com novas aposentadorias e pensões e com assistência social, mas haverá sempre, também, novos segurados e novas contribuições.

Ora, esse sistema funciona razoavelmente bem, nos primeiros anos, quando o número dos novos contribuintes excede bastante o dos novos beneficiários. A tendência, porém, é a de aumentar o número dos beneficiários em proporção maior que a dos contribuintes, e isso no mundo inteiro. Nos Estados Unidos, a relação dos ativos/inativos – que era de 7 a 1, há trinta anos – está hoje em 5 a 1 e caminha para ser de 3 a 1, na próxima geração. Coisa semelhante ocorre nos países europeus. Na Suécia, a relação já é de 3,5 a 1. Em nosso país, a relação atual é de 5 a 1.

Isso significa que o encargo de pagar os benefícios a número crescente de pessoas mais idosas vai recaindo sobre número relativamente cada vez menor de pessoas mais moças. Duas circunstâncias concorrem para agravar essa situação. De um lado e paradoxalmente, o próprio progresso econômico-social, com o qual vem aumentando a idade média da população, em face da queda dos coeficientes de natalidade e mortalidade. De outro lado, a tendência – compreensível, mas não compatível com os recursos – de diminuir a idade ou o tempo de serviço para a aposentadoria, e a intensificação da assistência médica e hospitalar. Toda vez que isso ocorre, há um duplo impulso no sentido do desequilíbrio entre a receita e a despesa, pois, enquanto a despesa aumenta com o crescimento do número dos beneficiários – que deixam de pagar suas contribuições – a receita diminui com a redução do número dos contribuintes.

O futuro apresenta-se, pois, carregado de problemas explosivos. Hoje, cinco pessoas devem trabalhar para sustentar uma que não trabalha. Que acontecerá quando essa proporção se for aproximando da em que cada pessoa que trabalha deverá sustentar outra inativa? Nem se diga que os que não trabalham hoje trabalharam no passado e conquistaram o *direito* de ganhar sem trabalhar. Mas, como não foram acumuladas reservas, esse *direito* de muitos receberem sem trabalhar deverá ser pago pelos, relativa e crescentemente, menos numerosos que trabalham. O *direito* dos mais velhos se transforma em *obrigação onerosa* dos mais moços. Aceitarão estes, indefinidamente e sem protestar, tal situação? Ou estará correndo o rastilho de uma bomba de tempo que acabará explodindo, como está acontecendo com o petróleo?

Poder-se-ia pensar em resolver o problema, recorrendo pura e simplesmente à tributação. Já que os encargos previdenciários, pela sua extensão, revestem caráter tão marcadamente social, por que não custeá-los com a receita dos impostos gerais? Na prática é o que vem ocorrendo sempre mais, com o Poder Público cobrindo ou financiando os *déficits* da previdência. Tal medida, porém, se não for tomada com a utilização de tributos adicionais *visíveis* – sujeitos a naturais resistências dos tributados – acaba sendo posta em prática com o tributo *invisível* da inflação.

Enquanto se registrarem níveis crescentes e muito altos de produtividade, será possível contornar o problema, porque a tributação de um *produto nacional* maior encontrará menos dificuldades. Na proporção em que esses níveis se forem estabilizando ou, pior ainda, decrescerem, o problema se apresentará com toda a sua implacabilidade. Entre as nações desenvolvidas, presume-se que o sistema previdenciário está comprometido em países como a Holanda, a Itália, a França, a Grã-Bretanha, a Dinamarca e a Suécia, embora, neste último país, os trabalhadores recolham grande parte de seus ganhos para a previdência. Apenas na Alemanha Ocidental, a situação não é crítica, mas não se pode prever até quando.

A previdência social – apesar de fenômeno relativamente recente – tornou-se parte demasiado importante do nosso mundo econômico-social, para que se possa admitir seu desaparecimento, por falta de meios adequados de custeio. Vale também aqui a semelhança do que ocorre com a energia: não podendo mais ser fornecida, como vinha sendo, em grande parte e até poucos anos, pelo petróleo, é vitalmente importante encontrar-lhe fontes alternativas, ainda que mais caras, e poupá-la ao máximo, para não malbaratá-la. Haverá alternativas, também, para a alimentação da previdência social?

O problema parece residir consideravelmente na formação de uma consciência coletiva mais nítida sobre as limitações – pelo menos limitações temporárias – quanto à possibilidade de ampliação de benefícios. (É o que, no símile da energia, corresponde à poupança e conservação desta). Deparamos, aqui, um assunto impopular, mas que, por isso mesmo, deve ser seriamente analisado em todos os seus pormenores, porque nada é mais contrário aos verdadeiros interesses do povo do que a tentativa de conquistar popularidade à custa de subestimar ou ignorar uma situação que, por esses mesmos motivos, se agrava e se torna insolúvel.

Quando, por exemplo, surgem reivindicações no sentido de reduzir os requisitos – idade, tempo de serviço ou outros – da aposentadoria, não faltam os que querem conquistar prestígio político ou eleitoral, juntando-se ao coro e até procurando liderá-lo. São os que não podem ver uma multidão, sem tentar colocar-se à frente e usufruir as conseqüentes vantagens. Mas existe uma regra inescapável, ou seja, a de que – excetuado apenas o caso em que há aumento de produtividade – todo benefício concedido a alguém é pago ou por ele mesmo, se acumular reservas, ou pelos outros. Reservas, vimos que não as há, notadamente para os benefícios não anteriormente previstos. Em conseqüência, cumpre encontrar quem irá pagar o que se concede, e quem será? Esta é a questão que deve sempre ser posta, sob pena de se escamotear o problema, pouco adiantando, objetivamente, se isso é feito de boa ou de má fé.

Problema ainda mais difícil é o apresentado pela assistência médica. Antigamente, um bom clínico, armado de seu receituário, que seria aviado em qualquer farmácia razoável da vizinhança, resolvia os casos de doença – mesmo que nem sempre satisfatoriamente, como ainda hoje, aliás – com alguma ausculta e certo número de cápsulas e infusões. Hoje, qualquer doença razoavelmente importante exige exames de laboratório, muitas vezes custosos, e medicações sofisticadas que vão das intervenções cirúrgicas com microscópio aos longos tratamentos com aparelhagem caríssima em termos de materiais e profissionais especializados, uns e outros, às vezes, somente acessíveis no exterior do país.

Até onde deverá ir a assistência médica gratuita? Será que deve ir até onde existir possibilidade de prolongar a vida por mais algum tempo? Nesse caso, alguns pacientes, para conseguirem alguns meses ou algumas semanas de vida, consumirão recursos que, de outro modo, permitiriam atender a centenas e milhares de outros e salvar-lhes a vida por dezenas de anos. A solução de que se deve atender a todos não resolve nada: apenas transfere o problema para determinar quem pagará os custos correspondentes. E, muitas vezes, os que são a favor de soluções que demandam custos maiores pouco razoavelmente são contra a majoração das contribuições.

A questão, em sua crueza, é posta assim: deve-se, então, deixar morrer quem não tem recursos para tratar-se? É realmente uma questão difícil.

Mas a segunda pergunta, conseqüente a uma resposta negativa à primeira, não é menos difícil: devem-se aumentar as contribuições ou os impostos até o ponto necessário a cobrir as despesas que isso exige?

São as contingências da vida, que não se curvam à retórica, por mais retumbante que seja. *Life is unfair* – dizia John Kennedy: a vida é injusta! Ela não toma em consideração nossos desejos e ideais, por belos que sejam, mas impõe suas condições e seus preços. Ignorar isso é fazer poesia, na melhor das hipóteses; é fazer demagogia, nas demais.

A limitação dos benefícios, para adequá-los ao vulto dos ônus resultantes, seja de contribuições ou de impostos, é, portanto, uma contingência iniludível. Isso vale para as aposentadorias e pensões; vale também para o caso ainda mais complexo da assistência médica. E aqui surge a questão da qual poucos se animam a falar, mas que, dia a dia, se torna mais premente: a da *assistência gratuita*.

Justo é que quem não disponha de recursos suficientes para manter a vida – os que vivem na que se denomina *pobreza absoluta* – sejam beneficiados com a assistência gratuita, custeada pelos que ganham acima desse nível. Mas e os demais? Recursos superabundantes muito poucos têm, sobretudo se o julgamento é deferido ao próprio sujeito. Acontece aqui o que ocorre com o conceito de velhice: velho, costuma-se dizer, é quem tem dez anos mais do que nós. Rico, também, é quem ganha duas, ou três, ou mais vezes o que ganha o julgador da situação. Mas parece perfeitamente aceitável que quem ganha além de certo nível seja chamado a participar do custo do tratamento da sua saúde, de forma proporcional aos seus ganhos. Que há de mais indispensável do que a alimentação? E, contudo, isso não é razão para preconizar que se dê alimentação gratuita a todos.

No caso da assistência médica – como, aliás, de modo geral – há um aspecto que merece atenção especial. Quando determinado benefício é gratuito, existe uma tendência natural a utilizá-lo independentemente de sua real necessidade. É o que se denomina o *superuso*. Consultar o médico é, em muitos casos, indispensável, em outros, apenas útil e, em algumas hipóteses, simplesmente refinamento e até demasia. Se a consulta for gratuita, porém, a tendência será recorrer a ela em qualquer hipótese. É sabido, por exemplo, que no INAMPS há pilhas de exames que são requisitados e depois não são mais procurados. Novamente aqui a questão é delicada, porque só o médico – e, às vezes, nem ele – pode dizer se um sintoma revela ou não uma doença importante. Mas a verdade é que, se não houver um freio – o que se denomina *fator de moderação do uso* – não haverá médicos bastantes, nem recursos suficientes para remunerá-los.

Sensato parece, pois, que – sempre para quantos ganhem acima de certo nível – se peça aos que utilizam os serviços uma participação proporcional aos seus ganhos e ao custo do serviço utilizado. Não vale, cumpre repetir, a alegação de que a assistência foi paga com a contribuição ao respectivo órgão, e isso pela razão muito simples de que não é objetivamente verdadeiro. O que a contribuição paga – que deve pagar – é o uso normal, isto é, efetivamente moderado por medidas eficazes de contenção. E, dentre essas medidas, não se pode excluir a participação pessoal no custo pelos beneficiários, e isso devido ao simples e inarredável motivo de que não há outra forma de manter o uso dentro das possibilidades de custeio.

Isso não impede, é claro – antes até recomenda – que se suplemente a assistência com sistemas de seguros, para cobrir, sobretudo, os *grandes riscos*, como intervenções cirúrgicas e tratamento prolongado. Tais sistemas terão de ser organizados em bases atuariais e financeiras adequadas, e poderão ser voluntários ou, em certos casos, obrigatórios, sendo operados por órgãos oficiais – como na hipótese dos acidentes de trabalho – e, nos demais casos e talvez até preferencialmente, pela iniciativa privada.

A energia e a previdência social serão, certamente, os grandes problemas econômico-sociais do fim do século. Pode acontecer que os avanços tecnológicos, multiplicando e barateando a energia e aperfeiçoando os processos de produção, aumentem de tal modo a produtividade que brote daí a solução também para a crise à vista na previdência. Seja como for, esta terá de ser organizada em termos capazes de compatibilizar benefícios e custeio. Do contrário, será sempre uma fonte de graves e, se o caminho certo não for trilhado, insolúveis crises.

PREVIDÊNCIA SOCIAL
GRATA SURPRESA
(janeiro-março-1986)

Um dos primeiros problemas enfrentados pela Nova República foi o desequilíbrio financeiro da Previdência Social. Calculado em cerca de um trilhão de cruzeiros, pela administração anterior, o déficit para 1985 foi recalculado, pelos novos gestores: eles o estimaram, logo de início, em cerca de oito trilhões. E, contudo, o ano se encerrou com o anúncio de que esse déficit se transmudara num superávit de 4,1 trilhões de cruzeiros. Que teria ocorrido? Milagre? Manipulação de dados? Erro contábil? Não houve nada disso. Houve, sim, uma hábil administração, em conjunturafavorável. Valeapenaesmiuçarumpoucoo exame do caso, pois ele revela aspectos relevantes do problemadaprevidência, testadosnumarealidadeque nem sempre se apresenta com essa transparência. O exame servirá também para alertar-nos a todos com relação a desdobramentos futuros que merecem ser atentamenteconsiderados.

As causas da espetacular mudança – do déficit previsto para o superávit realizado – são hoje objeto de consenso geral, incluídos os próprios atuais administradores. Basicamente, essas causas são quatro:

I. O crescimento do Produto Interno e, em conseqüência, do número de trabalhadores empregados;
II. O aumento real dos salários;
III. A antecipação das contribuições;
IV. O combate à fraude, sobretudo nos benefícios.

O crescimento do Produto Interno Bruto brasileiro – que, até então, vinha sendo bastante satisfatório – reduziu-se muito no ano de 1982 e praticamente entrou em colapso no ano de 1983, como conseqüência da violenta redução das exportações no *ano negro* de 1982. Estagnação ou redução do crescimento do P.I.B. é um fenômeno sempre acompanhado de reflexo semelhante no nível de emprego e nos salários reais. Essa situação só se corrigiu a partir de 1984, com a vigorosa retomada das exportações, e prosseguiu em 1985, já agora impulsionada também pelo crescimento da demanda interna e pela utilização da capacidade industrial condenada à ociosidade em 1983.

Ora, a receita da Previdência Social – sendo uma percentagem dos salários efetivamente pagos – depende inteiramente do volume destes, volume que, por sua vez, é conseqüência direta do número de trabalhadores empregados e do salário médio.

O crescimento do Produto Interno Bruto, iniciado em meados de 1984, acentuou-se bastante no decorrer de 1985, que fechou com uma taxa de aumento notável, calculada em mais ou menos 7% ao ano (essa taxa, ao tempo do *milagre econômico*, chegou a 14% em 1973).

O influxo no volume de emprego e, portanto, na receita da Previdência pode ser medido pelo aumento do número de contribuintes, que passou de 25.085.000 em 1984 a 26.565.000 em 1985 (Francisco Oliveira, ex-Secretário do Planejamento do IAPAS, em *O Estado de S. Paulo* de 18-12-85, p. 14).

Além desse incremento considerável no volume de emprego, registrou-se ainda outro fenômeno de grande influência na arrecadação: o aumento do salário real, calculado entre 12 e 15%. Não é o momento de discutir aqui os reflexos que esse aumento possa haver tido na inflação. Fato é que, sendo a arrecadação proporcional aos salários, ela subiu em correspondência com estes. Calcula-se em cerca de 4 trilhões de cruzeiros a receita, a maior, resultante dessa expansão.

Outro fator decisivo, na radical mudança da situação financeira da Previdência Social, foi a antecipação do pagamento das contribuições das empresas. Calcula-se em outros 4 trilhões de cruzeiros o acréscimo resultante na receita do ano de 1985. Vale acentuar, nesta altura, que o acréscimo ocorreu nesse ano e não ocorrerá em outros. Tudo se passou como se parte da receita a ser recebida em 1986 fosse como foi cobrada em 1985. Obviamente, essa situação não se repetirá nos anos seguintes.

O quarto fator, apontado como causa que explica a transformação do déficit em superávit, embora não responda por cifras tão altas como as demais, reveste-se de significado especial pelo seu caráter simultaneamente de amostra e de permanência. Trata-se do combate às fraudes e, mais especificamente, das fraudes na concessão de benefícios.

Não deve surpreender que haja fraudes nesse setor. O vulto que elas atingiram, porém, revela, não apenas alta vulnerabilidade, mas ainda ineficiência da máquina administrativa da Previdência Social.

A vulnerabilidade do setor é, em boa parte, conseqüência da idéia generalizada de que *quem paga é o I.N.P.S.* Perdeu-se a consciência do nexo, que infelizmente existe, entre *o I.N.P.S.* e o bolso de cada um de nós. Se o benefício indevido devesse ser pago diretamente por quem dele toma conhecimento, a grita seria imediata e grande: algo como um *pega-ladrão*. Acontece que se perdeu também a noção de que *a esperteza ou a boa sorte do meu vizinho* é paga por mim. Foi substituída pelo convencimento de que *quem paga é o I.N.P.S.*, como cancelamento da evidência de que *sou eu quem paga o I.N.P.S.*, e *tanto mais pago quanto mais o I.N.P.S. tem a pagar*.

Deve ser ressaltado, no caso, que a maior vigilância exercida pela nova administração da Previdência, além de poupar bilhões de cruzeiros que seriam indevidamente pagos, criou salutar efeito inibidor de novas fraudes.

Nesse capítulo, aliás, impõe-se ter presente que o problema não se reduz à *fraude legal*, ou seja , à auferição de benefícios não previstos em lei. Há uma outra fraude – que não pode ser classificada de *fraude legal*, mas que constitui, sem dúvida, uma *fraude econômica*, ou seja, a atribuição de benefícios – até mesmo por leis, em geral de favor – sem base atuarial, isto é, sem a alocação de recursos para financiá-los.

O mero vulto da *fraude legal* é hoje simplesmente alarmante. O antigo Presidente do I.N.P.S., Reinoldo Stephanes, *estima que estejam sendo pagos indevidamente 500 mil (quinhentos mil) benefícios por mês, representando gastos anuais de Cr$ 5 trilhões*, mas os dados da atual administração falam em *apenas* 200 mil, *por enquanto* (*O Estado de S. Paulo 18-12-84 – p. 14*). Não está explicado como foram calculados esses números, nem as razões pelas quais o rombo não é imediatamente corrigido. Pode-se conjeturar, porém, que essa situação se foi cristalizando, ao longo dos anos, num processo, que não foi ainda completamente interrompido, de regulamentos, instruções, interpretações e mesmo sentenças judiciais que equiparam, reestruturam, indenizam por mil formas e motivos encontráveis na selva da burocracia.

Parece certo, porém, que, se é possível calcular o volume das fraudes em números tão avultados, possível deve ser também reduzi-lo. Não será por falta de pessoal que a Previdência deixará de fazê-lo, pois conta ela com nada menos de *200.000 funcionários e 20.000 chefias, espalhadas pelo País* (*O Estado de S. Paulo – 17-12-85 – p. 11*).

O que isso vai exigir de energia e de coragem para enfrentar hostilidades bem se pode imaginar. Mas é algo que deve ser feito, porque o futuro da Previdência, apesar da grata surpresa de 1985, se apresenta carregado de graves ameaças.

PREVIDÊNCIA SOCIAL
PRESENTE E FUTURO
(janeiro-março 1986)

Não se deve subestimar e muito menos ignorar a importância do êxito alcançado em matéria de equilíbrio financeiro da Previdência. Mas não se deve, igualmente, tomar a nuvem por Juno e concluir que o problema previdenciário está resolvido. Esse problema – cumpre ter, a respeito, idéias bem claras – em seu aspecto básico, é de *estrutura* e não de *conjuntura*. Façamos uma tentativa para trocar isso em miúdos.

Há, no problema da Previdência Social, aspectos *conjunturais*, ou seja, depende de condições que variam bastante com o estado da economia (maior ou menor ritmo de crescimento da produção) e com a eficiência das administrações. Os fatos de 1985 demonstram a íntima relação de dependência que existe entre o crescimento econômico, o nível de emprego, e a receita previdenciária. Mostraram também que uma situação de desequilíbrio financeiro pode ser radicalmente modificada, por medidas administrativas (antecipação de contribuições, combate às fraudes).

Mas o problema fundamental é outro; é de natureza *estrutural*, isto é, o quadro desenhado, de uma parte, pelas circunstâncias mais ou menos permanentes que dão origem à exigência de recursos para prover às necessidades vitais dos contribuintes (aposentadorias, pensões, assistência à saúde); e, de outra parte, pelas circunstâncias, também mais ou menos permanentes, que proporcionam recursos com os quais atender a essas exigências (pirâmide etária, população ativa).

A questão foi examinada, nesta revista, com algum detalhe – já lá vão alguns anos – na *Atualidade Econô-*

mica de n.º 7, de outubro-dezembro 1979 (tópico *Previdência Social – Algo semelhante ao Petróleo)* e n.º 13, de abril-junho 1981 (tópico *Previdência Social – Bomba de tempo*). A esses tópicos nos reportamos e, na impossibilidade de reproduzi-los aqui, baste-nos relembrar alguns pontos mais oportunos.

Na organização de um sistema previdenciário, cumpre distinguir bem dois processos de financiamento, a saber: o de *capitalização* e o de *distribuição*. Ambos partem do pressuposto de que as despesas do sistema devem ser custeadas pelos seus beneficiários. Esse pressuposto é inelutável, a menos que se intente financiar a previdência com os tributos gerais, o que seria injusto, pois estar-se-ia então onerando, não só os beneficiários atuais ou potenciais, mas também os que nada têm a receber do sistema.

A idéia-mestra da *capitalização* é a de que os beneficiários eventuais, ao longo de suas vidas, vão contribuindo e acumulando reservas – que podem e devem ser aplicadas de forma segura e rentável – para futuro pagamento dos benefícios (de aposentadorias, pensões, etc.) na medida em que estes se tornem exigíveis. Em nosso País, essa foi a base inicial do sistema. Os grandes saldos que se acumularam no começo – quando o número de contribuintes era avultado em relação ao número e ao valor dos benefícios, pois só aos poucos os contribuintes se foram aposentando – esses grandes saldos foram sendo aplicados no financiamento de imóveis, vendidos e alugados aos associados. Ocorre, porém, que nem as prestações dos empréstimos imobiliários, nem os aluguéis foram sendo reajustados, apesar da inflação. Tais prestações e aluguéis se tornaram afinal tão ridículos, que não valia a pena sequer cobrá-los. Isso, acrescido a outros descalabros administrativos, acabou aniquilando as reservas, vítimas de uma demagogia que está à espera de historiador.

Adotou-se, então, o princípio da *distribuição*, o que foi também pretexto para dar *status* de racionalidade ao que se tornara uma contingência, ante o fracasso da *capitalização*. De acordo com esse princípio, todas as despesas da Previdência, em determinado exercício, devem ser cobertas pela arrecadação desse mesmo exercício. Como é claro, isso importa em que:

I. As contribuições efetivamente pagas acabem sendo maiores do que seriam, se houvesse reservas acumuladas e aplicadas em termos rentáveis;
II. O sistema passe a depender fortemente das flutuações da vida econômica, entrando em crise quando a economia estagna ou cresce em nível insuficiente.

Seja qual for o princípio adotado, entretanto, o financiamento previdenciário, para ser efetivo, requer que a despesa prevista guarde proporção com a receita orçada. Tudo o que aumenta a despesa deve ter cobertura em receita equivalente. Vejamos, por exemplo, o que acontece com a concessão de aposentadorias. Estas podem ter, como requisitos, ou a invalidez, ou a idade, ou o tempo de contribuição, ou uma combinação de condições. A aposentadoria por invalidez é, de todas, a mais indiscutível e só resta fazer o cálculo atuarial de sua freqüência e estabelecer seu montante. Já na aposentadoria por idade, muito vai depender da composição etária da população. Não é indiferente fixar-lhe o limite em 60, ou 65, ou 70 anos. Cada ano que se antecipa, nessa fixação, representa um contingente considerável de aposentados em potencial, e exige correspondente acréscimo nos recursos necessários para mantê-los. No sistema de contribuições proporcionais aos salários recebidos, se a aposentadoria aos 65 anos requer, digamos, contribuições de 8%, a antecipação da idade para 60 anos poderá requerer contribuições, por hipótese, de 10% ou mais. O mesmo vale para a aposentadoria condicionada ao tempo de contribuição, ou tempo de serviço, como se costuma muitas vezes dizer.

É importante assinalar este ponto, porque freqüentemente se fazem campanhas para antecipar a data da aposentadoria – no tocante à idade, ou ao tempo de contribuições, ou em razão de pertencer o contribuinte a esta ou àquela profissão – sem considerar as conseqüências daí advindas para o esquema de financiamento. Defensores entusiastas de tais antecipações são, ao mesmo tempo, adversários ferrenhos do aumento das contribuições. Não há orçamento que resista a esse tipo de política.

No que respeita ao aspecto estrutural da Previdência, esta tem pela frente dois importantes obstáculos a superar, ambos naturais, mas ambos muito sérios, ou seja:

I. a alteração da pirâmide etária da população;
II. o crescimento das despesas com benefícios outros, além da aposentadoria e pensões.

A tendência da pirâmide etária é a de crescimento do número dos mais idosos em relação aos demais. Isso resulta da redução dos coeficientes de natalidade e, mais ainda, da redução dos coeficientes de mortalidade. Em conseqüência, a idade média da população tende a subir e, com isso, sobem as despesas com aposentadorias.

Esse fenômeno, aliás, se registra no mundo inteiro, e daí resulta que a relação entre a população ativa e a inativa se modifica com o crescimento desta última, Como foi registrado nos tópicos de *Atualidade Econômica* acima mencionados, a relação ativos/inativos, nos Estados Unidos – onde era de 7 a 1, há trinta anos – passou a 5 a 1 e caminha para ser de 3 a 1. Na Suécia, a relação atual é de 3,5 a 1. Em nosso País, a relação é de 5 a 1.

Tudo isso vai tornando cada vez mais pesada a carga sobre os que trabalham, e estes, embora nem sempre identifiquem claramente a razão do que sucede, tendem a manifestar-se cada vez mais insatisfeitos e mais refratários ao agravamento das contribuições. E, se prosperarem as tentativas de antecipar a data das aposentadorias, a crise poderá surgir e adquirir rapidamente grande vulto. Daí a observação de que a Previdência pode bem ser uma *bomba de tempo*.

O segundo obstáculo, também natural e também sério, é o crescimento dos custos dos benefícios outros que não a aposentadoria e a pensão, dos quais se tem encarregado a Previdência Social. Dentre esses benefícios, ocupam lugar de grande destaque os relativos à saúde.

A saúde tornou-se, modernamente, o que se poderia denominar um *bem de produção*, tecnicamente muito mais factível, mas de custos sempre altos e crescentes. As grandes epidemias – flagelo que acompanhou a humanidade até o começo deste século – tornaram-se, em grande parte, reminiscências históricas. As causas de morte dominantes, hoje, não são mais as doenças infecciosas, e sim as doenças degenerativas, que surgem precisamente porque o indivíduo vive além do que viveria antigamente. Tanto o tratamento quanto a prevenção das doenças dispõem agora de uma aparelhagem de alta sofisticação e especialização, mas seu custo é altíssimo em muitos casos. E esse custo deve ser pago por alguém. Se não o paga o paciente, alguém deve pagar por ele.

Novamente aparece aqui a questão crítica da relação entre as contribuições e os benefícios. Se aquelas são limitadas, estes deverão, por sua vez, ter limitação correspondente.

Como enfrentar esses obstáculos? A solução, está claro, é possivelmente a mesma em ambas as situações, ou seja, limitar as despesas e ajustar as receitas. Note-se que não foi outra a solução para o recente déficit conjuntural da Previdência. Com efeito, o combate à fraude nos benefícios foi equivalente a uma limitação de despesas. E a antecipação dos recebimentos das empresas teve o mesmo efeito que uma majoração de receita. Coisa semelhante pode ser dita com referência ao incremento resultante do crescimento da produção e do emprego e da elevação dos salários reais. Se o combate à fraude e a decorrente contenção de despesas têm caráter permanente, porém a melhora na receita é apenas conjuntural e passageira, pois a antecipação não pode repetir-se e nada prova que a expansão econômica se faça em ritmo suficiente a propiciar receita que cubra as despesas.

Vai ser necessário, portanto, muito cuidado no alargamento das aposentadorias e pensões, seja no tocante à qualificação dos beneficiários, seja com respeito ao valor de cada benefício. É preciso insistir em que tudo quanto aumenta o volume das aposentadorias e pensões, requer aumento inevitável nas contribuições, salvo circunstâncias ocasionais e transitórias.

Além disso, não é admissível que, mesmo adotado o sistema de financiamento por distribuição, a Previdência Social continue sem reservas adequadas a enfrentar eventuais e sempre prováveis reduções no crescimento produtivo. Faz-se mister, igualmente, imprimir maior eficiência à burocracia previdenciária, sabidamente regurgitante de pessoal e carente de rendimento. A introdução de computadores pode e deve ser uma excelente oportunidade – a ser aproveitada, aliás, pelo serviço público de modo geral – para treinar e remanejar pessoal, evitando que os quadros continuem a expandir-se indefinidamente, ao sabor das conveniências eleitorais.

Quanto aos serviços de saúde, o ideal seria talvez, não apenas distingui-los, mas até mesmo separá-los da Previdência, de modo a terem financiamento próprio e administração independente. É preciso reconhecer, entretanto, que o problema não é nada simples. Manter esses serviços anexados à Previdência tem suas vantagens e gera, em tese, economias de escala. Parece lógico supor, porém, que os serviços de aposentadorias e pensões, uma vez computadorizados, requererão apenas uma parcela do mesmo quadro de funcionários, que poderão ser melhor aproveitados em serviços administrativos de saúde ou mesmo em outros setores da administração pública.

A Previdência Social é importante demais para que possa ser impunemente maltratada pela expansão irracional de benefícios, sem base financeira ou, pior ainda, ser transformada em butim político partidário. Seus problemas do presente são pequenos, se comparados aos que o futuro lhe pode reservar.

PREVIDÊNCIA SOCIAL ONDE ERRARAM ESTES COMENTÁRIOS? (abril-junho-1992)

Os vários tópicos acima transcritos, apesar de redigidos e publicados em passado não muito recente – pois datam de período que vai de 1979 a 1986 – revelam-se ainda de inteira atualidade, como talvez tenha verificado o leitor, se teve a paciência de lê-los até o fim.

Num ponto, entretanto, erraram os comentários: quando previram, para o final do nosso século, a explosão da *bomba de tempo*, que a nossa crônica inclinação para soluções aparentemente mais fáceis, agravada e manipulada pela demagogia, vem prodigamente armando nos últimos decênios. Esse previsto *amanhã* antecipou sua chegada para *hoje*. E a bomba não era unicelular, mas múltipla: um cacho de artefatos que estão rebentando estrepitosamente, numa série que não se conseguiu interromper até agora, e só a muito custo se está logrando desacelerar um pouco.

A relação de cinco pessoas ativas para uma inativa – cuja involução, dentro do sistema previdenciário, até chegar à marca assustadora de uma pessoa ativa para uma inativa, parecia mais insinuação retórica *ad terrorem* do que argumento de cunho realista – já está visível no horizonte dos números implacáveis. E, nesse horizonte, desenha-se a figura de um tronco de pirâmide invertida, cuja base, de área cada vez mais ampla de jubilados, se apoia sobre um segmento de contribuintes que se afunila, rumo ao vértice.

Haverá saída para evitar o caos? Deve haver. Mas inútil será tentar encontrá-la, sem nela incluir limitações substanciais – e mesmo cortes relevantes – de vantagens e benefícios, associadas a medidas eficazes para dar aos ingressos proporção compatível com as despesas. Isso exige, além do mais, reformas no texto constitucional de 1988, a fim de que, entre o problema e as soluções viáveis, não se interponha a cortina dos direitos adquiridos e das construções judicialistas.

Alguns projetos – razoavelmente sérios e, mesmo relativamente corajosos – estão emergindo, até na própria esfera parlamentar, tradicionalmente dominada pelo eleitoralismo e pela disputa de popularidade. São luminosos filetes de esperança, e queira Deus que alcancem varar as densas nuvens que já trovejam, barulhentas e ameaçadoras.

Desfecho que, infelizmente, não parece nada garantido.

7

Outubro-Dezembro
1992

O ESTADO E A ECONOMIA
PRESENÇA E ATUAÇÃO

A PRESENÇA E A ATUAÇÃO do Estado, na vida econômica, foi das mais variadas ao longo dos séculos, e tornou-se objeto de acirrada controvérsia, em tempos mais modernos. A feição universal e inarredável dos fatos econômicos, na existência humana, faz com que não seja possível dar alguma organicidade à convivência social, sem que daí resultem conseqüências para o modo pelo qual aqueles fatos se processam.

Mesmo em estágios muito pouco articulados de interação comunitária, alguma forma de liderança, de coerção, de autoridade enfim, encaminha neste ou naquele sentido a busca e a utilização dos bens aptos a satisfazer necessidades e tendências dos seres humanos. Na medida em que aquela autoridade se revela mais afirmativa e coercitiva, maiores são as possibilidades e, como a História demonstra, as probabilidades de sua intromissão na conduta econômica dos aglomerados sobre os quais atua. Isso ocorre por dois motivos principais, ou seja:

I. a intenção de imprimir maior eficácia ao trabalho que promove o abastecimento dos bens utilizáveis, e de preservar a continuidade de tal processo: é o que modernamente se denomina a preocupação com o desenvolvimento e a estabilidade;

II. a manipulação das conseqüentes medidas, com o objetivo de reforçar o poder político dos que as promovem.

Um dos exemplos mais antigos e mais interessantes, neste campo, é o relatado nos capítulos 41 e 47 do Gênesis. José, o filho de Jacó, é considerado por muitos o primeiro economista de que há memória. Foi também o primeiro Ministro do Planejamento, mas não há prova, como se há de ver mais adiante, de que tenha acumulado essa pasta com a da Fazenda ou do Tesouro.

Pois José, exímio intérprete de sonhos – intento que, ainda hoje, seduz os nossos economistas – previu a sucessão de sete anos de fartura e sete anos de carestia, em terras do Egito e adjacências, dando assim origem à teoria dos ciclos, sem ter recebido por isso o Prêmio Nobel que, quatro mil anos depois, coroaria a fronte de vários de seus discípulos. E não só previu, mas também proveu: recomendou que se armazenasse trigo nos sete anos gordos, para colocá-lo nos sete anos magros.

No episódio do Gênesis, aliás, não se sabe o que é mais de louvar: se a criatividade de José, ou se a sagacidade política do Faraó. Eis que este, avaliando um parecer especializado e lastreado pelo currículo do autor – não esquecer que José já dera demonstrações anteriores de excelente analista onírico – o Faraó, repita-se, decidiu atribuir ao planejador o encargo de realizar a mágica anunciada. Seja-nos lícito imaginar, com o devido respeito aos Livros Sagrados, o que teria acontecido se, por acaso, o trigo armazenado, bichasse... Não é de excluir – dentro das tradições então imperantes, tradições que, para sorte de muitos futuros ministros, não foram conservadas – o planejador fosse condenado a ser dividido em sete pedaços e jogado no Nilo, o mais próximo possível da foz.

Mas, felizmente, o Plano de José deu certo, os dados colhidos nos sonhos do monarca demonstraram-se confiáveis, e a inspirada análise que deles fez o filho predileto de Jacó transformou-o no mais alto fidalgo da corte, honra da qual o baronato outorgado a Sir John Maynard Keynes – o mais famoso planejador-vidente do nosso século – foi fraco e longínquo eco. Acima de tudo isso, porém – à diferença do que ocorreria alguns milênios depois, em nossos dias e em nosso País – o plano de ação, lucidamente traçado, foi rigorosamente seguido em sua execução. Com os celeiros tão cheios de trigo que se renunciou a medir-lhe a quantidade, *pois isso ultrapassava toda medida* (Gen. 41,49), o Egito nadava em abundância, enquanto a sombra das vacas magras pairava sinistra sobre os campos esturricados.

É que, no Plano Josefino – modelo de fazer inveja às Escolas de Cambridge, Chicago e arredores –, fora até prevista uma *reserva de emergência*. Pois, narra a Escritura, o plano começou com a tomada da *quinta parte dos produtos da terra do Egito, durante os sete anos de abundância* (Gen. 41,34), não esclarecendo a Bíblia se a isso se deu o nome de *confisco* ou, mais palatavelmente, de *recolhimento compulsório*. Importa assinalar, porém, que, embora a carestia prevista fosse de sete anos, a reserva feita não foi de apenas *um sétimo*, como alguém menos precavido poderia ter aconselhado, mas de *um quinto*, ou seja, possibilitando o armazenamento da safra de um ano, e mais cerca de 30%.

Assegurado como estava, pelas sábias medidas adotadas, o primeiro dos objetivos apontados linhas atrás, como próprios da intervenção do Estado na economia – ou seja, preservar a estabilidade econômica –, tomou forma, natural e talvez até fortuitamente, um segundo e tentador alvo: o de utilizar as medidas salvadoras para acrescer o poder político. Com efeito, prossegue o Gênesis que, ao se declarar a fome pré-anunciada, foram os egípcios ao Faraó pedir socorro. Encaminhados, pelo profético *Ide a José e fazei o que ele vos disser* (Gen. 41,55), ao Ministro do Planejamento, passou este a vender-lhes o trigo, em troca de moeda corrente, *e entregou esse dinheiro ao Palácio do Faraó* (Gen. 41,14), o que parece indicar ser outro o Ministro da Fazenda ou do Tesouro, como é hoje da prática de Governos muito nossos conhecidos.

Esgotando-se, entretanto, as reservas monetárias dos famintos egípcios, mas persistindo a carência, voltaram eles a pedir: *dá-nos pão*. Pelo visto, a estrutura governamental faraônica não incluía – quiçá de caso pensado – bancos oficiais, e não se cogitou de abrir *torneirinhas* de crédito ao consumidor. Ao em vez disso, José recomendou aos postulantes: *trazei vossos rebanhos e vos darei pão em troca de vossos rebanhos, se não há mais dinheiro* (Gen. 47,16). Finalmente, e como perdurassem aqueles intermináveis sete anos de recessão, coube aos próprios egípcios tomar a iniciativa de oferecer, e disseram ao todo-poderoso Ministro: *Compra-nos a nós e ao nosso terreno em troca de pão, e nós seremos, com o nosso terreno, os servos do Faraó. Mas dá-nos sementes a fim de que vivamos e não morramos, e o nosso terreno não fique desolado* (Gen. 41,19).

Para encerrar este sucinto relato do que foi a primeira intervenção programada do Estado na vida econômica, consignada nos registros da História, nada melhor do que reproduzir integralmente o texto do capítulo 47 do

Gênesis, em seus versículos de 20 a 26: *Comprou assim José, para o Faraó, todos os terrenos do Egito, pois os egípcios venderam, cada qual o seu campo, tanto os impelia a fome, e o país passou às mãos do Faraó. Quanto aos homens, ele os reduziu à servidão, de uma extremidade a outra do território egípcio. Somente o terreno dos sacerdotes ele não comprou, pois os sacerdotes recebiam uma renda do Faraó e viviam da renda que recebiam. Por isso, não tiveram que vender seu terreno.*

Depois, José disse ao povo: Agora, portanto, eu vos comprei para o Faraó, com vosso terreno. Eis aqui as sementes para semear vosso terreno. Mas, das colheitas, deveis dar um quinto ao Faraó, e as outras quatro partes serão vossas, para a semeadura do campo, para vosso sustento e de vossas famílias, para que comam vossos filhos". Eles responderam: "Tu nos salvaste a vida. Achemos graça aos olhos de meu senhor e seremos os servos do Faraó". José fez disso uma regra que vale ainda hoje para todos os terrenos do Egito: a quinta parte é depositada para o Faraó. Só o terreno dos sacerdotes não ficou sendo do Faraó.

O que mais impressiona neste quadro, velho de quatro mil anos, é verificar que, ao longo de quarenta séculos, a intromissão do Estado na vida econômica se tem operado com as mesmas motivações, em circunstâncias muito semelhantes e ainda – ponto importante a ressaltar – segundo seqüências factuais bem parecidas. As motivações são, em geral, a de prevenir perigos mais ou menos iminentes e, em nossos tempos, as de promover o desenvolvimento ou a melhor distribuição de renda. As circunstâncias, como é de esperar, variam muito, desde os regimes teocráticos e tirânicos da Antigüidade, até as democracias sofrivelmente esclarecidas, e mais as populistas, do século XX.

Mas é o curso dos eventos, uma vez iniciado o processo, que se afigura seguir uma linha fatal e invariável. Motivações não faltam, e tudo faz prever que nunca faltarão, para a intervenção estatal. Esta começa sempre com os melhores propósitos e, geralmente, sob a premência do clamor popular ou da agitação de grupos que desfraldam a bandeira do *interesse nacional*.

E, salva a hipótese em que a intervenção é ditada por ideologias socializantes, ela é sempre apresentada como medida episódica e temporária. Via de regra, também, – *il n'y a que le provisoire qui dure* – as posições adotadas se consolidam e mesmo se expandem. O que se iniciou, tímida e por vezes até cerimoniosamente, como auxílio aos fracos e necessitados em suas lutas e carências, rapidamente evolui para a corporificação de organismos povoados por burocratas que ocupam parte considerável de seu tempo e de sua atividade na proteção de sua própria indispensabilidade. Feição peculiar da dominação estatal da vida econômica é que, mesmo nos regimes declaradamente igualitários, e até sobretudo neles, a austeridade e as limitações impostas à massa popular não atingem os que, na *nomenklatura* coletivista, são *mais iguais* que os outros. São os guardiães oficiais da ordem vigente: os sacerdotes, com seu terreno preservado, na teocracia egípcia, e os maiorais do Partido, com suas *dachas* e seus *free shops*, nos paraísos proletários. Isso sem falar nas mordomias do primeiro, segundo e outros escalões mais nossos vizinhos.

Curiosamente, embora a ideologia socialista seja fator de destaque a impulsionar a intervenção direta do Estado na economia, não é ela o único e nem mesmo o mais importante motor intervencionista. Seja socializante ou liberalizante o regime político considerado, o que realmente impele os governos a introjetar-se nas atividades econômicas é o propósito de fazer face a determinadas situações, tenham elas maior ou menor caráter de emergência. Defrontando problemas por cuja solução se sentem responsáveis e, muitas vezes, atropelados pela opinião pública, os detentores de funções políticas tendem a trilhar o caminho que parece de eficiência mais visível e decisiva, mesmo quando isso equivale a sacrificar a solidez ao imediatismo. Surgem então empresas estatais, jungidas à que se diz ser lei não escrita, vigente na ONU para sua própria burocracia: *todo órgão criado, mesmo quando em solene caráter provisório, nasce, cresce, se amplia e permanece...*

Isso não quer dizer que toda empresa estatal seja necessariamente um fracasso, ou que sejam elas condenáveis *em princípio*. A questão não é de *branco ou preto*, e sim de nuanças e vicissitudes. Empresas há que, em determinado momento, têm sua criação justificada e mesmo exigida pelas circunstâncias. Enfrentam todas – como é inevitável, mesmo na iniciativa privada – acidentes de percurso. Algumas dão certo; outras, não ou não tanto. Há as que custam a deslanchar, as que dão certo no inicio e depois se arrastam. Há, finalmente, as que se tornam de alguma forma modelares e indispensáveis. Tudo muito semelhante ao que ocorre na iniciativa privada.

Característico da empresa estatal, contudo, é que, em seu derredor, se cristalizam e até se fossilizam situações consolidadas, e isso elas têm também em comum com as da iniciativa privada. Mas, enquanto nesta, o êxito ou o fracasso, as qualidades e as deficiências, premiam ou penalizam os empresários, no que se diria ser a sua própria carne, na empresa pública tudo se dilui, a ponto de não atingir ninguém diretamente, indo repercutir, de modo pouco nítido, na coletividade.

Há, sem dúvida, na empresa estatal, pessoas interessadas em seu bom desempenho e pessoas atingidas pelos seus prejuízos. O administrador ao qual se atribui uma feliz gestão enriquece seu currículo e pode credenciar-se talvez para altos cargos políticos. Os empregados de uma estatal bem-sucedida, têm melhores perspectivas de segurança e progresso em suas carreiras. Isso é bom e estimulante, mas pode freqüentemente ser substituído, com vantagem, e até neutralizado, por interferências políticas e pistolões de todo calibre. E, se as coisas chegam ao extremo do insucesso total, os empresários da iniciativa privada vão à falência, ao passo que os responsáveis pela empresa estatal safam-se com eloqüentes relatórios, culpando forças ocultas.

Vale insistir em que o tema não está colocado, exclusiva ou predominantemente, no campo ideológico. Não é por serem socializantes que os governos criam estatais, ou por serem líberalizantes que não as criam. Exemplo disso, têmo-lo em nossa História. Estudo publicado pelo *O Estado de São Paulo*, em sua edição de 23-12-80, revela que, nos períodos presidenciais inframencionados, foram criadas:

- Juscelino Kubitschek – 23 estatais
- Jânio Quadros – 7 estatais
- João Goulart – 33 estatais
- Castello Branco – 58 estatais
- Costa e Silva – 55 estatais
- Emilio Médici – 99 estatais
- Ernesto Geisel – 5 estatais

Vários homens públicos eminentes, que se alinham entre os teoricamente mais adversos à estatização da economia, foram portanto, responsáveis ou co-responsáveis pelo nosso atual leviatã. Não há nisso crítica à falta de coerência das atitudes, mas o reconhecimento de que, com o poder nas mãos, não se faz sempre o que se gostaria de fazer, mas o que as circunstâncias – essas nossas companheiras inseparáveis, como agudamente notou Ortega y Gasset – permitem ou impõem que se faça. É bem verdade que Napoleão dizia, com desprezo: *Circunstâncias? Eu crio as minhas próprias circunstâncias*! Mas a vida se incumbiu de ensinar ao arrogante corso o que está ensinando, ainda hoje, a outras ilustres arrogâncias.

É necessário ser humilde diante da realidade. Não exatamente por virtude – vale repetir uma vez mais –, e sim pela consciência de que essa realidade não se ajusta obediente ao quadro em que pretendemos aprisioná-la. No caso da intervenção do Estado na vida econômica, parece claro que devem ser evitados dois erros opostos. De um lado, nada justifica o liberalismo *à outrance*, que faça do Estado apenas um guarda-civil, limitado a apontar a mão e a contramão, no livre trânsito dos veículos. De outra parte, somos todos testemunhas, em nossos dias, do retumbante fracasso do socialismo radical, que faz do Estado o mestre e guia das atividades econômicas.

Entre esses dois extremos, não é nada fácil encontrar a posição acertada. Generalizou-se hoje o consenso quanto a serem legítimas e benéficas, em si mesmas consideradas, tanto a iniciativa privada, quanto a intervenção do Estado. Como compatibilizá-las, porém? Não se pode recorrer a algo como uma fórmula matemática que combinasse tantos por cento de iniciativa privada e tantos de intervenção. Há um princípio, entretanto, que a justo título merece o nome de *regra de ouro*: no caso, o princípio de *subsidiariedade*. Tal princípio é uma das preciosas características da Doutrina Social da Igreja.

Define-o João Paulo II, na encíclica *Centesimus Annus* – retomando o ensinamento de Pio XI, na *Quadragecimo Anno* –, da seguinte forma: *uma sociedade de ordem superior não deve interferir na vida interna de uma sociedade de ordem inferior, privando-a de suas competências, mas deve antes ampará-la, em caso de necessidade, e ajudá-la a coordenar a sua ação com as demais componentes sociais, em vista do bem comum (Centesimus Annus*, n.º 48).

E continua o Pontífice, referindo-se à intervenção do Estado: *Intervindo diretamente e desresponsabilizando a sociedade, o estado assistencial provoca a perda de energias humanas e o aumento exagerado dos órgãos públicos, dominados por lógicas burocráticas, mais do que pela preocupação de servir aos usuários, com enorme acréscimo de despesas. De fato, parece que melhor conhece a necessidade e consegue satisfazê-la quem dela está mais perto e se faz próximo do necessitado (Centesimus Annus*, n.º 48*)*.

O princípio da subsidiariedade requer que a intervenção do Estado, na economia, seja, no máximo possível, *indireta*. Não deve o Estado assumir, salvo casos realmente excepcionais, funções e tarefas que a iniciativa privada pode desempenhar. Seu papel é de suplência. Faz, se e enquanto a iniciativa privada não puder ou não quiser fazê-lo. Ao Poder Público compete dedicar-se, primordial e intensamente, às suas funções peculiares, e não absorver as que são próprias dos indivíduos e dos grupos sociais. Do contrário, ter-se-ia – e a experiência do nosso tempo mostra-o à sobreposse – o inchaço burocrático do Estado, dilapidando, em projetos fora de sua competência, recursos humanos e materiais sonegados à educação, à saúde e à segurança públicas e aos sistemas de transporte e comunicações.

O ESTADO E A ECONOMIA
A PRIVATIZAÇÃO

A intervenção do Estado na economia deu lugar, em nosso século, à proliferação das empresas estatais. Fórmulas jurídicas, como as de *autarquia* e *sociedade de economia mista*, foram entusiasticamente utilizadas para disseminar entidades oficiais em todos os setores de atividade. Como foi assinalado no tópico anterior, a criação dessas entidades, pelo menos no mundo ocidental, não foi tanto fruto da adoção de ideologias socialistas, e mais resposta imediata – melhor seria dizer imediatista – à pressão de problemas que reclamavam medidas rápidas e visíveis para a opinião popular.

Na condução da coisa pública, todas as decisões tomadas pelos que por ela respondem são sempre suscetíveis de críticas, freqüentemente desencontradas. Ao tomar decisões, quem o faz recebe necessariamente a influência de uma extensa gama de fatores. Sua formação intelectual, seus pendores ideológicos, sua experiência pregressa armam um quadro que permite prever, em certo grau, os rumos que serão seguidos. Por outro lado, o conhecimento que o responsável tenha da natureza e das especificidades da questão em lide influi decisivamente na construção das soluções intentadas. A exata coleta e avaliação dos dados relativos ao problema é condição essencial para o êxito das medidas adotadas. Problema bem equacionado é problema em grande parte resolvido.

Mas, por sobre tudo isso, geralmente paira, e freqüentemente desaba compulsivamente, a tendência do homem público a demonstrar que exerce bem sua função; em termos mais coloquiais, dir-se-ia: *mostrar serviço*. Tal atitude, quando sinceramente assumida, não é condenável e mesmo pode ser requisito do bom exercício de cargos políticos, cuja manutenção e eficiência dependem muito do favor popular. Daí a preocupação, em si legítima, de imprimir às medidas com as quais se pretenda enfrentar situações difíceis o caráter de *gestos*, em que parece haver – e muitas vezes há realmente – mais teatro que substância. É que, nem sempre as soluções visíveis e céleres são recomendáveis. Problemas como o da inflação e da distribuição de renda, por exemplo, não cedem senão aparentemente a providências espetaculares e de curto prazo. Suas múltiplas causas estão fortemente enraizadas na cultura herdada, e removê-las, além de requerer uma identificação do problema e suas características altamente controvertidas, é tarefa ingrata e demorada, pois implica contrariar hábitos e impor sacrifícios.

A criação de órgãos estatais – autarquias e sociedades de economia mista – tem sido uma das formas preferidas para o *gesto* com o qual se busca, a um tempo, tentar reduzir e eventualmente resolver o problema, e demonstrar à opinião pública que se está vigilante e atuante. Não se pretende dizer, com isso, que toda criação de empresa estatal seja engodo e mistificação. Pode ser – e em muitos casos é – medida acertada para, pelo menos, encaminhar soluções mais duradouras. O mal reside em que, criado o órgão, não é nada fácil desatrelá-lo do Estado. Formam-se, à sua volta, tantas situações de privilégio e mordomias, que enfrentá-las é trabalho de Sísifo.

Nas últimas décadas deste século, porém, tem ganho terreno, por toda a parte, a crítica ao gigantismo do Estado, o qual teria ultrapassado em muito as fronteiras de sua competência. Daí a defesa do imperativo de *recuar as fronteiras*, *enxugar o tecido estatal* e, no que tange à existência de empresas estatais, *privatizá-las*. A palavra *privatização* transformou-se logo numa bandeira odiada pelos socialistas, glorificada pelos liberais, mas cujas potencialidades e limitações tornou-se impossível desconhecer.

Foi o Reino Unido o palco mais destacado do novo embate. Com sua tradição de alternância governamental entre conservadores, adeptos do liberalismo, e laboristas, de base socialista, embora de há algum tempo não marxista, a Inglaterra oscilou entre surtos de predomínio da iniciativa privada e ímpetos de nacionalizações – ou seja, estatização – de importantes indústrias.

Coube a Margareth Thatcher – a *Iron Lady* – hoje baronesa, mas que não parece resignada ao ocaso político, travar batalha para privatizar empresas, às quais a estatização, ao preço de libertá-las do compromisso do êxito – que, para as empresas privadas, é questão de vida ou morte –, assegurava uma existência ancorada na mediocridade, quando não parasitária de verbas do Orçamento Público. À resistência dos intelectuais de esquerda, acrescentou-se o ataque, física e politicamente mais sensível, dos sindicatos que tinham, no Labour Party, algo como seu braço político. Para os líderes dos sindicatos, a privatização representava perda de poder. Pois bem mais fácil é enfrentar a direção de uma empresa, que não pode quebrar, de vez que tem, na sua retaguarda, o generoso regaço do Orçamento Nacional, do que haver-se com empresas que, lá pelas tantas, preferem a falência e a liquidação a ficar demonstrando que quem arrecada dez não pode pagar vinte.

Vitoriosa em sua obstinada luta pela privatização das grandes empresas estatais, Margareth Thatcher, apesar disso, teve de ceder seu posto a um correligionário, menos pelo desgaste inevitável dessa luta do que pela sua conhecida falta de flexibilidade política. O exemplo inglês, todavia, teve ampla repercussão em bom número de países. Um dos que mais e melhor avançou, neste terreno, foi o Chile. Outra amostra destacada tem sido a França, onde até empresas há poucos anos estatizadas no governo dos socialistas de François Mitterrand, voltaram à iniciativa privada, com inegável êxito. Em pleno processo de privatização das empresas estatais estão o México, a Argentina, e mais os numerosos países em que se dividiu a União Soviética, onde praticamente tudo era estatal e a reversão assume contornos de imensa complexidade.

No Brasil, a questão das empresas estatais, de há muito vem sendo objeto de discussões, geradoras por vezes de mais calor do que luz. O modismo estatizante do pós-guerra também entre nós lavrou à solta, até e talvez sobretudo à sombra de Governos como os de 1964 em diante, que se diria filosoficamente alinhados a postulados liberalizantes em matéria econômica. É a velha e traquinas regra de que, *no governo, não se faz o que se quer, nem o que se deve, mas o que se pode*.

Contudo, a mudança nos ventos da opinião pública internacional criou no País ambiente mais receptivo ao enxugamento da máquina do Estado. E, nas eleições de 1989, a privatização das empresas estatais transformou-se num dos pontos-chave do programa do candidato finalmente vitorioso. A História – que tem ainda muito chão pela frente – por certo não poupará o Presidente Fernando Collor por suas extravagâncias e pela arrogância, por vezes ingênua, com que se encastelou, acima do bem e do mal, na presidência imperial que exerceu. Mas há de reconhecer também que, *volens nolens*, ele projetou o Brasil irreversivelmente na modernidade, reforçando o impulso que o desdobramento da Revolução de 1964 desencadeou. É cedo ainda para um julgamento, em perspectiva histórica, deste final de século. Há muita gente viva, ainda e felizmente, defendendo posições assumidas e, por isso, carregadas de natural parcialidade. Mas a era Collor que, queiram ou não os opinantes, ultrapassa de muito seus personagens, neles incluído sua figura principal, vai marcar um momento de inflexão da nossa vida econômica, pois assentou raízes que não será fácil arrancar.

Afinal, como estamos em matéria de empreendimentos estatais, no Brasil? No *Perfil das Empresas Estatais – 1987*, editado pela Secretaria de Controle das Empresas Estatais – SEST, do Ministério da Fazenda, estão listadas 226 empresas. A elas, segundo nota constante da referida publicação, devem ser acrescidas outras 119 entidades, controladas pela Secretaria de Orçamento e Finanças do SEPLAN e, ainda, 44 empresas papel, não operativas, constituídas apenas para assegurar o direito de exploração de lavras.

Na efervescência dos meses que se seguiram à posse do Governo Collor, as ações e as atenções se voltaram prioritariamente para as medidas visando controlar a inflação e equacionar o problema da dívida externa. Todavia, a privatização das estatais não foi esquecida e, com o apoio do Congresso, promulgou-se lei minuciosa e geralmente considerada de boa qualidade para implementar a conversão.

Na proporção em que as medidas preliminares foram sendo adotadas, entretanto, mobilizaram-se as oposições, organizadas sobretudo por grupos e corporações, instigadas por lideranças temerosas de perder suas posições de mando e que tentaram sensibilizar as bases com velhos *slogans* ideológicos e a perspectiva, bem mais palpável, de eliminação de privilégios e mordomias que a condição de, na prática, funcionários públicos lhes propiciava. Vasto foi o arsenal das armas utilizadas para inviabilizar as privatizações. Característicos foram os embargos judiciais, opostos aos leilões previstos na lei. Multiplicaram-se as liminares, requeridas e obtidas nas mais diversas instâncias, gerando um clima de incerteza que, em determinado momento, ameaçou submergir o processo de privatização numa *selva selvaggia* forense. Não faltaram as passeatas e a própria violência física, da qual foram episódios grotescos e lamentáveis os ocorridos com os leilões da Usiminas e da Acesita.

Apesar de tudo, a decisão governamental de levar avante o plano de privatização prosseguiu. Nem tudo correu, vale acentuar, sem percalços resultantes da má condução das várias etapas dos processos de privatização. Afinal, a transferência de propriedade de empresas, com dezenas de milhares de empregados, fornecedores e consumidores, e problemas industriais, financeiros e administrativos de toda sorte, não é nada simples. Uma das questões mais complicadas e difíceis de resolver é a do valor venal da empresa. Como calculá-lo? Que parâmetros adotar?

Sejam quais forem os métodos seguidos, há em tudo isso um requisito fundamental e irremovível: o preço deve ser tal, que eventuais compradores se disponham a pagá-lo. Há uma diferença enorme entre o valor de um conjunto industrial – calculado máquina por máquina, terreno por terreno, construção por construção – e o valor global do todo empresarial e de sua capacidade de produzir e sua rentabilidade. Uma empresa mal localizada, ou tecnicamente mal articulada, ou ainda com passivo, atual ou potencial, desproporcionado, não é um patrimônio: é um ônus. Quem compraria um prejuízo? Isso lembra o pintor a quem ofereceram uma ninharia pela sua *obra-prima*.

– *Mas, mais do que isso me custou a tela* – disse indignado.

– *Sim, mas então ela estava limpa* – foi a resposta cruel.

Mesmo levando em conta todos esses aspectos, não há dúvida de que um preço mínimo deve ser fixado como base para os leilões. Nada mais legítimo e conveniente, portanto, do que investigar e discutir quais os métodos a preferir, desde que o objetivo visado seja o de promover a privatização, nas melhores bases possíveis, e não o de inviabilizá-la.

Menção especial merecem dois tipos de argumentos que estão sendo ainda agora suscitados para restringir o movimento pró-privatização, contra o qual, em princípio , ninguém mais se declara. O primeiro argumento é o que condena o uso das pejorativamente alcunhadas de *moedas podres*. O segundo é o que postula a exclusão das denominadas *indústrias estratégicas*.

A legislação reguladora das privatizações admite a utilização, no pagamento pelos adquirentes das companhias estatais, de títulos de crédito de responsabilidade do Tesouro Nacional, como os relativos à dívida externa e os da reforma agrária. Contra isso se insurgem os adversários embutidos da privatização, alegando que a cotação desses títulos, no mercado, está muito abaixo do seu valor de face. Ora, é preciso ter presente que os problemas econômicos do País não se cifram apenas na privatização das empresas estatais. Estas integram um arco, no qual a credibilidade financeira do Tesouro Nacional ocupa posição decisiva. E, neste particular, cumpre reconhecer melancolicamente que a fama do nosso Tesouro é das mais insatisfatórias. O Tesouro Nacional do Brasil, não só tem uma tradição caloteira universalmente famosa, mas parece que se esmera em confirmá-la e ampliá-la, como ocorreu por exemplo com a *moratória soberana*, proclamada no Governo Sarney. Certo é que, no Governo Collor, a devolução dos *cruzados novos* e a renegociação da dívida externa contribuíram bastante para reverter o quadro. É de todo recomendável, então, a tentativa de melhorar a imagem do Tesouro, aceitando este os seus próprios títulos de débito, como pagamento da aquisição de itens do seu ativo. Em vez disso, o que se presencia é a rejeição desses títulos – e isso pelo próprio Primeiro Mandatário, neste período *post impeachment* – como *moeda podre*, com o argumento simplório de que esses títulos não serviriam para comprar pão ou pagar contas de luz... Como se não houvesse diferença entre o investimento em ações e o custeio de gastos correntes.

Claro está que há diferenças de liquidez entre moeda internacional corrente e títulos de crédito a prazo, e nada mais racional do que cogitar-se de um ágio aplicável às várias formas de meios de pagamento. Mas invocar a própria falta de credibilidade para depreciar o que se deve, isso é puro e simples masoquismo econômico. E, ainda, fazê-lo quando se está pleiteando a entrada, no País, de recursos de fora, indispensáveis à retomada e manutenção do nosso desenvolvimento, isso nos relega a um mundo fantasmagórico, onde se perde toda lógica e toda oportunidade de recuperar o equilíbrio.

A essa objeção restritiva, vem-se acrescentando outra que visa estreitar a área das privatizações, ou seja, a de excluir as empresas consideradas *estratégicas*. Novamente defrontamos aqui com distinções que são imperativas e atitudes de discutível racionalidade.

Em si, cada empresa é um caso a ser avaliado, em face das circunstâncias de tempo e lugar. A questão que, na realidade, se disfarça sob o especioso epíteto de *indústrias estratégicas*, é a da regra geral adotada para julgar preferível um ou outro regime – o público ou o privado – nos empreendimentos econômicos. A preferência pelo regime privado é uma conseqüência do princípio da *subsidiariedade*: não deve o Estado fazer diretamente o que pode ser feito pelos indivíduos ou pelos grupos. O caráter privado deve ser a norma e a regra geral; a forma pública deve ser reservada a casos excepcionais, para suprir eventuais deficiências da iniciativa privada, se e enquanto essa situação persistir. Há razões práticas em apoio a esse princípio lógico. A experiência demonstra que a máquina do Estado é pesada, dispendiosa e sujeita a profundas infiltrações de favoritismo, nepotismo e fraude. Isso, vale registrar, pode também ocorrer – e ocorre – na iniciativa privada. Mas enquanto nesta a sanção inexorável dos prejuízos conseqüentes recai, financeira e doloridamente, sobre os administradores e acionistas, na empresa pública, a incompetência, a desídia e a própria malversação terminam sepultadas na indiferença com a qual a grande massa e os contribuintes ignoram os indefectíveis e artísticos relatórios que explicam serem os crônicos déficits, apenas aparentes, pois foram muito bem promovidas as *finalidades sociais*.

O ESTADO E A ECONOMIA
A REVOLUÇÃO DA VACINA

Os problemas econômicos do País – foi dito no tópico anterior – não se resumem à privatização das empresas estatais. Nem há, nessa privatização, uma tal prioridade que tudo o mais – ou quase tudo – se lhe deva condicionar ou subordinar. Não obstante, sem libertar o Estado da sobrecarga de funções alheias ao seu papel próprio, torna-se extremamente difícil devolver ao Poder Público grau satisfatório de eficiência e capacidade de enfrentar os desafios da nossa era.

Sendo assim, por que motivos os processos de privatização fazem surgir tantos opositores organizados, barulhentos e, por vezes, mancomunados e violentos? Em boa parte, tais manifestações expressam a defesa de interesses grupais ou corporativos que se aninham à sombra das empresas estatais. A esses interessados cumpre juntar os que são movidos por posturas ideológicas ou político-partidárias. E ainda a grande multidão dos desinformados, dos que não conseguem ultrapassar a superficialidade e os preconceitos, com os quais o assunto é tratado pelos agentes de comunicação. Unem-se, assim, *os que não querem* com *os que não sabem*, e avolumam a onda da *defesa das estatais*.

Por certo, há igualmente, entre os fautores da privatização, posições sectárias e preconceituosas. A privatização, como tudo em economia, não é um dogma leigo, definido e definitivo É medida a ser avaliada, em seus condicionamentos de tempo, lugar e modalidades de procedimento. Claro está que não seria intelectualmente honesto cercar a operação de tais requisitos que a impossibilitassem na prática, a pretexto de resguardar o patrimônio público. Como em toda inovação que altera situações criadas, há sempre riscos de insucesso a correr, custos sociais a administrar, abusos e acidentes a prevenir. Ignorar essas peculiaridades seria ilógico; contudo, exagerá-las e manipulá-las seria desleal. Há de haver serenidade e equilíbrio, na apreciação, se é que se pretende promover o bem comum, e não sacrificá-lo a preferências egotistas. Mas é incrível como a irracionalidade parece, em certas ocasiões, apoderar-se dos espíritos, arrastados por paixões dos mais diversos matizes.

Exemplo marcante do que foi dito têmo-lo em nossa História, nos primeiros anos deste século. Em sua primorosa biografia de Rodrigues Alves – obra em dois volumes e muita erudição e pesquisa –, Afonso Arinos de Mello Franco dedica um longo e impressionante capítulo à luta que aquele grande Presidente, apoiando inabalavelmente um médico quase desconhecido – Osvaldo Gonçalves Cruz –, sustentou para erradicar do País e, em especial, do Rio de Janeiro, três horrorosos flagelos que pareciam inamovíveis: a febre amarela, a peste bubônica e a varíola. Lúcido em suas intuições, estudioso das experiências feitas na Europa e nos Estados Unidos, mas acima de tudo obstinado e totalmente desprendido de ambições mesquinhas, Osvaldo Cruz foi um dos mais benfazejos homens públicos do Brasil, e, todavia, um dos mais atacados, injuriados e vilipendiados. Contra ele, ergueram-se médicos, juristas, militares, parlamentares, e as massas por eles doutrinadas e incitadas. E não se sabe o que mais admirar: se a obstinação heróica e quase suicida de Osvaldo Cruz, ou se a não menos heróica e também quase suicida atitude de seu sustentáculo, o Presidente Francisco de Paula Rodrigues Alves.

Na impossibilidade de reproduzir aqui, mesmo em resumo, o dramático capítulo de Afonso Arinos, valha um breve relato dessa hoje inimaginável – ou será que ainda hoje não é tão inverossímil? – *revolução da vacina*, de novembro de 1904. Após enfrentar, com sucesso, a febre amarela e a peste bubônica, Osvaldo Cruz – sempre apoiado em Rodrigues Alves – lançou-se em batalha contra a varíola.

Convencido da utilidade da vacina – cuja descoberta já era, então, velha de um século –, utilidade comprovada em países como a Alemanha, a Itália e a França, que haviam tornado a vacina obrigatória – o Governo patrocinou o Projeto de Lei n.º 8, do Senador alagoano Manoel José Duarte, apresentado a 29 de junho de 1904, adotando igual medida. No Senado, vozes eminentes se insurgiram contra o projeto, destacando-se o Senador Barata Ribeiro que, médico e professor de medicina, deixava de lado o aspecto científico do tema, e condenava veemente a proposição como atentatória à liberdade e à dignidade humanas. Apesar de tudo, a matéria foi aprovada, em 20 de julho de 1904, contra o voto de onze senadores, entre eles Pinheiro Machado, Joaquim Murtinho, Lauro Sodré e Barata Ribeiro. Por estar licenciado, em tratamento de saúde, o Senador Rui Barbosa – também contrário ao projeto – não se pronunciou.

Remetido à Câmara dos Deputados, foi o projeto ali violentamente combatido pelos Deputados Brício Filho, Alfredo Varela e Barbosa Lima, este último considerado um dos mais aguerridos e eloqüentes opositores de Rodrigues Alves. Finalmente aprovada e sancionada, a Lei da Vacina foi devidamente regulamentada, como previa a Constituição, e entrou em execução. Mas a que preço? O que era, até aquela altura, oposição legal, transformou-se em desordens planejadas e conspirações revolucionárias. Operários – sempre eles, explorados como massa de manobra – foram mobilizados pelo verbo inflamado dos inimigos da vacina, e a deposição e até o assassinato do Presidente foram tramados, para substituí-lo por uma Junta Governativa composta de Barbosa Lima, Alfredo Varela e Lauro Sodré. Durante quatro dias – de 11 a 14 de novembro de 1904 – o Rio de Janeiro ficou entregue às desordens e ao quebra-quebra, aprovados e promovidos pelos parlamentares defensores da *liberdade e dignidade humanas*. No dia 14 de novembro, teve afinal início o motim militar. O Senador

Lauro Sodré, o Deputado Alfredo Varela e o General Silvestre Travassos rebelaram a Escola Militar, então sediada na Praia Vermelha. A pouca distância dali, no Palácio do Catete, Rodrigues Alves se barricou para resistir aos insurretos e alinhavar – com precariedade de meios, mas denodo e tenacidade – a jugulação do movimento. Os revoltosos acabaram rendendo-se, após algumas escaramuças, nas quais resultou ferido mortalmente o General Travassos.

Olhando com olhos de hoje os eventos de 1904, fica-se estarrecido ante o que se diria o triunfo da *tirania da eloqüência* sobre a racionalidade dos planos de ação. Basta citar apenas alguns trechos das diatribes que os adversários da vacina dedicavam à tentativa de varrê-la de nossa terapêutica.

Rui Barbosa – ninguém menos que o grande Rui, que seria a *Águia de Haya* e o gênio tutelar de inúmeras ruas e praças pelo País afora – apesar de não haver votado o projeto da vacina, por estar doente e licenciado, reservou, para condenar a lei, pérolas como esta: *Assim como o direito veda ao poder humano invadir-nos a consciência, assim lhe veda transpor-nos a epiderme!*

E ainda: *Logo, não tem nome, na categoria dos crimes do poder, a temeridade, a violência, a tirania, a que ele se aventura, expondo-se voluntariamente, obstinadamente, a me envenenar, com a introdução, no meu sangue, de um vírus em cujas influências existem os mais fundados receios de que seja condutor da moléstia, ou da morte!* E depois de receber um caloroso *muito bem* de Barata Ribeiro: *O Estado mata, em nome da lei, os grandes criminosos. Mas não pode, em nome da Saúde Pública, impor o suicídio aos inocentes!*

Para Rui Barbosa, a lei da vacina era, pura e simplesmente, assassina! Não surpreende, assim, que outro grande orador da época – o Deputado Barbosa Lima – tachasse a mesma lei de *obscena e nauseabunda*!

Os tempos mudaram, mas nem tanto. Contra a privatização – às vezes com o estratagema de aceitá-la *em princípio*, e inviabilizá-la *na prática* – mobilizaram-se a eloqüência parlamentar, as passeatas de empregados, a OAB e outros nichos da nossa intelectualidade, as lideranças estudantis *progressistas* e as modernas corporações de ofício. Não se chegou à luta armada, é bem verdade, mas têm sobrado as ameaças e as agressões físicas. E atingiu-se o ridículo de, quase um lustro depois da queda do Muro de Berlim e da liquidação da U.R.S.S., promover ruidosas manifestações, com cartazes em russo – teria sido mais adequado redigi-los em chinês – contra Mikhail Gorbachev, ao qual não perdoam as *viúvas de Stalin e Mao-Tse-Tung*.

De seu túmulo, se ainda tivesse olhos, Osvaldo Cruz estaria hoje a esfregá-los, incrédulo e espantado, diante da nova revolução, desta vez contra a vacina da liberdade de iniciativa. E talvez à procura – queira Deus não seja em vão – não já de um Rodrigues Alves, pois isso seria querer demais, mas pelo menos de um sucessor que não engrosse o coro do obscurantismo estatizante e nos faça regredir aos sepultados tempos dos *guias geniais*.

8

Julho-Setembro
1993

VIDA ECONÔMICA
SEUS DOIS ASPECTOS

A VIDA ECONÔMICA, em sua evolução milenar, apresenta-se sob dois aspectos que é muito importante distinguir, quando se pretenda estudá-la com maior atenção. São dois aspectos distintos de um mesmo conjunto; são duas faces de um mesmo organismo. São, ainda, em última análise, duas óticas que o observador adota para melhor avaliar o funcionamento de um mecanismo cujas peças não operam de forma independente, mas, ao revés, interagem e se engrenam, colimando um comum resultado.

O primeiro desses aspectos é o que se poderia denominar de *real*, ou físico, ou material. Ao segundo aspecto, pode-se dar o nome de *representativo*, ou documental, ou contábil. Tentemos, agora, trocar isso em miúdos.

Sob o seu aspecto *real*, a vida econômica se nos apresenta como um emaranhado de equipamentos e operações que constituem o nosso conhecido sistema quadripartido de produção, circulação, distribuição e consumo dos bens, com máquinas, instalações e utensílios de todo tipo, que mobilizam materiais e fontes energéticas de vária procedência, empenhando inúmeras pessoas, quer isolada, quer associadamente. É, enfim, a agricultura, a indústria, o comércio e as atividades de serviço, em que vivemos e de que vivemos todos.

A esse aspecto *real* corresponde um aspecto *representativo*, situado nas relações pessoais, resultantes das posições ocupadas pelos que participam do processo econômico-social. Tais relações têm seu fundamento em institutos jurídicos imemoriais – notadamente a propriedade, os contratos e a moeda – que, ao longo dos séculos, passaram por grandes transformações, e cuja evolução e sofisticação têm sido contínuas e se acentuaram muitíssimo nos tempos modernos.

Veja-se, por exemplo, o que ocorre com um grande empreendimento industrial, em nossos dias. Há nele um aspecto *real*, que são seus característicos físicos e materiais, correspondentes às edificações, ao maquinário, aos produtos em elaboração ou estocados. A isso, deve-se acrescentar os operários e administradores em função, os multiformes recursos tecnológicos mobilizados, enfim tudo quanto concorre para a produção de bens a que a empresa se dedica.

A todo esse acervo, entretanto, se justapõe um aspecto *representativo*, ou seja, um conjunto de relações pessoais, traduzidas em direitos e procedimentos, regulados por normas, geralmente nascidas de usos e costumes e, a seguir, cada vez mais regidas por legislação formal e positiva.

No caso da empresa à qual se aludiu, provável será que esse aspecto *representativo* inclua a sociedade anônima sua proprietária, os contratos de trabalho com seus empregados, os ajustes multiformes com seus fornecedores e compradores, suas obrigações fiscais, e assim por diante. Vale mencionar, ainda e com destaque, suas posições financeiras, expressas em moeda, seja como credora, seja como devedora. É possível e mesmo habitual dar significado a esse aspecto *representativo*, em documentos e registros de contabilidade que, com maior ou menor fidelidade, são a imagem escrita do empreendimento.

A distinção entre o aspecto *real* e o aspecto *representativo* da vida econômica é bem mais relevante do que possa parecer, à primeira vista. A rigor, o que interessa à coletividade é a economia *real*. Para argumentar, suponhamos que, em determinado país, desaparecesse toda a documentação e contabilidade representativa de seu parque produtivo e de suas operações comerciais, e até mesmo a própria moeda. Tal hipótese não é tão absurda assim. Ela se tem verificado, em escala considerável, com a destruição causada por grandes conflitos bélicos, como ocorreu com as duas Guerras Mundiais de 1914 – 1918 e 1939 – 1945. Foi sempre possível, então, reconstruir a vida econômica, contando com as terras e as fábricas que tinham escapado à destruição, e com o trabalho dos sobreviventes da catástrofe, notadamente quando qualificados e operosos, como no caso dos países europeus e do Japão.

Claro está não ser indiferente à coletividade o aniquilamento do aspecto *representativo* da vida econômica. É que nesta, como foi mencionado linhas atrás, a economia *real* e a economia *representativa* se entrelaçam e interagem. Em conseqüência, o que sucede na economia *real* repercute, em contrapartida, na economia *representativa* e vice-versa, estimulando-as, deprimindo-as, ou mantendo-as estáveis, em sintonia. Assim, na empresa à qual se vem fazendo referência, a eventual expansão de seus equipamentos ocasionará, via de regra, a valorização das ações da respectiva sociedade anônima e induzirá novos acionistas a subscreverem capital. Por outra parte, um dissídio trabalhista, com a perspectiva de greve prolongada, tem efeito contrário. A *realidade* e a sua *representação* se coordenam e intercomunicam.

ECONOMIA REPRESENTATIVA
O ENDIVIDAMENTO

A colocação do tema, feita no tópico anterior, permite-nos agora uma visão mais nítida da questão do endividamento e, mais especificamente, a da dívida pública.

O endividamento é, basicamente, um fenômeno creditício, que tem um fundamento psicológico: o da confiança recíproca. O fato de a operação receber garantias adicionais – que reforçam e sancionam a palavra empenhada – não lhe retira o alicerce da confiabilidade: na medida em que esta enfraquece, o crédito se esvai.

Na troca de bens econômicos, o escambo primitivo dispensava o crédito. Cada permutante entregava bens de determinado valor e recebia, por sua vez, bens equivalentes, uns e outros de uso mais ou menos imediato. Com a introdução de instrumentos monetários – e, em especial, com a evolução destes para formas mais refinadas, como a prata e o ouro, as moedas de papel e fiduciárias, e em nossos tempos os registros eletrônicos – avultou o componente psicológico da confiança. O vendedor deverá confiar em que o signo monetário recebido conservará, por um tempo razoável, sua aceitação geral, ou seja, seu *poder aquisitivo*; e, em transações comerciais mais elaboradas, confiar nos substitutos da moeda em espécie, desde o fio de barba de nossos bisavós, passando pela letra de câmbio, e os títulos pignoratícios e hipotecários, até os computadores deste final de milênio.

Mas, por que razões as pessoas se endividam? Evidentemente, para adquirirem bens, hoje, mediante a promessa de reembolsar os credores em determinado amanhã. Voltando aos termos empregados no tópico anterior, poder-se-ia dizer que temos, no caso, uma operação no contexto da economia *real* – a entrega de bens pelo credor ao devedor – à qual corresponde uma obrigação assumida no âmbito da economia *representativa*.

Esta última observação reveste especial relevância, quando se considera que se, eventualmente e por qualquer motivo, vier a anular-se o ocorrido na economia *representativa*, nada de físico ou sensível ocorreria na economia *real*, ou seja, nos recursos materiais e operacionais dos quais dispõe, naquele momento, a coletividade onde os citados recursos estão inseridos. Vejamos um exemplo histórico.

Quando o regime comunista foi instaurado na Rússia, os governantes da nascente União Soviética repudiaram a dívida externa. Esse fato, de per si, em nada alterou a economia soviética em seu aspecto *real*. As estradas, os portos, as fábricas, tudo quanto, por hipótese, fora construído com financiamento externo, ficou no mesmo lugar, o que foi considerado, por Lenine e seus seguidores em todo o mundo – e dos quais há ainda bom número de sobreviventes e imitadores em nosso País – uma notável vitória do proletariado. Não se agride, porém, impunemente e com tal violência, a tessitura da economia *representativa*. O resultado foi o isolamento da União Soviética em relação à vida econômica internacional, e o confinamento de sua economia *real* nos limites dos recursos internos. Do conseqüente e quase secular atraso e obsoletismo, o desmoronado Império Moscovita está ainda hoje longe de se desvencilhar.

Não são, porém, apenas os choques radicais na economia *representativa* – como no episódio do total repúdio da dívida externa pela União Soviética – que desfecham seqüelas na economia *real*. Tornamos a repetir que, na verdade, tudo quanto sucede num dos aspectos da vida econômica repercute no outro, favorável ou desfavoravelmente, embora por vezes com alguma defasagem no tempo. Com efeito, no tocante ao relacionamento da vida econômica de um país com a do exterior – para ficarmos apenas neste campo –, procedimentos bem menos espetaculares que o repúdio da dívida externa podem exercer forte influência na economia *real*. Destaca-se, neste setor, a importância do ambiente que – pela ação dos formadores da opinião pública, pela legislação vigente e pelas práticas adotadas para dar-lhe execução – vier a estabelecer-se quanto às transações internacionais. Num clima contaminado por manifestações hostis aos investimentos estrangeiros, ou inçado de dificuldades opostas por medidas restritivas, não se pode esperar que afluam capitais forâneos, e novos empreendimentos venham ampliar a capacidade produtiva e, com ela, os níveis de consumo e bem-estar.

Acontece, contudo, que a tendência a manipular a economia *representativa* – com o intuito de obter vantagens imediatas e gratuitas, sem repercussões adversas na economia *real* – responde por muitas políticas malsucedidas e contraproducentes. Exemplos dessa espécie ocorrem quando se desconhecem leis naturais, como a da oferta e procura e a dos custos de produção.

Não é o que se verifica, *v.g.*, com as tentativas de impedir a elevação dos preços, sem contra-restar a expansão desordenada do poder nominal de compra? Recorre-se a tabelamentos e congelamentos irracionais, na ilusão de bloquear, na economia *representativa*, onde se inserem os preços, os reflexos de distorções e insuficiências da economia *real*. Se a produção é escassa em relação aos níveis de consumo que se intenta manter, as medidas cosméticas, na economia *representativa*, podem tão só maquilar a realidade, por algum tempo, mas não irão além disso, e muito provavelmente agravarão o mal que se pretende extirpar. Os retoques fotográficos mudam o retrato, não o retratado.

O endividamento é fenômeno da economia *representativa*. Mas pretender isolá-lo da economia *real*, engendrando modos solertes para escamotear medidas indispensáveis, mas penosas e impopulares, é um jogo perigoso. E quase sempre, como declama o desventurado Canio, na bonita ópera de Leoncavallo, *é meglio non giocarlo*.

E assim chegamos ao problema que é, sem dúvida, um dos maiores obstáculos a vencer em nosso combate à inflação: o endividamento público interno.

DÍVIDA PÚBLICA ALGUNS DADOS

Há, na dívida pública, dois ramos, o externo e o interno, que partem de um só galho: o déficit.

Na dívida externa, o déficit originador é o do *balanço de contas*, cujo saldo é a diferença entre os recursos monetários recebidos do exterior – por exportações realizadas, empréstimos contraídos, créditos cobrados, etc. – e os pagamentos feitos, também ao estrangeiro, por importações, empréstimos concedidos, amortizações e juros de débitos e semelhantes. Quando o montante que o país recebe é menor do que assume a obrigação de pagar, a diferença constitui ou acresce a dívida externa. Parte dessa dívida é de responsabilidade direta dos Governos Federal, Estaduais e Municipais. Outra parte é de empresas, estatais ou não. Entretanto, como quase todas essas empresas e mais os Estados e os Municípios têm suas operações com o exterior avalizadas ou encampadas pelo Governo Federal, na prática torna-se este o único devedor.

A dívida interna, da qual se tratará aqui, é a pública – da União, dos Estados e dos Municípios – e não inclui a das empresas privadas, salvo quando, por qualquer motivo, forem assumidas pelos Poderes Públicos. Também, neste caso, a origem da dívida reside no acúmulo de déficits, ou seja, a diferença entre a Receita arrecadada e a Despesa autorizada. Aqui, também, quando os Estados e Municípios se revelam insolventes, suas dívidas acabam, no fim das contas, onerando a União.

Na última década, a dívida externa foi a principal preocupação financeira das nossas Autoridades Monetárias. Para melhor situar esta questão, cumpre assinalar que, a partir da segunda metade dos anos 60 e até 1980, viveu o Brasil um dos melhores períodos de sua história econômica, do que é testemunho o fato de seu Produto Nacional Bruto registrar, ano após ano, índices expressivos. Tais índices seguidamente ultrapassaram os 10% – o de 1973 chegou a 14% – caracterizando o *milagre econômico*, que os críticos da época se esforçaram por desmerecer, mas que hoje se recorda com maior equanimidade.

Para tais êxitos, muito contribuiu, é certo, o curso favorável da economia mundial, e o acesso a recursos financeiros internacionais, que ingressaram no País notadamente sob a forma de empréstimos. Em conseqüência, a nossa dívida externa cresceu bastante, mas vinha até então sendo administrada, no ambiente de relativa confiança que prevalecia nas finanças mundiais. Naquelas circunstâncias, contrair dívidas era o preço de *importar poupança*, ou seja, de utilizar, na economia nacional, recursos poupados por outros países.

A partir de 1982, porém, a situação financeira internacional mudou bruscamente, e para isso muito contribuíram as dificuldades experimentadas por países que tinham, em suas jazidas petrolíferas, a galinha dos ovos de ouro, e que foram profundamente atingidos pela baixa nos preços do petróleo. A crise culminou com a insolvência do México, e os mercados financeiros internacionais praticamente se fecharam para os países em desenvolvimento. Seguiram-se anos nos quais a *dívida externa* passou a pesar fortemente sobre as economias desses países. Somente agora, após longas e complicadas negociações, novos horizontes se desenham, ainda em meio à névoa de uma precária convalescença.

Desse torvelinho, o Brasil não escapou, nem poderia ter escapado. Curtimos e estamos curtindo nossa quota de tropeços e de esforços, nem sempre bem conduzidos, para recompor um quadro no qual o mecanismo do crédito externo funcione com alguma efetividade.

No referente ao crédito público interno, muito pouco foi ele acionado, em tempos anteriores aos anos setenta. Devia-se isso, em boa parte, à falta de instituições e procedimentos financeiros que dessem liquidez aos títulos públicos. Devia-se, ainda, à endemia inflacionária que desvalorizava – e cada vez mais rapidamente – as apólices da Dívida Pública, que era prejuízo certo adquirir.

Com a lei da reforma bancária de 1965, a criação do Banco Central e outros diplomas legais, regulando as operações financeiras, formou-se um mercado para as ORTN – Obrigações Reajustáveis do Tesouro Nacional, protegidas contra a inflação pela correção monetária.

Na década de setenta, o mercado financeiro cresceu em vulto e organização. O Tesouro Nacional e o Banco Central passaram a emitir outros títulos, além das ORTN: o Tesouro para financiar déficits, e o Banco para regular os meios de pagamento. Tais títulos eram adquiridos pelos Bancos como reservas de segunda linha, de vez que, afora serem rentáveis, podiam ser utilizados como lastro em operações de curto prazo, tais as de *overnight*, para atender necessidades de caixa.

Em conseqüência, a dívida interna federal mobiliária, inexistente na prática antes da reforma bancária, já em 1970 passou a representar cerca de 6% do valor do Produto Interno Bruto – PIB, cifra que atingiu os 20% em 1984, mantendo-se nesse nível até 1989, quando culminou, beirando os 100 bilhões de dólares e 24% do PIB. Declinou a seguir em 1990 e, em 1991, baixou até US$ 56 bilhões e 13% do PIB (Banco Central – Relatório de1991, pág. 71).

A esta altura de 1993, os dados numéricos oficiais publicados não primam pela transparência e atualização. A julgar pelos comentários da imprensa especializada – presumivelmente com maior acesso às fontes de informação – as posições da dívida líquida federal se encontram relativamente estabilizadas nas cifras de 1992, em termos reais. Desse modo a dívida interna andaria pelos 55 bilhões de dólares e a dívida externa pelos 90 bilhões.

Por que motivos, entretanto, a dívida interna – sendo praticamente a metade da dívida externa – preocupa mais do que esta? O problema reside no que se denomina o *perfil* das duas dívidas. A dívida externa, apesar do seu vulto maior, tem, com o êxito esperado das negociações em curso entre o País e os seus credores, *perfil* bem mais favorável, ou seja, prazos de pagamento mais longos e amortizações melhor distribuídas. Em contraposição, a dívida interna tem prazos muito curtos e deve ser *rolada* – isto é, paga e renovada – na prática, diariamente.

Já se assinalou neste espaço – notadamente em o n.º 47, outubro-dezembro-1989, de *Cultura e Fé* – que o maior problema da dívida pública brasileira não está no vulto do seu montante, e sim no seu *perfil*. Em comparação com a de muitos outros países – neles incluídos os Estados Unidos e os países europeus –, a nossa dívida global é relativamente modesta, se expressa em percentagens do nosso Produto Interno Bruto. Mas seus prazos muito curtos – mais especificamente os da dívida interna – tornam seu manejo excessivamente difícil e oneroso.

A dívida de um país ou de grandes empresas – vale relembrar aqui – é, em geral, mais conveniente *administrá-la* do que *liquidá-la*. Tal dívida – é sempre oportuno acentuar – corresponde a recursos poupados por outrem e utilizados pelo devedor. Para pagá-la, o devedor, se dispuser de recursos, deve entregá-los ao credor, em pagamento de seus débitos. Não será melhor, porém, ficar devendo – se o credor consentir, é claro – e aplicar os recursos disponíveis, seja em investimentos úteis e até necessários, no caso de um país, seja na expansão e aperfeiçoamento do parque produtivo, no caso de uma empresa? A pontualidade nos pagamentos é importante, não só por uma questão de justiça, mas ainda para proteger um item precioso do ativo nacional e mercantil: a credibilidade. Ressalvada esta, entretanto, manter ou não uma dívida é uma opção de conveniência que pode interessar tanto ao devedor como ao próprio credor.

O endividamento é fenômeno que se insere no aspecto *representativo* da vida econômica. E tem, como tudo quanto diz respeito a esse aspecto, repercussões da maior relevância na economia *real*. Convém, por isso, para encerrar por ora este tema, dedicar-lhe mais algumas considerações.

DÍVIDA INTERNA SUA ADMINISTRAÇÃO

Ter dívidas não é bonito nem feio: tudo depende da origem, da finalidade e do manejo dessas dívidas. Tampouco é sinal de pobreza. Há pobres que nada devem, porque ninguém lhes fia. E há ricos que devem muito, e com isso ainda aumentam sua riqueza. O crédito – que não é, em si, fator de produção – atua, não obstante e intensamente, no sentido de dinamizar todo o processo econômico. Por ser elemento da economia *representativa*, presta-se o crédito, e muito, a inúmeros artifícios que freqüentemente lhe distorcem a função, com graves e prejudiciais repercussões na economia *real*.

Vale ter presente, nesta altura, que os próprios serviços são efetuados e usufruídos na economia *real*. Os benefícios da economia *real*, entretanto, são encaminhados aos beneficiários por convenções – atos e contratos –, que se passam na economia *representativa*. É possível, assim, obter vantagens na economia *representativa*, sem que, na economia *real*, se realizem operações aptas a justificar e dar cobertura àquelas vantagens.

Os jogos de azar são exemplo disso. Neles, os ganhos dos jogadores são obtidos sem que, para tanto, contribuam eles com algo útil ou valioso em termos de economia real. Tudo se passa na economia *representativa*, onde o perdedor transfere o poder de compra que possui ao ganhador. O mal, no caso, não está nessa transferência em si, mas na sua motivação. Transferência de poder de compra – que se processa na economia *representativa* – ocorre também no caso de doações voluntárias, e igualmente sem motivação na economia *real*. Nessa hipótese, o que se deve avaliar é se a motivação referente à economia *representativa* é, ou não, socialmente útil ou pelo menos neutra, e que tipo de repercussões tem na economia *real*. Sob esse ângulo, uma loteria com fins beneficentes, por exemplo, é muito diferente de um cassino; e uma doação dos pais aos seus filhos, algo bem diverso do pagamento de uma propina para encobrir fraudes.

Raciocínio semelhante pode ser desenvolvido, no que diz respeito às operações de Bolsa, que são feitas mediante troca de papéis. São mudanças registradas no âmbito da economia *representativa*, e aparentemente nada alteram na economia *real*. Novamente temos aqui operações que devem ser avaliadas pela sua *motivação*. Elas – as operações de Bolsa –, quase todas, têm a justificá-las o fato de conferirem liquidez a títulos comerciais, liquidez que possibilita e muito facilita a circulação de bens, quando mantida em grau adequado, e sem a qual a vida econômica perde dimensão e dinamismo.

Condenar tal prática por envolver *especulação* é confundir o uso com o abuso. O que o *especulador* faz, legítima e utilmente, é identificar diferenças nos valores atribuídos aos bens – por convir a uns adquiri-los e a outros vendê-los – e realizar lucros, vendendo aos que querem comprar e comprando dos que querem vender. Assim procedendo, contribui ele para harmonizar as cotações e alimentar o impulso do mecanismo do mercado, o que faz com que, na economia *real*, os bens se encaminhem dos setores onde relativamente sobram para aqueles onde relativamente faltam.

Vale aqui a observação, feita anteriormente, de que os defeitos de motivação privam o processo de sua legitimidade, além de prejudicar – e, por vezes, gravemente – o funcionamento da economia *real*. É o que acontece, por exemplo, na esfera das Bolsas, com as manobras baseadas em informações privilegiadas, ou promovidas pela procura ou pela oferta, artificiosamente engendradas.

No que tange ao endividamento, é grande a tentação de, até mesmo com bons propósitos, alterar as normas dos contratos, como sucede na decretação de moratórias e confiscos, ou no exagerado emprego do crédito sem cobertura de adequada poupança voluntária.

Aplicando à nossa Dívida Pública Interna o que linhas atrás foi dito, notaremos haver amplo descompasso, entre o prazo necessário ao seu eventual pagamento e o prazo durante o qual os detentores da poupança que lhe dá cobertura, se comprometem a esperar para serem ressarcidos de seu desembolso. Tal dívida, de prazo muito curto, só poderá ser amortizada com superávits nas operações financeiras *globais* do Governo. Acentue-se o adjetivo *globais*, pois, embora o Tesouro Nacional talvez registre superávits em suas contas propriamente orçamentárias, tal posição pode acabar transformando-se em déficit global pelos prejuízos das empresas estatais e pelas pressões no sentido da expansão do crédito sem cobertura de poupança.

Persistindo o déficit global, apenas resta às Autoridades Monetárias recorrer a vultosas emissões de moeda, ou então *calotear* os credores, descumprindo o pactuado. Medidas ambas de graves conseqüências. As emissões aceleram a inflação, e a frustração dos surpreendidos pelo congelamento e até pela perda do que esperavam receber no vencimento estipulado compromete, quando não destrói, a receptividade dos títulos de crédito público. Seria irrealismo imaginar que um Governo, seja ele qual for, possa escapar, hoje ou amanhã, de uma ou de outra dessas alternativas que, aliás e periodicamente, nosso País tem conhecido por experiência, com seus danosos efeitos colaterais.

Há soluções viáveis, porém, para o problema do endividamento público interno? A única solução, possível e mesmo imperativa, é a de *administrá-lo*, ou seja, conviver com ele e com seus atravancamentos e inconvenientes, mas fazendo o que estiver ao alcance para ordenar-lhe o fluxo, desde a emissão dos respectivos títulos até seu pagamento ou renovação. Zerar o endividamento, ainda que houvesse a possibilidade de fazê-lo, não seria, muito provavelmente, vantajoso para a vida econômica e social. Pois isso exigiria criar superávits e destiná-los ao pagamento da dívida, quando mais recomendável seria manter a dívida em condições favoráveis e aplicar os recursos disponíveis nas funções próprias do Estado e que estão sendo tão mal atendidas, como a segurança, a educação e a saúde públicas.

A manutenção da dívida em condições favoráveis, a que se aludiu, requer necessariamente o alongamento de seus prazos e a redução de seus juros. A adoção de tais medidas – por ato unilateral do Poder Público, de forma clara, em alguns casos, e maquilada, em outros – tem acarretado, em nossa atribulada história financeira, variadas conseqüências. Em geral, os primeiros resultados corresponderam à expectativa, e as insatisfações e protestos dos credores foram absorvidos, embora com algum rescaldo. Rapidamente, porém, a situação voltou a deteriorar-se, e as brechas abertas na credibilidade dos títulos públicos de crédito tornaram mais difícil a colocação de novos papéis.

Na verdade, o alongamento dos prazos e a redução dos juros, por decisão unilateral das Autoridades Monetárias, podem fazer e têm feito parte dos planos de tratamento de *choque*. Sucede, porém, que tais planos – que devem incluir, logicamente, a eliminação dos déficits e a criação de superávits – nunca são cumpridos, pelos obstáculos políticos opostos aos cortes das despesas e ao aumento da arrecadação, sem o que não haverá equilíbrio e, muito menos, superávits nas contas públicas.

É de vital importância deixar claro, nesta altura, que o superávit é indispensável para administrar razoavelmente o endividamento, quer se embarque em choques heterodoxos, quer se proceda, como é certamente mais aconselhável, de forma gradualista, sem afrontar os credores com imposições autoritárias. Correto seria tentar o alongamento dos prazos e a redução dos juros, oferecendo aos portadores de títulos da Dívida Pública, a opção entre o reembolso nos vencimentos, ou a tomada de novos títulos, com prazos maiores e juros menores.

Para tanto, deverão as Autoridades Monetárias dispor, a par de hábeis *marketing* e *timing*, de recursos provenientes de poupanças voluntárias: em última análise, de superávits. Pois somente assim será possível reduzir a pressão de procura que os Poderes Públicos exercem, quando buscam colocar, no mercado, seus títulos de crédito para financiar o excesso de despesas sobre a arrecadação.

Para colocar tais papéis, devem aquelas Autoridades oferecer juros capazes de atrair tomadores, juros cujas taxas crescem com os déficits e com a conseqüente procura de financiamento, daí resultando a elevação de todas as taxas de juros do mercado, com inevitáveis efeitos recessivos. Lógico seria, portanto, que os portadores de cartazes clamando *Abaixo a Recessão* portassem também outros com os dísticos: *Abaixo as Despesas* e *Viva a Arrecadação*. Mas não o fazem, porque há verdades que não rendem votos: antes, os tiram.

Que perspectivas nos reserva o futuro próximo? Temos pela frente um Orçamento Geral da União altamente deficitário para 1994; as privatizações – das quais podem advir os meios de pagamentos e outras formas de redução da dívida, e mais a eliminação da responsabilidade do Tesouro por futuros déficits das empresas estatais vendidas – se arrastam a passos lentos e trôpegos. Em resumo: as despesas crescem com velocidade maior que a da arrecadação, e as tentativas de melhorar a receita são, em grande parte, anuladas mediante recursos ao Judiciário, que está cada vez mais inclinado a governar *por sentença*.

Nem tudo, porém, aponta para o desânimo. O atual Ministro da Economia – o quarto em seis meses – vem demonstrando bom senso, firmeza e coerência. Identifica também – o Senador Fernando Henrique Cardoso – no déficit público global, o maior fator da diátese inflacionária.

Criou-se, ainda recentemente, grande expectativa em torno do que foi anunciado como a abertura da *caixa preta* do Banco Central. Dizia-se que a providência traria consigo uma considerável redução da Dívida Pública Interna. O que houve, na realidade, foi uma operação plástica contábil para eliminar um artifício – e aí reside a procedência da medida – pelo qual era contornada a vedação constitucional de o Banco Central financiar Governos.

Com efeito, quando o Tesouro lançava seus títulos no mercado, para atender às suas necessidades de caixa, os títulos que não encontravam colocação eram tomados pelo Banco Central. Os juros relativos a estes títulos eram pagos pelo Tesouro ao Banco Central, constituindo receitas deste. Como o Banco Central pertence inteiramente à União, quando o Banco transferia seus lucros ao Tesouro, estes eram escriturados como receita deste.

Esse passe de mágica não era, entretanto, tão inócuo quanto se pode pensar. Pois ele permitia ao Governo dar aparente cobertura a dispêndios que ultrapassavam a arrecadação, e tudo acabava no samba doido das emissões.

De positivo, no sucedido, esperemos que resulte maior transparência nas contas públicas e a dissipação da névoa pela qual se encobre o que se passa na economia *real* com ilusionismos na economia *representativa*.

DOLARIZAÇÃO
COM QUEIMA DE NAVIOS?

Neste primeiro semestre de 1993, tem-se falado muito em *dolarização* da nossa economia, no que seguiríamos o exemplo da Argentina que, com o Plano Domingo Cavallo, ostenta hoje uma estabilidade monetária de Primeiro Mundo. Em círculos mais especializados, fala-se também numa *âncora cambial*, não havendo, por ora, um conceito firmado sobre o que isso significa.

Para melhor examinar a questão que essas manifestações envolvem, relembremos que a moeda desempenha, na vida econômica, uma tríplice função:

I. a de instrumento de troca: é o *tertium permutationis*;
II. a de reserva de poder aquisitivo: é o dinheiro guardado em baixo do colchão, de venerável memória;
III. a de padrão de valor, isto é, termo de referência para os valores que nele se expressam e que são os preços.

Na inflação desbragada, como a nossa, a moeda cumpre – apenas e mal – a primeira das funções citadas; as outras duas se esboroam no torvelinho dos preços enlouquecidos. A correção monetária – essa instituição nacional – resgata, em parte, a função de reserva nas transações financeiras. Entretanto, é bem menos efetiva no que diz respeito à função de medida de valor.

O grande mal da inflação não reside – volte-se a acentuar – nos preços altos, e sim nos preços *desalinhados*. Se os preços – todos os preços, incluídos os dos bens e serviços, e as remunerações, tais os salários e aluguéis – subissem ou baixassem, simultaneamente e na mesma proporção, nenhum abalo sofreria a vida econômica, e tudo não passaria de um acidente contabilístico. Algo semelhante ao que ocorreu com o recente corte dos três zeros do cruzeiro para o cruzeiro real. A relação entre os preços permaneceria a mesma, e o mesmo também se manteria o poder aquisitivo real dos diversos setores da população. Na desordem inflacionária, porém, essa relação se desalinha; uns preços sobem mais rapidamente do que outros, e os valores perdem seu marco referencial. Ninguém mais sabe direito o que é barato ou caro e todos ficam mais zonzos do que cego em tiroteio.

Não seria o caso, então, de se adotar a correção monetária, geral e imediata, como solução para o problema? Foi essa a idéia que serviu de base e argumento para o projeto de lei – que chegou a ser votado pela Câmara dos Deputados – estabelecendo o reajustamento mensal dos salários em cem por cento dos índices da inflação. Por brilhante que pareça, pela sua simplicidade, tal solução esbarra em várias impossibilidades práticas e perversos efeitos contraproducentes.

Em primeiro lugar, não há como obter a proporcionalidade desejada entre os preços relativos. A proporcionalidade – que se intenta recompor, entre os salários e os preços dos produtos a serem adquiridos por meio deles – encontra tais preços em barafunda: uns subiram mais do que outros, e os que não subiram forcejam por fazê-lo e vencer a defasagem. Necessário seria, então, para assegurar o êxito da medida, disciplinar os preços rebeldes. Mas estes não são um bando de recrutas, treinados em ordem unida, enfileirados e obedientes à voz do sargento que lhes grita *ordinário, marche*, e os vê deslocarem-se garbosos, de cabeça erguida e a passo certo. Mister se faria, então, complementar a lei salarial com o tabelamento e preparar-se para a visão das prateleiras vazias do desabastecimento, de recente e infausta memória.

Além disso, o reajustamento, mais freqüente e por imposição legal, dos salários, daria aos comerciantes a certeza de que seus aumentos de preços encontrariam sempre assalariados munidos de um poder nominal de compra que os habilitaria a pagá-los sem oferecer a resistência que seria de esperar, se os salários nominalmente subissem menos. Ora, não é preciso ser doutor em psicologia para deduzir quão estimulante tudo isso seria para acelerar a remarcação dos preços. Teríamos então uma espiral, com os salários correndo atrás dos preços, no rumo da hiperinflação. Isso, sem falar na situação de insolvência que se criaria para os Governos da União, dos Estados e dos Municípios, em face das repercussões que essa *escala móvel* acarretaria em suas despesas de pessoal e na Previdência Social.

Pois foi esse projeto de lei que a nossa Câmara dos Deputados aprovou por unanimidade, com duas únicas exceções, uma delas a do antigo Ministro da Fazenda, Gustavo Krause que, pelo jeito, não se esqueceu de como funcionam as coisas, do outro lado do balcão. No velho apólogo, apenas um menino se atreveu a proclamar que o rei estava sem roupa. Nesta versão moderna, foram dois os personagens que não acompanharam o coro dos aplaudentes.

Fórmula diferente – embora não isenta de percalços – foi sugerida pelo Deputado Delfim Netto. Nessa fórmula, o reajustamento salarial far-se-ia, não pelos *picos* dos índices inflacionários – atingidos no fim de cada mês – mas pela *média*, bimestral ou trimestral, de tais índices. O reajuste pela média não atalha, é claro, o processo inflacionário, porém restabelece, quanto ao poder aquisitivo real do salário, certa estabilidade, eliminando em boa parte a gangorra dos altos e baixos e substituindo a sucessão de *flashes* e sombras pela luz menos feérica e mais sustentada da modéstia do salário real. O que intriga em todo esse episódio – diga-se de passagem, nesta altura – é o método adotado pelo nosso talentoso e polêmico poliministro Delfim Netto – Fazenda, Planejamento, Agricultura, salvo erro ou omissão – para promover sua idéia, ou seja, votando e levando o seu Partido a votar no projeto da *escala móvel*, cujos efeitos hiperinflacionários todos reconhecem em particular, e alguns se abalançam a negar em público, na caça a eventuais eleitores. Disse textualmente o ilustre economista, em artigo no qual distribuí algumas de suas jocosas *delfinetadas*: *O absurdo é que foi necessário aprovar o projeto inexeqüível* (sic) *do Partido dos Trabalhadores (que prevê a correção monetária mensal plena e aumento real de 3% ao mês) para que enfim ficasse evidente a mentira salarial imposta aos trabalhadores.*

Ora, isso lembra a argúcia do parlamentar gaulês que, certa feita, com um único discurso, conseguiu *tuer l'impôt sur le revenu, en ayant l'air de le défendre*. Ou, ainda, os mestres da velha Esparta que, para demonstrar aos alunos os malefícios da bebida, embriagavam escravos e os exibiam, com suas maluquices de bêbados.

Na campanha gaúcha, corre a história do peão que era um gênio em contar ovelhas. Olhava-as, em disparada e aos magotes, e não errava uma só cabeça. E, perguntado como fazia para realizar tal façanha, respondia mansamente: *É fácil, eu conto as patas e divido por quatro.* A nós outros, menos dotados que os especialistas em manobras matemáticas, só resta mesmo quedarmo-nos a matutar em como é complicado *to do the right thing by the wrong way*: fazer a coisa certa, de maneira errada.

Voltando ao tema da dolarização, cumpre desde logo distinguir dois sentidos que se podem dar a essa expressão, ou seja:

I. utilizar o dólar como referencial de valor;
II. ligar o cruzeiro ao dólar, tornando-os efetivamente permutáveis por uma taxa de câmbio fixa.

Como referencial de valor, o dólar já vem sendo largamente empregado no País. E não são apenas os turistas estrangeiros e os que com eles negociam, a fazê-lo. Fala-se em dólar hoje, para estabelecer o preço de um imóvel, de uma locação, de um automóvel, de uma diária de hotel, e de um número crescente de bens e serviços. Nem sempre se usa a moeda americana – as conhecidas verdinhas – para pagar ou receber o preço do que se compra e vende; geralmente, mesmo quando o preço é fixado em dólar, a operação é liquidada em cruzeiros, pelo câmbio comercial ou paralelo. O dólar funciona, no caso, como mais um índice de correção monetária, uma espécie de UFIR – que muitos nem sequer conhecem – de compreensão bem mais fácil e de aplicação mais simples. São os usos e costumes que a inflação gera e que, até agora e felizmente, ninguém se lembrou de regulamentar e atrapalhar, por lei ou decreto.

Coisa diferente é a dolarização, entendida como sistema no qual a moeda nacional, o cruzeiro real, pode ser, livre e efetivamente, convertida em dólares, a uma taxa fixa de câmbio. Na prática isso exige que um órgão oficial – o Banco Central, por exemplo – se obrigue a trocar dólares por cruzeiros reais, ou vice-versa, a uma taxa cambial constante.

Ora, isso somente é factível, se a inflação for reduzida a zero ou a índices muito baixos. Se a inflação persistir e os órgãos oficiais perseverarem em vender dólar – cujo poder de compra se mantém estável – pela mesma soma de cruzeiros que compram cada vez menor quantidade de bens, rapidamente a procura de dólares esgotará as reservas daqueles órgãos e os incapacitará de continuar a vendê-los pelo mesmo preço.

Não é a dolarização – no sentido de eqüivalência entre o dólar e a moeda nacional – o que elimina a inflação; ao revés, a inflação impossibilita a dolarização. Mas como se explica o caso argentino? Na Argentina, a dolarização foi medida tomada, simultaneamente com providências drásticas para eliminar e reverter a grande e básica causa da inflação: o déficit público. A dolarização foi, pode-se dizer, uma aposta. O Governo apostou que o déficit público seria eliminado e revertido. Como garantia, comprometeu-se a pagar um dólar para cada peso que recebesse. Ganhou a aposta, por ora, mas já se pode prever que alguns ajustes devam ser feitos no plano, rígido demais para resistir incólume aos embates que tem enfrentado e terá de enfrentar. Algo semelhante – guardadas as distâncias – foi o Plano Cruzado brasileiro e os que se lhe seguiram. A diferença está em que, na Argentina, o Plano Cavallo foi sustentado, com pertinácia e destemor, pelo corte do déficit e as privatizações aceleradas. Ao passo que, entre nós, isso não ocorreu.

Hernando Cortés, ao desembarcar na costa mexicana para conquistá-la, mandou queimar seus navios e, assim, cortar qualquer tentação de retirada. Seus primos argentinos queimaram seus déficits e resistem, até agora com relativo êxito, às seduções para renová-los. Com nosso tradicional jeitinho e julgando-nos mais sabidos, deixamos nossas naus deficitárias disfarçadas na baía da retórica e a elas voltamos ligeirinho, quando as coisas apertaram na terra firme da disciplina financeira.

A verdadeira *âncora* da moeda estável não está nas manipulações da economia *representativa*, e sim na ordem que se instaura na economia *real*.

9

Outubro-Dezembro

1993

A EMPRESA
SUA FEIÇÃO CONTEMPORÂNEA

NA VIDA ECONÔMICA, com suas múltiplas atividades e seu complexo funcionamento, tudo gira em torno de uma entidade à qual, freqüentemente, não se dá a importância devida. Essa entidade é a empresa, e sua presença está de tal modo ligada aos fenômenos econômicos que, pode-se dizer, sem ela, tais fenômenos nem sequer surgem e, menos ainda, se desenvolvem e prosperam.

A empresa pode ser definida como a conjugação de fatores, num ente autônomo e para finalidades econômicas.

A empresa é uma conjugação de fatores, agrupáveis em três conhecidas categorias básicas, ou seja *trabalho*, *natureza* e *capital*. Vale notar que se fala aqui em *grupo* de fatores, para evidenciar que o termo *trabalho*, por exemplo, não corresponde a uma individualidade, simples e indissociável, mas a um conjunto que pode assumir formas de variada contextura, que vão do gesto do silvícola, ao apanhar os frutos de uma floresta nativa, às sofisticadas operações de mão-de-obra da indústria moderna. O mesmo ocorre com a natureza, cujo concurso é cada vez mais diversificado e potencializado, além de, em nossos dias, crescentemente condicionado por preocupações ecológicas. Nem é outro o caso do capital, com sua evolução, que vai da simples vara de pescar aos ativos patrimoniais e tecnológicos que sustentam e fecundam a extremamente variada economia mundial.

Outra característica fundamental da empresa é a sua *autonomia*, que não deve ser confundida, é claro, com *independência*. A empresa é uma entidade autônoma, no sentido de que a conjugação de fatores nela em processo é orientada e governada com o objetivo de conseguir resultados econômicos determinados. Essa autonomia, por assim dizer, se *personifica* na figura do *empresário*, ou seja, a pessoa física ou jurídica que assume a responsabilidade do empreendimento.

Nem sempre é o empresário quem pessoalmente dirige as operações da empresa. Nas sociedades anônimas, por exemplo, o empresário é a pessoa jurídica constituída pelos acionistas, mas as operações podem ser dirigidas por executivos profissionais, não proprietários de ações ou que as detêm em caráter simbólico. Mas são eles apenas mandatários da sociedade representativa dos acionistas: estes os verdadeiros empresários, os responsáveis em derradeira análise e que correm os riscos do cometimento.

Aspecto da empresa que se pretende examinar mais de perto, neste tópico, é o da sua abrangência, ou seja, o da sua maior ou menor integração e dissociação. É que varia, de uma empresa para outra, o estágio até onde vai a elaboração do produto que, finalmente, é colocado à disposição de seu eventual usuário ou consumidor.

Assim, uma fábrica de automóveis pode – e é o que geralmente sucede – não produzir todos os componentes do veículo, mas limitar-se a montar peças e acessórios, que adquire de outras fábricas mais especializadas. Em outras palavras, diverso é o grau de integração e dissociação de cada empreendimento. Tal combinação deve ser considerada em dois sentidos, vale dizer:

I. um sentido horizontal, como quando a fábrica recebe prontos os componentes por ela depois reunidos para o aparecimento do produto final;
II. um sentido vertical, como quando a empresa elabora diretamente o que produz, embora contrate, com terceiros, serviços tais os de limpeza, elaboração da folha de pagamentos, assistência jurídica, desenho industrial, propaganda, e assim por diante.

Resumindo: em cada empresa, há uma combinação própria de graus de integração e de dissociação.

Existem vantagens e desvantagens a ponderar para a escolha da melhor combinação, segundo as circunstâncias de tempo e lugar. Assim, uma empresa, inteira e diretamente integrada, em que todas as operações estão submetidas a um comando unificado, goza de maior independência e está menos sujeita a inesperadas e por vezes caprichosas exigências e falhas de seus fornecedores e prestadores de serviços. Contudo, tal integração também oferece seus inconvenientes, como a ampliação da burocracia administrativa e a formação de capacidade ociosa ou insuficiente em setores imperfeitamente sincronizados em relação ao conjunto.

Contrapondo-se à integração, a dissociação dos processos de operação da empresa – pela sua atribuição a diversas entidades fornecedoras – apresenta uma série de vantagens, quer em matéria de qualidade dos bens e serviços aportados, quer no referente aos custos desses bens e serviços. No tocante à qualidade, a especialização facilita e incentiva a adoção de melhores técnicas e aguça a pesquisa de inovações modificativas e até mesmo substitutivas dos processos utilizados. Quanto aos custos de produção, atua favoravelmente a possibilidade de aumento da escala de produção dos bens e serviços dissociados e a conseqüente redução dos custos por unidade. Cabe levar em conta, por outro lado, que a dissociação, além de certo ponto, também implica desvantagens, tais como eventuais descompassos entre a *capacidade de produção* dos fabricantes de bens e serviços dissociados e a *possibilidade de absorção* das empresas receptoras e integradoras.

Tempo houve em que a integração, direta e no mais alto grau, era considerada o ideal a atingir. Isso conduziu ao surgimento de empresas gigantes que se propunham a tudo fazer, realizando todas as operações – tanto no sentido horizontal, quanto no vertical – com plano e comando centralizados. No decorrer dos anos, os inconvenientes do gigantismo se acentuaram, e graus crescentes de dissociação se foram instalando. Em nossos dias, essa tendência vem sendo expressa com uma palavra chave – a *terceirização* ou *parceria* – caracterizando um conceito que é oportuno examinar em seus fundamentos e em sua possível evolução. É que, no caso, parece haver muito mais do que uma simples aplicação da clássica doutrina da *divisão do trabalho*, com a qual se costuma indicar as vantagens técnicas de repartir, entre pessoas e setores especializados, numerosas tarefas que englobam as atividades econômicas da coletividade.

Divisão de trabalho sempre houve, mesmo em estágios sociais menos evoluídos da humanidade. Ela se impôs naturalmente, ante a verificação de que o trabalho rende muito mais, quando as várias operações requeridas para produzir determinados bens são distribuídas entre os trabalhadores de um grupo, do que se cada um se incumbe de fazer tudo sozinho. É interessante assinalar que as primeiras frases da obra clássica de Adam Smith são dedicadas à divisão do trabalho e ao famoso exemplo da feitura de alfinetes. Nesse exemplo, Smith dá-se ao cuidado de explicar que um trabalhador isolado, se pretender realizar sozinho as 18 operações do processo, conseguirá fazer um ou, no máximo, 20 alfinetes por dia, ao passo que dez operários, tomando cada qual a seu cargo uma ou duas operações, podem produzir nada menos de 48.000 unidades num dia. (*Wealth of Nations*, Livro I, Cap. I).

No caso, a divisão do trabalho, com seus vantajosos efeitos, se insere no que se pode denominar o aspecto *técnico* do mecanismo de produção. Entretanto, a tendência *à terceirização* ou *parceria* – que se registra e acentua em nossos dias – dá mostras de situar-se em esfera diferente da estrita técnica produtiva, para atingir o próprio âmago da idéia de empresa.

A EMPRESA SEUS MOVENTES INTERNOS

Foi dito, linhas atrás, que a empresa é uma *conjugação de fatores*. Essa assertiva é correta, quando se considera o que se poderia denominar a *face externa* da empresa, vale dizer, a empresa qual se nos apresenta como agente de adaptação do meio exterior a determinados objetivos econômicos. Há, na empresa, porém, outro e muito importante aspecto a examinar: sua *face interna*, ou seja, os elementos determinadores de seu aparecimento e atuação: em uma palavra, a sua *motivação*.

Por que surge e funciona a empresa? Quais as causas da sua existência e quais os impulsos que a movem e lhe regulam o passo? Desde logo, três elementos se destacam como criadores e dinamizadores da empresa: a necessidade, a inteligência e a ambição humanas.

Foi, sem dúvida, a *necessidade* que deu origem à empresa, e presidiu seu desenvolvimento pelo tempo afora. Alimentar-se, vestir-se, abrigar-se foram contingências que exigiram do homem tomar iniciativas que, de outro modo, poderiam ser tomadas, mas em contexto muito diferente.

A este respeito, é interessante notar como o tema é colocado na Bíblia. No Gênesis, ao criar o homem, Deus o colocou no Jardim do Éden *para guardá-lo e cultivá-lo* (Gen. 2.15). "*Ut operaretur et custodieret illum*", diz a Vulgata. Na versão bíblica, portanto, mesmo no estado de inocência, imune à dor e à morte, o ser humano não permanecia ocioso, mas teria o encargo de *operar*, no Jardim plantado pelo Criador, e ainda – no que é, por certo, a mais antiga e venerável recomendação ecológica da História – *guardá-lo*, preservando a natureza em sua integridade primordial. Após a culpa, o meio ambiente, por punição divina, tornou-se áspero e hostil ao homem: *a terra será maldita por tua causa, com trabalho penoso tirarás dela o alimento todos os dias de tua vida* (Gen 3.17).

A necessidade – que é mãe das artes e das invenções – é também, ainda hoje, a grande geradora e multiplicadora de empreendimentos. Convém dar ênfase a esse aspecto, porque, onde a necessidade é menos sentida ou premente, a tendência à acomodação e à inércia facilmente se instalam. Não é por outra razão, certamente, que a premente presença da livre concorrência é bem mais favorável ao progresso do que a formação de cômodas situações de privilégio.

Além da necessidade, porém, outro poderoso movente interno da empresa é a *inteligência*. Tão destacado é seu papel que, mesmo quando não impelidos por estrita necessidade, há sempre inventores e empreendedores que se empenham em transportar, para a realidade, planos e inovações. Deve-se à inteligência o imenso progresso técnico que, ao longo dos séculos, se registrou nas atividades econômicas. Nestas foram e vêm sendo aplicados avanços científicos em todos os terrenos, daí resultando, a par de altos níveis de segurança em matéria de conservação e defesa da vida e da saúde, a criação de ilimitadas oportunidades de lazer e de extensão e aperfeiçoamento culturais.

A aplicação prática dos avanços científicos e técnicos, contudo, teve a promovê-la e a sustentá-la a empresa que, por sua vez, recebeu também importantes contribuições do conseqüente ambiente de progresso. Tais contribuições atuaram no sentido de dar à estrutura e ao funcionamento da empresa caráter cada vez mais adequado a fazer dela instrumento capaz de corresponder às exigências de novas situações.

Por último, é de enumerar, entre os elementos dinamizadores da empresa, a *ambição*, tomado o termo em seu sentido nobre e despido de conotações pejorativas. Sem esse impulso, mais ou menos veemente, para alcançar melhores níveis de vida, e ainda de realizar ideais com significado mais alto, as atividades sociais perderiam *élan*, expostas a estagnar e imobilizar-se, quando não a regredir.

De tudo isso, dimana ser hoje a empresa um organismo que se apresenta sob inúmeras formas, que vão desde o modesto empreendimento individual e artesanal até o grande conglomerado que marca e mobiliza vastos espaços e amplos recursos em materiais e equipamentos. Mas, no atual estágio da evolução econômica, a empresa – seja grande, média ou pequena –, embora conserve sua feição original de entidade cuja autonomia se personifica no empresário, que a inspira e a governa como responsável pelo seu destino, se enquadra, por assim dizer, num conjunto que, a um tempo, lhe dá apoio e a limita.

Nesse conjunto, a empresa aparece como o *eixo* em torno do qual gravitam cinco espécies de titulares, cada qual com funções específicas, que dão vida e sustentação ao empreendimento, ou seja:

I. os investidores, aportadores de capital;
II. os trabalhadores, neles incluídos os dirigentes;
III. os fornecedores;
IV. os clientes, ou consumidores e usuários;
V. a coletividade situada no raio de influência do empreendimento.

Essas funções, apesar de teoricamente distintas, nem sempre são exercidas por titulares diferentes. No caso hipotético de um Robinson Crusoe, teriam elas um titular único. Na hipótese mais realista da empresa individual e artesanal, provável seria a concentração de duas ou três das funções citadas na mesma pessoa. Na medida em que as dimensões da empresa crescem, porém, a especialização funcional se torna mais nítida, num mosaico de interdependências que é oportuno examinar mais detidamente.

O aporte de capital é, sem dúvida, um requisito que vai exigindo volume cada vez maior de recursos, na proporção em que a empresa se expande, e suas operações se multiplicam e intensificam. Sob duas formas podem provir esses recursos, ou seja, como *capital de risco*, ou como *capital de empréstimo*. No primeiro caso, os investidores subscrevem quotas ou ações, e as somas subscritas ficam comprometidas com os destinos do empreendimento: lucrarão com seu êxito, perderão com seu fracasso. Com o *capital de empréstimo*, a situação é diferente. Tenha a empresa sucesso ou não, as quantias mutuadas devem ser devolvidas com os respectivos juros, nos prazos fixados. O surgimento das sociedades anônimas e das instituições financeiras, e mais o do vasto universo de títulos representativos dos dois citados tipos de capital, títulos juridicamente bem definidos e amplamente negociáveis, tudo isso fez dos investidores, dos aplicadores de capital, importante e numerosa categoria de colaboradores das empresas que, sem eles e sem os mecanismos fiduciários hoje existentes, por certo não teriam ante si os horizontes que ora se lhes descortinam.

Outra decisiva contribuição é a que presta à empresa a categoria dos *trabalhadores*, dos que cooperam no empreendimento com sua atividade pessoal. Essa cooperação é ajustada mediante contratos, que variam de forma e no conteúdo, e que estabelecem relações jurídicas diferenciadas, como as que dizem respeito aos dirigentes, aos contratados para determinadas tarefas, e aos empregados propriamente ditos, com maior índice de permanência.

Nas relações da empresa com os trabalhadores a ela ligados, merecem atenção especial as que se referem aos *empregados*, com os quais se estabelece o denominado *vínculo empregatício*, criando situação jurídica objeto de ampla e não raro imprevisível legislação. Esta é fruto da preocupação de assegurar eqüidade no contrato de trabalho, preocupação justa e razoável, mas extremamente sujeita a demasias que se revelam, por vezes, contraproducentes.

Uma terceira categoria de colaboradores da empresa é a dos *fornecedores*. Não se trata, evidentemente, de vendedores ocasionais que esporadicamente mantenham contato com o empreendimento. Na medida, porém, em que tal relacionamento se intensifica e adquire maior constância, instala-se algo, como que uma simbiose e uma dependência recíproca que, de certo modo, institucionaliza aquele relacionamento. Esse fato tem gerado repercussões jurídicas, seja na legislação, como ocorre na lavoura canavieira, seja na padronização de contratos, como é o caso da fumicultura.

Sob todos esses aspectos, a vinculação entre a empresa e seus fornecedores vem registrando e deverá registrar uma evolução cujos lineamentos podem ser previstos em termos gerais, mas que certamente reservará algumas variações inesperadas no futuro.

Os clientes, ou *consumidores* e usuários, constituem a quarta categoria dos que compõem o sistema, do qual a empresa é como que o centro. Novamente, não se trata aqui do comprador esporádico e acidental, mas de pessoas que passam a manter com a empresa relação semelhante à que existe entre esta e seus fornecedores habituais.

Esse entrosamento entre a empresa e os destinatários de suas atividades é visível nas cooperativas que sejam simultaneamente de produção e consumo. Menos visível, mas nem por isso menos real, é a inter-relação da empresa com seus *compradores*.

Por último, cumpre mencionar a *comunidade*, como o quinto elemento do sistema de interação de que a empresa é eixo. Trata-se aqui da coletividade, que recebe o influxo das atividades da empresa e que, por sua vez, constitui o ambiente do qual dependem, e muito, o curso e o êxito dessas atividades.

Há, no caso, uma confluência de interesses que nem sempre coincidem, devendo por isso ser administrados, e que, por outro lado, comportam e cada vez mais exigem a construção de uma solidariedade recíproca, cuja progressiva evolução vem acusando significativos avanços.

A existência e a atuação dessas cinco categorias de agentes – que, a um tempo, potencializam e limitam, numa palavra, *condicionam* a empresa – vêm demonstrando, em nossos dias, uma tendência acentuada no sentido de afirmar-se, com características e evolução que estão dando a tais categorias, antes integradas na empresa, feição autônoma, delas fazendo empresas novas, embora mantendo-as estritamente unidas ao empreendimento central. E essa tendência é, ao mesmo tempo, obra e manifestação dos *moventes internos* de início mencionados.

Nesse quadro, a nosso ver, deve situar-se o processo hoje denominado *terceirização* ou *parceria*, ao qual será dedicado o próximo tópico.

A EMPRESA
A TERCEIRIZAÇÃO OU PARCERIA

A *terceirização* ou *parceria* surgiu, em nosso País, como meio de as empresas aliviarem suas operações passivas do peso crescente dos encargos trabalhistas. Conseqüências de uma legislação superabundante e desordenada, e ainda sujeita a interpretações judiciárias imprevisíveis e quase sempre inclinadas na direção de torná-los ainda mais pesados, os referidos encargos atingem muitas vezes as raias do economicamente insuportável. Basta lembrar que, atualmente, cada empregado com carteira assinada custa à empresa, não apenas o salário ajustado, mas ainda acima de cem por cento de encargos os mais variados. Além disso, o vínculo empregatício gera, no decurso do tempo, um passivo potencial relativo a eventuais rescisões do contrato de trabalho, passivo que deprecia o valor da empresa e até chega a torná-lo negativo, no caso de sua liquidação ou venda.

Todas essas normas legais objetivam proteger o trabalhador, o que é, em si, justo e propício à formação de ambiente no qual possíveis conflitos de interesses são harmonizados pela correta definição de direitos e deveres. Mas as demasias que atropelam e, na prática, sufocam e vão até a inviabilizar o empreendimento, ou sua expansão, acabam por prejudicar os próprios trabalhadores, porque arruinam o clima indispensável à criação e à manutenção de empregos produtivos.

Quando o tema em debate é o das relações entre as empresas e seus trabalhadores, freqüentemente a questão é colocada em termos de especificação, defesa e ampliação dos direitos que cabem aos empregados. Nesse debate, porém, muitos esquecem que tais direitos somente se tornam reais e efetivos, se existirem empregos a ocupar: vale dizer, empresas em funcionamento e empresários capazes de fazê-las funcionar. Tudo o mais – horário de trabalho, salário, férias, estabilidade, benefícios diretos e indiretos – desaparece, se não houver oportunidade de emprego.

Veja-se, por exemplo, a questão das horas de trabalho, questão hoje tão discutida na Europa e que certamente ganhará amplo espaço entre nós, em futuro próximo. Neste terreno, usa-se muito o termo *conquista*, para significar uma vantagem obtida por determinado grupo de trabalhadores. Assim, trabalhar seis em vez de oito horas por dia, ou quatro em vez de cinco ou seis dias por semana, seriam *conquistas*, evocadoras de lutas para consegui-las e preservá-las. Mas o fato de alguém estar disposto ou sujeitar-se a trabalhar seis ou oito horas por dia, ou cinco ou seis dias por semana, só faz sentido prático, se houver empreendimentos onde o trabalho possa ser exercido. Sem isso, *a conquista* pode eleger dirigentes sindicais, a caminho de cargos políticos, mas nada adiantará aos que não conseguem emprego ou perdem o que têm. O desemprego é – embora nem sempre – fruto perverso das *conquistas* que intentam favorecer os recipiendários dos encargos trabalhistas, quando se omite que tais encargos se esfumam, se não houver quem os pague.

A questão – impõe-se reconhecer – não é decidir qual dos dois grupos, o dos empregadores ou dos empregados, deve levar a melhor. Colocar a questão nesses termos seria presumir que basta a alguém destinar recursos capitalizáveis à formação de uma empresa e contratar operários, para, daí por diante, estarem a empresa e seus proprietários com o futuro garantido e amealharem lucros, tanto mais vultosos, quanto maior for o número de empregados. Essa visão marxistóide da economia desconhece que capital e trabalho não são fatores automáticos da produção de riqueza, mas elementos que, para poderem produzir, devem ser conjugados e mantidos em ação, em meio a vicissitudes de toda sorte, enfrentando obstáculos cuja superação é de fundamental interesse para todos quantos têm seus meios de vida ligados à empresa, seja qual for a categoria – das cinco citadas no tópico anterior – à qual pertençam.

Nesta matéria, é comum falar-se de *relações entre capital e trabalho*, mencionando-se ainda, com certa freqüência, a exploração do trabalho pelo capital. Mas *capital* e *trabalho* são conceitos abstratos, e não seres animados. São fatores potenciais, que só adquirem efetividade quando seus titulares intentam destiná-los a produzir bens e serviços, seja assumindo a responsabilidade pelos resultados, como empresários, seja cooperando com quem a assuma, como empregados. Manter atividade durante tantas horas por dia, ou tantos dias por semana, pode reduzir-se a mero exercício físico ou mental, se essa atividade não for utilizada, num quadro que a faça participar da produção de determinados bens e serviços. Igualmente, dispor de recursos reais ou representativos – equipamentos ou moeda, por exemplo – pode indicar apenas uma propriedade estéril, se esses itens não forem capitalizados, isto é, encaminhados efetivamente para finalidades produtivas.

Estas considerações, de inegável pertinência, nos reconduzem ao papel central que a empresa desempenha na vida econômica. Mas é necessário insistir em ser a *empresa* uma entidade distinta dos seus cooperadores, dos elementos que compõem as cinco categorias citadas e que, para usar esta imagem, gravitam em torno da empresa, como os planetas em volta do sol. A todos esses elementos interessa vitalmente a existência e o êxito da empresa; mas o que interessa a cada uma dessas categorias isoladamente, se for desproporcionado, pode comprometer o êxito e a própria existência do empreendimento.

Assim, por exemplo, se os aportadores de capital impusessem ônus financeiros excessivos, prejudicado será e talvez mortalmente o funcionamento da empresa. O mesmo vale dos trabalhadores, se abusarem de greves e de reivindicações incompatíveis com a rentabilidade do conjunto. Ou dos fornecedores, se não se ajustarem adequadamente aos programas desenvolvidos. E, ainda, dos consumidores e usuários, na medida em que seu procedimento e suas expectativas entram em dissonância com as previsões e os métodos da empresa. Finalmente, da comunidade, se sobrecarregar a empresa com obrigações inexeqüíveis. Não há por que submeter esses descompassos a um julgamento maniqueísta, tachando de *maus* os interesses dos cooperadores que constranjam a empresa, ou vice-versa. O que se deve acentuar, porém, é a possibilidade e mesmo a probabilidade de divergência e de oposição entre esses interesses. Com a eventual conseqüência de situações que aprisionem ou mesmo aniquilem a empresa.

Isso se deve, em grande parte, ao fato de que, na empresa tradicional, como a conhecemos até pouco tempo atrás, há um tal qual engessamento, que, de um lado, inflexibiliza as relações entre empresa e seus cooperadores e, de outro, enfraquece e praticamente anula os vínculos de solidariedade que a cooperação num cometimento do interesse de todos pode e deve criar. Acionistas e financiadores, trabalhadores, fornecedores, consumidores e membros da comunidade – cujo nível de bem-estar depende, em maior ou menor escala, da sorte da empresa – comportam-se, por vezes, como seus adversários e mesmo inimigos. A seu turno, a empresa, cujo destino está jungido, na prática ou por normas legais, ao relacionamento com seus cooperadores, não sabe ou não consegue criar e manter uma atmosfera de harmonia e de mútua colaboração.

É à luz desse enfoque global que, a nosso ver, deve ser colocada a análise da *terceirização* ou *parceria*. Longe de ver nela apenas uma modalidade para reduzir encargos de peso desmedido, mais realista será encará-la como uma fase na contínua evolução da empresa, como uma tentativa de dar ao relacionamento, entre ela e seus cooperadores, uma feição capaz de exteriorizar e tornar claros o papel e as responsabilidades de cada um dos componentes do sistema heliocêntrico, ao qual estamos comparando o empreendimento. Nessa nova feição, em cada categoria de cooperadores da empresa despontam e se acentuam contornos de autonomia e personalidade própria, as quais dão ao citado relacionamento uma forma contratual, em que se definem as tarefas a serem executadas e se ajustam os encargos, financeiros e outros daí resultantes.

Esse tipo de negociação – já bem claro e definido no caso do relacionamento entre a empresa e as instituições financeiras, e ainda os fornecedores de matéria-prima ou peças – vem encontrando expressão também na hipótese de contratos com firmas de mão-de-obra ou cooperativas de trabalhadores. Cria-se, em conseqüência, uma nova situação, na qual atividades e tarefas que poderiam ser realizadas por uma única empresa – caso ela fosse integrada vertical e horizontalmente – se distribuem por várias unidades autônomas, e o que era um conjunto unitário se desdobra, para constituir – denominemo-lo assim – um *conjunto federado.*

Essa nova configuração multiplica favoravelmente as oportunidades do todo, pois permite simultaneamente que:

I. diversas empresas atuem quais tributárias de uma unidade central, como ocorre, por exemplo, no caso das fábricas de peças, fornecedoras de uma montadora de automóveis;
II. cada uma dessas unidades tributárias conserve sua autonomia e possa fazer contratos, semelhantes ou não, com outras empresas.

Os exemplos especificados linhas atrás referiram-se às instituições financeiras, aos trabalhadores e aos fornecedores. Será a *terceirização* ou *parceria* extensiva, igualmente, aos demais cooperadores da empresa tradicional, ou seja, os acionistas, os consumidores e usuários, e a comunidade? Embora não seja tão evidente como nos exemplos mencionados, é visível a tendência ao mesmo desenvolvimento, em muito abrangendo todas as categorias citadas. Trata-se, tudo indica, de uma evolução em pleno curso, cujos rumos podem ser vislumbrados, mas cuja caracterização somente o tempo poderá ir fixando.

Vejamos, para prosseguir no exame, o que está ocorrendo com o aporte do capital de risco, proporcionado pelos sócios ou acionistas. Hoje em dia, são cada vez mais numerosos os denominados *Fundos de Ações*: na realidade, associações de pessoas que se propõem aplicar poupanças em empreendimentos produtivos, vale dizer, capitalizando-as. Peculiaridade desses Fundos é a de não serem os recursos que mobilizam aplicados numa única empresa, mas distribuídos por dezenas e centenas delas. Com isso, os riscos ficam diluídos e se torna possível selecionar as aplicações mais rentáveis e de grau satisfatório de liquidez no mercado bolsista. Temos aí uma imagem clara de como uma categoria de cooperadores ganha vulto e força, sem perder sua vinculação com a empresa.

Também na interdependência entre a empresa e a comunidade, registra-se uma evolução que lhes destaca e acentua a mútua colaboração. Basta citar os *distritos industriais*, em que os Poderes Públicos, para atrair investimentos ou promover sua expansão, custeiam obras de infra-estrutura. Ou ainda doam imóveis e concedem isenções tributárias e outras facilidades.

No tocante aos clientes – consumidores e usuários –, o seu relacionamento com a empresa está igualmente revelando notável evolução. Também aqui, o que antes se afigurava um aglomerado inorgânico de compradores parece estar assumindo crescente consciência de seus interesses, não apenas como fregueses isolados, mas, outrossim, como grupo cujos membros têm em comum muito a ganhar e a perder. Essa afirmação grupal se revela evidente nas associações de consumidores e usuários, e se reflete na legislação que intenta resguardar a qualidade dos produtos vendidos e a eqüidade nas condições de compra e venda. Temos aí, na verdade, um cenário no qual o relacionamento em causa reveste a forma de confronto entre os clientes em geral, de um lado, e as empresas também em geral, do outro.

Isso não obstante, têm-se desenvolvido outras formas de relacionamento, com a ênfase situada, não no confronto de divergências a superar, e sim na justaposição e na sintonização de procedimentos dos quais deflui um máximo de mútuas vantagens. Tal procedimento decorre, em parte, de esforços intentados pelas empresas para ampliar sua clientela e torná-la, de alguma maneira, cativa pelo oferecimento de condições mais vantajosas de compra e venda. Os consórcios de toda espécie são amostras de uma evolução, sinalizada pela progressiva organização dos consumidores e que se encontra apenas em seus estágios iniciais, devendo-se esperar futuros e bem mais amplos desdobramentos.

Terá notado o leitor que, ao falar em *terceirização*, sempre lhe foi acrescentado aqui, como sinônimo, o termo *parceria*. É que a *terceirização* tornou-se uma palavra-chave, indicadora da tendência à dissociação da velha empresa monolítica, tendência cujas motivações e repercussões são objeto desta análise. Mas a denominação *parceria*, cujo uso vem ficando corrente, parece mais adequada e mais rica de sentido, por significar, não apenas o simples destaque de seções da empresamatriz, como filhotes que se desaleitam, mas o desabrochar de um tipo mais evoluído de coexistência, no qual a solidariedade, gerada pela comunhão em objetivos econômicos, é compatibilizada e aprimorada com a autonomia, gradativamente sempre mais acentuada, das cinco mencionadas categorias de cooperadores.

Esse novo ordenamento dos elementos, que constituem e circundam a empresa moderna, está tornando definitivamente obsoleta a idéia que iguala a empresa ao capital, e o empresário ao capitalista. Hoje, a própria legislação separa nitidamente os dois conceitos, do que são prova as ações sem valor nominal das sociedades anônimas. Falar em relação entre o *capital* e o *trabalho*, para indicar as relações entre a empresa e seus empregados, é linguagem que soa como algo de pré-histórico.

A evolução da estrutura e do mecanismo da empresa é um dos fenômenos mais interessantes da vida econômica contemporânea. Não há, nessa evolução, um movimento linear e uniforme, do qual resulte irem as empresas adquirindo iguais fisionomias e procedimentos operativos. Mais ajustado à realidade será compará-la à fermentação de uma grande massa, na qual coexistem empresas de múltiplas dimensões, como germes nos mais variados estágios de processamento biológico.

Que visão panorâmica se nos desvendará no futuro? Pode-se entrevê-la; temerário será pretender caracterizá-la com exatidão. Pode-se e deve-se, entretanto, auxiliar e mesmo promover a evolução, e talvez tentar corrigir eventuais desvios, quando for possível identificar efeitos nocivos ao bem comum. Injustificado, porém, será aprisioná-la nas masmorras de quadros jurídicos fossilizados por um conservadorismo sem criatividade; ou barrar-lhe o caminho com os obstáculos opostos pelos egoísmos corporativistas e pelo populismo demagógico.

CONGRESSO NACIONAL
POR QUE A SURPRESA?

O grande problema – que compromete a credibilidade do Parlamento e o desmerece no sentimento popular – não é o da sua composição, e sim o da sua desorganização. Deputados e Senadores – e isso em todos os tempos e em todos os lugares – os há e há de havê-los bons e maus, dignos muitos, outros não tanto. Esperar que desçam anjos do céu, para se candidatarem e conseguirem ser eleitos, é uma alternativa sedutora, mas de êxito bastante duvidoso. Enquanto esse sonho não se materializa, temos mesmo de resignar-nos a lidar com a representação como a tem construído o eleitorado, e tecer augúrios para que ele erre menos no próximo pleito.

O Parlamento será sempre composto por seres humanos com suas grandezas e fraquezas. Se sua atividade não for adequadamente organizada e disciplinada, a tendência inexorável será a de a fraqueza de uns contagiar e dominar a grandeza dos demais. A organização e a disciplina são exigências que ninguém ousa negar, em princípio, mas que estão expostas, na prática, a insidiosas ciladas que lhes arma a invocação da liberdade individual de cada parlamentar. De tanto proteger essa liberdade – que, se racionalmente utilizada, é fundamental para o desempenho do mandato – chega-se ao ponto de destruir-lhe o sentido e a finalidade, reduzindo o que deveria ser o debate parlamentar a um desfile de autopromoções, e transformando as proposições votadas em ninhos acolhedores de espertas manipulações, nas quais, por vezes, há mais ladina politicagem do que formal desonestidade.

Veja-se, por exemplo, o que ocorre com o Orçamento, o qual deveria ser – em suas duas grandes vertentes: a *proposta orçamentária* e a *prestação de contas* – o eixo do grande debate anual, em que a ação do Governo teria seu plano traçado, na Lei de Meios, e seus efeitos avaliados, no balanço do exercício.

Nunca houve – mas nunca mesmo – no Congresso Nacional, uma discussão séria e articulada, quer do Orçamento em seu aspecto global e fixador de rumos, quer de sua execução, para identificar as falhas e os acertos do plano adotado.

A inapetência parlamentar pelo que Laski denominou o *trabalho sóbrio e não dramático* consagrou praxes regimentais que privilegiaram as vitrines voltadas para a mídia e relegaram os andaimes nos quais se assentam os tijolos do edifício. Não faltaram vozes que, no correr dos anos, dentro e fora do Congresso, tentaram alertar e persuadir. Em vão.

DOLARIZAÇÃO
DEPÓSITOS EM MOEDA ESTRANGEIRA

Ao serem redigidos estes comentários, o tema da dolarização continua ocupando as mentes e os espaços jornalísticos e eletrônicos. Notícias e desmentidos se sucedem, mas tudo indica que o dólar – como marco referencial e opcional dos preços relativos – consolidará sua posição, ganhando talvez algo semelhante a uma espécie de bênção oficial, como índice de correção monetária.

Volta-se a falar na velha idéia de admitir depósitos em moeda estrangeira. A idéia não é má. Seus eventuais inconvenientes – mais temidos do que realmente identificados – seriam sempre suscetíveis de controle.

Uma das vantagens propiciadas pela medida estaria, por certo, na possibilidade que oferece e incentiva de mobilizar a moeda estrangeira em espécie, conservada em casa ou em cofres comerciais, por quantos procuram assim preservar seu poder de compra, fugindo da incessante desintegração do cruzeiro. Haverá, no caso desses depósitos em moeda estrangeira, dois obstáculos a superar, ou seja:

I. a desconfiança, sobremodo explicável, dos depositantes, de virem a ser surpreendidos por atos governamentais bloqueadores dos depósitos;
II. receio de complicações fiscais ou penais relativas à falta de declaração de bens.

O primeiro obstáculo pode ser facilmente removido, estabelecendo-se que os depósitos sejam feitos em agências de bancos brasileiros no exterior – menos expostos aos riscos da imprevisibilidade – e movimentáveis por intermédio de suas casas em nosso País. Isso apenas generalizaria operações hoje admitidas pela legislação.

O segundo obstáculo é de superação mais difícil. Em seu aspecto fiscal, entretanto, seria perfeitamente admissível a legalização dos rendimentos eventualmente não declarados, mediante pagamento de imposto a fixar, e alguma isenção em termos razoáveis. Tal concessão, como é claro, não deveria beneficiar as hipóteses em que não há apenas infrações fiscais, mas crimes puníveis pela legislação penal. O que se intenta não é facilitar a lavagem de dinheiro sujo, e sim mobilizar poupanças legítimas, hoje esterilizadas.

As cédulas de dólares, atualmente entesouradas pela nossa gente – dólares cujo montante exato não se conhece, mas que deve ser considerável – constituem um verdadeiro empréstimo feito pelo Brasil ao exterior, gentileza que o Tesouro Americano penhorado agradece, pois é oferecida sem juros e sem prazo de resgate. Transferir esse dinheiro para bancos nacionais daria a estes ensejo de utilizá-lo no financiamento de nossa economia; e a oportunidade de os portadores de moeda estrangeira, que não lhes dá renda real, transformarem-se em depositantes auferidores de juros.

Afinal, já é tempo de os dólares trancafiados pelo medo da inflação deixarem seu indolente e nada merecido repouso, em colchões ou cofres-fortes, e cooperarem, de forma mais prática e eficaz, para melhorar o poder de compra que seus possuidores pretendem defender.

10

Janeiro-Março

1994

COMÉRCIO INTERNACIONAL
PEQUENA HISTÓRIA, COMO PRELIMINAR

Em setembro de 1971, realizou-se em Paris a 59ª Conferência da União Interparlamentar, congregando representantes de cerca de setenta países de todos os continentes. Ao longo de uma inteira semana, sucederam-se as sessões no Palais Bourbon, a sede da Assemblée Nationale, que é a Câmara dos Deputados Francesa. A boa organização dos trabalhos – tanto no plenário, quanto nas Comissões, e a competente Presidência do Deputado André Chandernagor, especialista em matéria parlamentar e autor de notável livro intitulado *Un Parlement, pour quoi faire?* – deu ao evento um cunho de seriedade e eficiência que a imprensa reconheceu e elogiou.

Em tais conferências, ao lado da inevitável e anódina retórica costumeira, há sempre matérias que se destacam pela oportunidade dos temas e pela densidade das exposições e dos debates a que dão lugar. Nesta, mereceu especial relevo o desenvolvimento dos países do Terceiro Mundo, tópico preferido pelos parlamentares sul-americanos – entre os quais tive ensejo de me alinhar, com um discurso em plenário, sustentado depois na respectiva Comissão Técnica – e os representantes africanos. Além dos contatos oficiais, o convívio informal entre os congressistas permitiu estabelecer interessante e proveitosa troca de idéias, e assinalar, de um lado, quanto eram numerosas e variadas as semelhanças, e, de outro, as diferenças que marcam povos de raça, cultura e línguas diversas.

Esse intercâmbio de informações e opiniões caracterizava os intervalos das reuniões formais, notadamente os destinados às refeições, no salão a elas reservado no Palais. Nele havia mesas de quatro e seis lugares, que iam sendo ocupados na ordem de chegada, propiciando assim contatos entre pessoas das mais diversas nacionalidades e que sequer se conheciam.

Foi desse modo que, no último dia da Conferência, almocei na mesma mesa com um representante da Etiópia, cuja cultura e visão histórica e política a um tempo me surpreenderam e instruíram. A realidade da África, disse-me o etíope, é tribal. A idéia nacional carece de raízes naturais. Na melhor das hipóteses, a *nação* tem um nome que corresponde a uma região geográfica, mas a geografia, por si só, não cria laços estáveis de solidariedade, sem História e Tradição centradas em ideais compartilhados.

À tardinha daquele dia, empreendi minha viagem de regresso. Achava-me no Aeroporto de Orly, derreado numa das poltronas do amplo salão de espera, quando percebi, entre alguns cochilos – pois o deslocamento e o despacho entraram pela noite –, que outros participantes da Conferência também aguardavam embarque. Sentados bem à minha frente, conversando animadamente, a uma distância que permitia vê-los, mas não ouvi-los, estavam dois africanos. Um deles era o etíope com o qual almoçara. O outro, um negro alto e robusto, que gesticulava como não o faria melhor um italiano.

A certa altura, os dois se despediram, e o etíope se afastou rumo à sala de embarque. Seu companheiro olhou em volta, viu que havia lugar onde eu estava e veio sentar-se a meu lado, naturalmente porque percebera que, como o dele, meu peito tinha o crachá de membro da Interparlamentar. Com um gesto de quem pede licença, abancou-se e, mais do que disse, exclamou como quem me fazia uma intimação: *Africa is a big continent, isn't it*?

Aquela não era uma pergunta: mais parecia um desafio. Meio estremunhado e em clara desvantagem física, quem era eu para opor reparos a esse *ultimatum* intercontinental? Respondi, por isso, com ar de quem proclama um artigo de fé:

– *Oh sure it is: a very big continent!*

Nem isso, porém, acalmou o meu novo companheiro que prosseguiu, no tom declamatório de quem se prepara para um protesto solene ante as Nações Unidas:

– *And two africans, to understand each other, have to speak english!*

Tornou-se-me claro, então, que o etíope e o colega que me interpelava não haviam conseguido entender-se em suas línguas nativas, e tiveram de recorrer ao inglês. Pelo jeito, eu estava presenciando a reação de um africano, indignado porque seu *big continent* era uma Babel de idiomas, sem nenhum capaz de assumir as funções de *língua franca*, tornando praticamente obrigatório o recurso à língua originária das relativamente modestas ilhas britânicas, situadas na Europa, um pedaço de terra que alguém já definiu como simples cabo de Ásia .

Lavrada a sua manifestação de inconformidade, porém, o meu sobredito companheiro serenou e estabelecemos uma conversa cordial. Perguntei de onde era? Da Gâmbia, ex-colônia inglesa, ao Sul do Senegal, e praticamente encravada nele, com apenas um pequeno litoral atlântico, na foz do rio do qual toma o nome.

Superfície? Cerca de 11.000 quilômetros quadrados. População? Meio milhão de habitantes. E que língua falam? Nesse ponto, o nobre representante gambiense tomou um ar resignado, sucedido pela minha cara de espanto. Porque a resposta foi: oficialmente seis línguas, mas há outras não oficiais.

Veio o meu turno de ser interrogado. Meu país era o Brasil, na América do Sul.

– *Perto do Chile, não?*

– *De certo modo, sim. Mas, no caminho, há uma cordilheira muito alta e vários outros países.*

– *Superfície?*

– *Oito milhões e meio de quilômetros quadrados.*

– *População?*

– *Noventa milhões.* (Era o tempo dos *noventa milhões em ação*, pouco depois da Copa do Mundo).

– *E quantas línguas falam?*

Nesta altura, percebi que estava pisando em terreno delicado. Os olhos do meu interlocutor pareciam crescer de tamanho, à medida que os números da superfície e da população eram por ele assimilados. Respondi, por isso, com a maior suavidade possível:

– *Uma, o português.*

Os olhos crescidos se esbugalharam e fitaram-me como em descrença, e seu dono se pôs a repetir:

– *One! Only one! Only one!*

Pensava eu em confortar meu negro colega, lembrando que também nós, para nos entendermos com nossos vizinhos ibéricos, tínhamos que recorrer à alternância do *portunhol* com o *espanhoguês*, quando, certamente por intervenção especial de meu vigilante anjo da guarda, o alto-falante do aeroporto anunciou que chegara a hora do embarque. Agarrei a maleta, pedi desculpas com toda deferência, e fui saindo com a pressa de quem teme perder o avião. Na verdade, meu maior receio era o de não conseguir explicar como era possível a um *paisão* deste tamanho ter uma língua só.

Esse episódio – que muito me impressionou – é oportuno relembrá-lo, como introdução a um comentário sobre a conclusão, após oito anos de exasperantes negociações, da chamada *rodada Uruguai* do Acordo Geral de Tarifas e Comércio, mais conhecido pela abreviatura GATT, e do qual participam atualmente 117 países. E acrescentar, como será feito a seguir, algumas considerações quanto ao que tem a ver a diversidade das línguas com as tarifas e o comércio.

DE BABEL A GÂMBIA
CAMINHO ACIDENTADO

No episódio de Babel – e aqui está um ponto merecedor de especial atenção –, o que a Humanidade da época, descendente de Noé, praticou não foi uma simples demonstração de vaidosa ostentação e arrogância, mas um ato formal de rebeldia contra o Criador, e uma tentativa de frustrar o projeto da Providência de pleno aproveitamento do globo terráqueo, que ainda estava no alvorecer da vida.

A ordem divina era clara: *enchei a terra (Gen.* 9.1). E tão peremptória era – renovando ao demais o *povoai a terra*, prescrito a Adão e Eva (Gen. 1.28) – que o Livro Sagrado a repete linhas adiante: *propagai-vos pela terra* (Gen. 9.7).

Mas os homens sabiam mais coisas do que imaginava o Onisciente. *Propagar-se pela terra* era sair pelo mundo afora, embrenhar-se em regiões desconhecidas, algo enfim de muito incômodo e até perigoso. É bem verdade que os homens haviam saído da zona montanhosa, até então habitada, isso talvez devido a ter escasseado a caça, e a haver a estiagem inutilizado as primitivas culturas agrícolas. Mas estavam instalados, agora, na aprazível planície de Sennaar, com água abundante e terras férteis, onde podiam construir suas casas e viver tranqüilamente. Pois, embora defrontassem o problema de falta de pedras para suas construções, seu gênio inventivo encontrara uma solução genial: eles inventaram o *tijolo*, pedra criada pelas suas próprias mãos, e que os havia libertado da humilhante dependência das rochas naturais. E, como convinha a seres de tão alta capacidade, conceberam logo um grandioso projeto. Sucederam-se os discursos inflamados: *Mãos à obra. Construamos uma cidade e uma torre cujo cimo chegue até o céu, e nos faremos um monumento para não nós dispersarmos sobre a face de toda a terra*" (*Gen.* 11.4).

Mas, e a ordem do Senhor? Ora, em um povo progressista e esclarecido, capaz de criar as suas próprias pedras, essa crença num Senhor onipotente e onisciente – embora tolerada, como o é nestes nossos dias, alguns milênios depois – essa crença, repita-se, não era levada a sério. A tal divindade, se é que ela existia – pois é atitude generosa e elegante, no caso, conceder-se o benefício da dúvida – deveria estar demasiado longe para preocupar-se com o que ocorria às margens do grande rio Tigre.

Nessa altura, o narrador bíblico, como a querer dar troco à petulância do *homo sapiens*, entra a fundo na ironia. Adota o conceito iluminista de uma Divindade distante e desinformada, e fá-la descer *para ver a cidade e a torre que os filhos dos homens estavam construindo* (*Gen.* 11.5). O resto é história conhecida. Seguiu-se uma misteriosa e permanente pane nos meios de comunicação. Os homens passaram a não se entender uns aos outros, cessaram a edificação da cidade, e *por isso foi-lhe dado o nome de Babel, porque ali o Senhor confundiu a língua de toda a Terra, e dali os dispersou por toda a Terra*" (*Gen.* 11.9).

Esta incursão pela seara teológica – que pode parecer deslocada numa disquisição na qual se pretende versar matéria econômica – justifica-se porque revela como a ocupação deste nosso globo azul, ao invés de processar-se de forma gradativa e organizada, acabou sendo propelida de roldão e na marra, em conseqüência da primeira grande invenção de que há memória escrita: o tijolo. E, ainda, como a unidade de língua é importante, não só em Gâmbia e na África, mas em todos os continentes, para conferir produtividade ao trabalho coletivo.

Mas, depois de Babel, a vida continuou. As tribos, os clãs, as cidades e finalmente as nações foram pontilhando a superfície terrestre e, com o tempo, passaram a reconhecer as vantagens de usufruir associadamente os bens que cada grupo produzia. A utilidade das trocas tornou-se logo evidente. Bem menos fácil, porém, era torná-las efetivas. A falta de conhecimento, as distâncias, a heterogeneidade dos bens permutáveis – para citar apenas os principais entraves – freqüentemente impossibilitavam e, mais ainda, destruíam a intensificação do intercâmbio. No entanto, as jornadas aventurosas de ousados viajantes foram aos poucos abrindo caminho por onde se arriscaram, a seguir, caravanas e embarcações, com mercadores e seus variados artigos, imprimindo certa regularidade ao tráfego de ida e volta.

As invasões e as guerras, por paradoxal que se afigure, aceleraram o processo, confrontando e, por bem ou por mal, conjugando usos e costumes.

Instaurou-se, assim, a Revolução Comercial. Nela não há como identificar um início nítido, mas certo é que, do século XV em diante, as transações comerciais avolumaram, em decênios, o que a humanidade não registrara em milênios. Subseqüente, mas logo após concomitantemente, a Revolução Industrial e, neste século XX, a Revolução Tecnológica, criaram condições que permitem visualizar o mundo como um único e imenso mercado, onde tudo está *potencialmente* à disposição de todos, mediante trocas equivalentes.

Apenas *potencialmente*, vale sublinhar, porque, na vida real, o trem das trocas comerciais sempre teve – e ainda terá – de enfrentar muitos obstáculos e eventuais descarrilamentos. No tocante aos óbices naturais – neles incluídas as deficiências próprias do ser humano –, a coletividade tem sabido enfrentá-los e resolvê-los galhardamente. Atingimos hoje um estágio em que o limite para o qual se tende é o da *instantaneidade*. Distâncias que, não há muito, se mediam em meses e dias, hoje se designam em horas e minutos. Habilíssima instrumentação jurídica e uma enorme parafernália eletrônica fazem com que os mercadores de hoje mantenham escritórios capazes de operar vinte e quatro horas por dia, comprando e vendendo, ora na Bolsa de São Paulo, pouco depois na de Chicago, em seguida na de Tóquio, e dando volta ao mundo via Londres, sem contar as estações intermediárias. Compra-se e vende-se até mercadoria ainda não produzida e que talvez nem o venha a ser, nos contratos futuros liquidados por diferença de cotações.

Toda essa mobilidade – que dá a impressão de um espetáculo pirotécnico – tem ido de encontro, porém, a barreiras artificiais, criadas pelos próprios homens, que se extremaram em remover as barreiras naturais. E o mais curioso é isso ter sido feito com o declarado objetivo de *proteger* as atividades econômicas. O *protecionismo* – esse o nome da criação artificial de entraves às trocas comerciais – é um vírus que assumiu vulto na época do Mercantilismo, nos séculos XVI e XVII, e que, embora fortemente combatido pelas doutrinas livre-cambistas, nunca foi totalmente erradicado e sobrevive mantendo endemias, com surtos por vezes muito extensos e intensos de infecção.

As vantagens de promover e libertar de embaraços a livre circulação de bens, serviços, pessoas e capitais são, hoje em dia, por todos reconhecidas. Mas, em geral e também, todos estão sempre dispostos a invocar essas vantagens, quando lhes convêm, e negá-las ou condicioná-las, quando vislumbram riscos para seus próprios e restritos interesses.

Vejamos, por exemplo, o caso importante e delicado dos produtos agrícolas. Todos os países reclamam, em altos brados, a liberdade de exportar, e condenam as medidas protecionistas dos importadores. Quando se trata, porém, de importar, a mão se inverte, e passam a predominar os argumentos com os quais se intenta *proteger* a produção nacional. Coisa semelhante ocorre com os produtos industriais e os serviços. E, nos últimos anos, as contradições e os procedimentos ilógicos entraram a ocupar áreas novas e inçadas de falsas pistas e de armadilhas, nomeadamente as relativas à tecnologia e ao emprego.

Não seria racional adotar, nesta matéria, uma atitude maniqueísta, enaltecendo como *bem* tudo quanto conduz à liberdade e à mobilidade das transações, e profligando como *mal* tudo quanto as regula e restringe. A realidade é demasiado complexa, para admitir esse tipo de simplificação que lhe deforma a análise e impede o encaminhamento de soluções duradouras.

Ilusório seria imaginar um comércio internacional, em que os parceiros, como no mundo anterior ao evento de Babel, falassem uma só língua, no sentido de comunicação plena e desimpedida. Hoje o panorama multilingüístico de Gâmbia se repete, em uma multidão de cenários, com centenas de países cujos interesses conflitam e se atropelam, como se cada qual só entendesse a linguagem de suas próprias dificuldades e de sua própria maneira de enfrentá-las. Entretanto, após duas guerras mundiais – que tiveram, nas rivalidades econômicas e na incapacidade de resolvê-las, grande parte de suas causas determinantes – os países do mundo parecem ter-se dado conta de que, no longo caminho percorrido durante milênios, cresceram desmesuradamente:

I. o volume de bens e serviços que os bilhões de habitantes da Terra podem produzir e precisam consumir;
II. as imensas vantagens que a cooperação e o intercâmbio econômico poderiam proporcionar a todos esses países;
III. a nocividade dos múltiplos entraves, irracionalmente semeados ao longo desse caminho, e que o tornaram sobremodo acidentado, quando não intransitável.

E, como os burros da imortal história em quadrinhos que, ligados por uma corda e após intentarem em vão cada qual comer seu próprio feixe de capim, decidiram juntar-se para alimentarem-se, primeiro com um, depois com outro dos dois feixes disputados, os sobreditos países resolveram baixar de suas retóricas e eleitoralmente rendosas *soberanias*, empreendendo a árdua tarefa de reconstruir estradas ou, pelo menos, taparlhes os buracos. E chegamos, assim, ao *Acordo Geral de Tarifas e Comércio* – GATT e às *Zonas de Livre Comércio* e *Uniões Aduaneiras* .

GATT
O PROVISÓRIO QUE DURA

Nos meus tempos de criança – final da segunda década do século – minha mãe, como boa italiana de pequena povoação da beira do Golfo de Policastro, fazia pão em casa. Em forno de tijolos, do lado de fora da casa, assava aos sábados o pão para a semana. Era um trabalhão. Na tardinha das sextas-feiras, amassava-se a farinha com o fermento, e a massa ficava crescendo, durante a noite, sobre a grande toalha que cobria a mesa da sala de jantar (que também era, quando necessário, sala de visitas). Na manhã do sábado, não havia pão para o desjejum, pois o do sábado passado era muito velho, e seria transformado em torradas, e o novo só ficaria pronto pelo meio-dia. A solução para o problema era roubar alguns pedaços da massa, já quase completamente fermentada, achatá-la com as mãos, salpicá-la com dentes de alho e azeite, e levá-la ao forno para um cozimento que devia ser rápido, pois o pão propriamente dito aguardava impaciente a sua vez. Aquela primeira e apressada massa cozida – que a gurisada adorava e que, no contexto deste tópico, bem merece, como se verá, a denominação de *provisório* – era chamada, no dialeto que meus pais falavam, de *móngio*. Não encontro a palavra no dicionário italiano de que disponho. Deve ser um *provincialismo* do Sul da Itália. Mais tarde, como adulto, e depois ancião, descobri que o velho *móngio* – talvez, ocorre-me agora, uma corruptela de *mangio*, do verbo *mangiare* –, incrementado com uma multidão de outros temperos, além do alho e do azeite, tornou-se mundialmente conhecido como *pizza*, e ingressou triunfalmente no mundo dos grandes negócios multinacionais.

Pois coisa semelhante aconteceu com o *General Agreement on Tariffs and Trade* – donde a inevitável sigla GATT – nesta segunda metade da nossa caprichosa centúria.

Longo seria narrar a gênese do Acordo Geral de Tarifas e Comércio, cujas disposições foram, como o *móngio* da história, destacadas da *Carta de Havana*. Mas esta não conseguiu sair do forno, onde pereceu queimada, por falta de sanção parlamentar dos países cujos governos a haviam subscrito.

Em resumo, porém pode-se dizer:

– que o Acordo, firmado em 1948, tinha caráter provisório e fora projetado como antecipação da Carta de Havana, cujo objetivo era libertar o comércio internacional das peias que o impediam de atuar em beneficio de todos os povos;

– que a norma básica do Acordo estava na famosa *cláusula da nação mais favorecida*, cuja finalidade era eliminar discriminações que, nem por serem expressões de soberanias nacionais, eram menos nocivas à humanidade como um todo.

O GATT reuniu, inicialmente, apenas 21 dos 52 signatários da Carta de Havana. Sua utilidade, porém, pouco a pouco, se foi impondo, do que é prova irrecusável o fato de agrupar hoje 117 participantes, sendo de notar que bom número dentre eles emergiram como países independentes, no desdobramento de antigas colônias inglesas, francesas, holandesas e belgas, cujas metrópoles tinham firmado o Acordo inicial.

Nestes quase cinqüenta anos de existência prática do Acordo, dois de seus aspectos se revelaram especialmente fecundos, a ponto de os frutos superarem as melhores expectativas:

I. a função do Acordo como fórum para dirimir divergências entre seus membros, definindo melhor e ampliando gradativamente as normas liberalizadoras do intercâmbio comercial;
II. a formação de *uniões aduaneiras*, das quais exemplo eminente é o Mercado Comum Europeu, instituído pelo Tratado de Roma, de 1957, e a criação de *zonas de livre comércio*, tal *a* EFTA – *European Free Trade Association*, regulada pelo Tratado de Estocolmo, de 1959.

Como fórum para debate e solução de controvérsias, o GATT, além de manter uma organização permanente, em sua sede em Genève, na Suíça, tem realizado periodicamente as conhecidas *rodadas de negociações*, a última das quais – o *Uruguay-Round* – durou nada menos de oito longos anos em Montevidéu, encerrando-se a 15 de dezembro passado.

Tais *rodadas* não são nada tranqüilas. Elas envolvem interesses quase sempre conflitantes, de muitas dezenas de nações, relativos a inúmeros produtos, em que as condições pleiteadas para a *venda* não se coadunam com as exigências para a *compra*. E os debates a respeito se arrastam interminavelmente, dando lugar a sugestões mordazes, como a de mudar o nome do GATT para *General Agreement to Talk and Talk*, ou, em português corrente, *Acordo Geral para Conversa Fiada*.

A *rodada Uruguai* esteve à beira do fracasso. Mas a perspectiva de uma nova guerra comercial – como a dos anos de 1919 a 1939 – desempenhou o papel de geradora do *equilíbrio do terror* atribuído à bomba atômica, e acabou convencendo os litigantes de que era melhor *recuar um passo, para avançar dois* – segundo a célebre fórmula do ainda insepulto Lenine – do que correr o risco de se destruírem mutuamente.

Persistem ainda, é verdade, desinteligências localizadas, tais as que têm como protagonistas o Japão e os Estados Unidos, e os dois com a Comunidade Européia. Mas, neste terreno, nunca se chegará à plena eliminação dos choques de interesses. O remédio é reduzir esses choques, na medida do possível e, em última hipótese, administrá-los a custos toleráveis.

O segundo aspecto, sob o qual o *Acordo Geral sobre Tarifas e Comércio* demonstrou alta eficácia, está sendo o da formação de Uniões Aduaneiras e de Zonas de Livre Comércio. Trata-se, curiosamente, de exceções à regra geral da *cláusula da nação mais favorecida*, cláusula, vale repetir, que é a própria base do GATT, e pela qual toda e qualquer vantagem tarifária concedida por uma nação integrante do *Acordo* a outra se estende automaticamente aos demais membros.

Por surpreendente que seja, a exceção é perfeitamente racional, e segue o principio lógico que manda ajustar os meios aos fins. Com efeito, qual a finalidade essencial do *Acordo Geral*? Evidentemente, facilitar o intercâmbio entre os países para melhor servir ao desenvolvimento de todos. Ora, o que mais promove aquele intercâmbio é a eliminação de barreiras, libertando-o de tudo quanto possa injustificadamente entravá-lo. O ideal a ter em vista – que, embora inatingível na prática, deve traçar os rumos da ação – é o de levar os países a formarem, no tocante às trocas comerciais, um único território, onde vigorem as mesmas normas legais, sem discriminações por motivo de origem ou destino.

Enquanto esse ideal não se alcança, no referente a todas as nações, nada mais razoável do que apoiar as que queiram pô-lo em prática, e fazê-lo pela melhor forma possível. É o que ocorre, quando dois ou mais países resolvem formar uma *União Aduaneira* ou uma *Zona de Livre Comércio* .

Tanto a *Carta de Havana*, como o *Acordo Geral sobre Tarifas e Comércio*, acertadamente se abstiveram de definir, em minúcias, o que constitui uma *União Aduaneira*, ou uma *Zona de Livre Comércio*. Limitaram-se, por isso – a *Carta de Havana*, em seu artigo 44, e o GATT em seu artigo 24 – a declarar que as vantagens e isenções que os países reciprocamente se concedem, numa *União Aduaneira*, ou numa *Zona de Livre Comércio* – não se estendem automaticamente aos países não integrantes dessas *uniões* e *zonas*. Em conseqüência, os países que assim queiram podem aliar-se para fins aduaneiros, como se fossem um só país, sem depender dos outros que, por este ou aquele motivo, não se disponham a adotar igual procedimento.

A principal diferença entre *União Aduaneira* e *Zona de Livre Comércio* reside em que, na primeira, os contratantes adotam, em relação aos demais países, a mesma tarifa aduaneira, ou seja, tributam e regulam de igual maneira suas trocas comerciais com países de fora do bloco; ao passo que, nas *zonas de Livre Comércio*, cada membro do bloco pode tarifar e regular, de modo independente, suas relações com terceiros países, ressalvadas, é claro, as normas do GATT, quando se trata de aderentes ao *Acordo Geral*.

UNIÕES E ZONAS
COMUNIDADE EUROPÉIA, MERCOSUL E NAFTA

A primeira e mais importante *União Aduaneira* organizada à sombra do *Acordo Geral sobre Tarifas e Comércio* foi a da *Comunidade Econômica Européia* ou *Mercado Comum Europeu*, instituído pelo Tratado de Roma, firmado em 25 de março de 1957, por seis países: Alemanha, França, Itália e o Benelux (Bélgica, Holanda e Luxemburgo). Não foram nada fáceis, quer a negociação do Tratado, quer sua implementação prática. E, apesar de êxitos espetaculares, estes trinta e sete anos de existência têm exigido e continuam a exigir intensa e permanente atuação de estadistas da melhor qualidade, para singrar, mantendo a rota, o mar encapelado dos interesses em conflito.

Após intensas discussões, a assinatura do Tratado – que teve, entre seus signatários, figuras oraculares, como as de Adenauer e Spaak, além de Pineau, Segni, Hallstein, Faure e outras estrelas da vida pública européia – foi cercada de mais ceticismo do que de esperança. O texto tinha 248 artigos, sem contar as listas, os protocolos e as convenções anexas, tantas as situações especiais a definir e disciplinar. No artigo 8º, estava previsto que o mercado comum seria estabelecido ao longo de um período de doze anos, em três etapas de quatro anos, prazos sujeitos a modificações, que de fato ocorreram. Mas o Mercado Comum funcionou e, já em 1991, os seus membros eram doze, com a adesão ao Tratado de Roma, da Grã-Bretanha, da Espanha, de Portugal, da Irlanda, da Dinamarca e da Grécia. Recentemente, foram incluídos na União a Áustria, a Suécia, e a Finlândia, estando a Noruega em processo de adesão.

Notável tem sido a evolução da idéia inspiradora do Tratado de Roma, que é fundamentalmente a da união continental. Secularmente dividida por rivalidades profundamente enraizadas, causadoras de sangrentas e devastadoras guerras, a Europa começou a alimentar, no pós-Segunda Guerra Mundial, a esperança de realizar um sonho que parecia impossível: o da unidade. Os *Estados Unidos da Europa* – que, na década de 1930, José Ortega y Gasset vislumbrara, em seu fascinante *La Rebelión de las Masas*, pela integração e superação dos estados nacionais – começaram a tomar corpo, em 1952, com a Comunidade Européia do Carvão e Aço, obra da genialidade de Robert Schuman e Jean Monnet. Essa etapa de unidade econômica foi sucedida e consideravelmente ampliada pelo Tratado de Roma, de 1957, que a muitos se afigurou utópico e irrealizável.

Lembro-me de que, em novembro de 1957, participei da delegação brasileira à 12ª Reunião do GATT, em Genève, relator que fora, na Câmara dos Deputados, de extensa reforma pela qual nossa tarifa alfandegária, até então *específica* – isto é, tributando cada produto por uma quantia fixa em moeda – passou a ser *ad valorem*, ou seja, com o imposto calculado em percentagem do valor da mercadoria. Regressando da reunião – na qual o Tratado de Roma foi objeto de larga discussão –, passei por Roma, onde fui convidado a almoçar, na Embaixada Brasileira, com o nosso Embaixador Alencastro Guimarães e alguns diplomatas, entre os quais o Embaixador Ugo Sola, que fora representante da Itália em nosso País. O assunto dominante nas conversas foi o Mercado Comum Europeu, alvo de muita descrença. Ugo Sola mostrava-se taxativo: – *Não vai dar certo. Estive há pouco na região da Riviera Francesa, onde os agricultores estão simplesmente revoltados, e ameaçam receber à bala os produtores italianos que lá pretendam vender livremente seus artigos.*

Mas, apesar de tudo, o Mercado Comum se firmou, a ponto de tornar-se irreversível. E pelo Tratado de Maastrich, em fevereiro de 1992, foram estabelecidas normas e fixadas datas para a criação de uma moeda única, um banco central comum e a mesma política monetária.

Seqüência histórica semelhante está em curso na América do Sul. A verificação de que os países latino-americanos, apesar da contigüidade, comerciavam mais com os Estados Unidos e a Europa do que entre si, levou o Brasil, a Argentina, a Bolívia, o Chile, o México, o Paraguai, o Peru e o Uruguai a instituir, com o Tratado de Montevidéu, de 1960, a *Associação Latino-Americana de Livre Comércio* – ALALC. Os primeiros resultados da ALALC foram favoráveis, mas esta não conseguiu atuar com o dinamismo esperado. Seu mecanismo revelou-se lento e embaraçante, o que levou à sua substituição pela ALADI – *Associação Latino-Americana de Integração,* pelo novo Tratado de Montevidéu, de 1980, desta vez com a participação do Brasil, da Argentina, da Bolívia, do Chile, da Colômbia, do Equador, do México, do Paraguai, do Peru, do Uruguai e da Venezuela.

A maior inovação da ALADI foi a de projetar um Mercado Comum Latino-Americano, não imediatamente como um todo constituído pelos citados países em conjunto, mas progressivamente e mediante entendimentos bilaterais ou grupais. Seguindo esse método, o Brasil e a Argentina iniciaram, em 1985, troca de instrumentos contratuais, que culminaram com a assinatura, em 26 de março de 1991, do Tratado de Assunção, constituindo o *Mercado Comum do Sul* – MERCOSUL, do qual participam, além do Brasil e da Argentina, o Paraguai e o Uruguai, e que deverá ficar estabelecido em 31 de dezembro de 1994.

Não obstante as inevitáveis objeções e resistências da parte de setores dos quatro países, setores que se consideram em desvantagem, a implementação do mercado comum tem boas perspectivas, com a harmonização ou a superação das divergências por ele suscitadas.

No referente às *Zonas de Livre Comércio*, fatos da maior importância registraram-se, nos últimos meses, com a ratificação do *North American Free Trade Agreement* – NAFTA, reunindo os Estados Unidos, o Canadá e o México. A relevância do acontecimento é tanto maior, quanto tudo indica que esse novo Acordo, na medida em que for bem-sucedido, certamente atuará como potente ímã, atraindo outros países americanos. O Chile – que, parece, seria muito bem recebido no seio do NAFTA –, além da Argentina e do Brasil, se conseguirem pôr e manter ordem em suas economias, bem poderão acabar integrando a nova e grande área de livre comércio. Antecipando-se a tal desenvolvimento, o Brasil está lançando a idéia da formação de uma *zona de livre comércio latino-americana*. O que, a um tempo, se ajusta e rivaliza com outra idéia – a do então Presidente George Bush – de criar um mercado comum, unindo economicamente as três Américas.

Enquanto isso, o Japão, a China, os países da orla do Pacífico, incluindo os tigres asiáticos, e mais a Índia, a Rússia e o seu desmoronado império, como irão evoluir, em suas alianças ou em seu isolamento econômico?

Às primeiras décadas do século XXI – pode-se prever tranqüilamente – não faltarão eventos sensacionais, na Babel econômica que é este nosso mundo, e em que tão necessária se faz uma língua comum para o intercâmbio comercial.

Que os leitores, pelo menos em sua maioria, vivam o suficiente para presenciá-los são os votos que aqui ficam.

PLANO F. H. C.
NOVO PLANO OU REEDIÇÃO?

O espaço ainda disponível e o pouco tempo decorrido desde a publicação – oficial e de seu texto preciso, mas ainda sujeito à aprovação do Congresso – não permitem fazer aqui, do Plano do Ministro Fernando Henrique Cardoso, o exame ao qual faz jus. Ficará, se Deus quiser, para a próxima oportunidade, com menor sabor de novidade, mas com a vantagem de melhor conhecimento prático de seus lances iniciais. Válido será, entretanto, formular, em termos gerais, algumas considerações sobre seus lineamentos e suas perspectivas de êxito.

Trata-se de mais um dos inúmeros planos com os quais se tem pretendido dominar a nossa crônica e, no último decênio, desabalada e aparentemente indomável inflação. Será ele, como vem sendo sugerido nestes comentários, não propriamente um *plano novo*, mas a reedição de um mesmo plano básico, remodelado *sob a influência e a pressão das circunstâncias, com algumas idéias presumidamente inovadoras, mas cuja originalidade, em fim de contas, não é tão grande assim?* (Vide *Atualidade Econômica*, n.º 55 – outubro-dezembro-1991, de *Cultura e Fé*, tópico *Planos Econômicos – Por que não têm dado certo?*)*.

Tudo indica que a resposta – sem desmerecer o valor do plano, por sinal bem recebido pela opinião pública – deve ser afirmativa. E é necessário, desde logo, acentuar que o Plano F . H. C. não se limita às disposições da Medida Provisória n.º 434, de 28/02/94, mas está integrado por um conjunto de não poucas providências, algumas anteriores à citada MP, e outras que lhe deverão subseguir.

---

* Vide Cap. 4.

Nesta altura, aliás, impõe-se deixar bem claro que, em todos esses planos, a questão fundamental, o alicerce sem o qual nenhum deles se sustenta, é o equilíbrio monetário, vale dizer, a eliminação, não apenas do déficit fiscal, mas ainda a do déficit creditício: em suma, das causas que dão origem à criação artificial e excessiva de meios de pagamento .

A convicção de que o equilíbrio monetário é condição *sine qua non* para qualquer plano sério de combate à inflação custou a entrar na consciência da opinião pública, e mesmo na cabeça de muitos políticos e intelectuais que a influenciam e até a conduzem. O problema não reside propriamente na aceitação da idéia de que esse equilíbrio é necessário ou pelo menos útil. Está, sim, em exigir esse equilíbrio, que o uso do poder nominal de compra – quer se aplique em gastos públicos, quer se dirija a investimentos a crédito – tenha contrapartida equivalente em tributos arrecadados e em poupança real efetivada. Ora, todo político e todo intelectual sabem muito bem que, de modo geral, gastar e investir dá prestígio e votos, ao passo que tributar e restringir consumo tira as duas coisas.

O dramático *é proibido gastar* do discurso de posse que Tancredo Neves não chegou a ler foi um sinal de que as duras verdades econômicas estavam, finalmente, varando o espesso nevoeiro da demagogia financeira. Infelizmente, logo a seguir voltaram a vicejar teorias que absolviam o déficit, alimentadas pela ilusão de que medidas heterodoxas substituam com vantagem as incômodas receitas da ortodoxia.

A razão basilar pela qual nenhum dos planos até agora imaginosamente elaborados deu certo – em que pese aos êxitos iniciais de alguns – está em que nenhum deles conseguiu dominar o dragão do déficit sem cobertura real. Este novo plano surge agora em ambiente que – os anjos digam amém! – se apresenta bem mais propício. Cunhou-se até uma expressão – *zerar o déficit* –, hoje na pena e na boca de todos os comentaristas, até mesmo dos que entendem mais de futebol do que de análises econômicas. O que é um bom prenúncio.

O Plano F . H. C. repete, é bem verdade, algumas medidas de planos anteriores, como a instituição de nova moeda, o controle – desta vez mais indireto – dos preços e a repressão das práticas monopolistas, notadamente pela maior liberação das importações. Medidas que, nem por serem de caráter complementar, são menos valiosas e atuantes. Mas a maior e mais importante novidade é a do *ajuste fiscal* que, a duras penas, foi parcialmente aprovado pelo Congresso, reforçando as receitas e fortemente reduzindo o provável valor das despesas. Se o equilíbrio – fiscal e creditício – for realmente atingido, tudo faz crer que a inflação, se não for *zerada* – e isso não é indispensável, e nem mesmo talvez desejável – pelo menos será reduzida a proporções civilizadas.

A Medida Provisória n.º 434, de 28/02/94 – que assinala o início de execução do Plano – caracteriza-se pela criação, não ainda de uma nova moeda, mas do que a nova lei denomina *padrão de valor monetário*: a *Unidade Real de Valor* – URV.

Em substância, a URV é um índice de correção monetária cuja adoção a nova lei intenta generalizar gradativamente e, por fim, dela fazer a base da nova moeda: o Real. Tem-se acusado a URV de ser uma *dolarização disfarçada ou envergonhada*. Há nisso uma censura que vê, na dolarização, algo de errado ou *qui n'ose pas dire son nom*. Ora, não se trata de uma dolarização, no sentido de estabelecer uma paridade fixa entre o dólar e a URV ou o Real, como no sistema denominado *padrão de câmbio ouro* (*Gold Exchange Standard*) e ao qual se podem fazer sérias objeções. No caso da URV, a sua relação com o dólar decorre do fato de que as cotações de uma e de outro se aproximam, porque, com o câmbio flexível há muito adotado em nosso Pais, ambas variam com o nível de inflação.

Se essa correspondência entre as duas cotações for apelidada de *dolarização*, correto será então dizer que estamos em face de uma *dolarização referencial*, uma tentativa de recuperar, para nossa moeda, a função de unidade de referência dos preços em geral, função que ela perdeu em nossas compras e vendas.

O tema foi objeto de comentários em *Atualidade Econômica*, no n.º 62 – julho-setembro-1993*, e a ele esperamos voltar, em exame mais pormenorizado do Plano Fernando Henrique Cardoso. Nesse exame, um dos pontos discutíveis – merecedor de atenção especial, já com o subsídio das primeiras semanas de aplicação – é o relativo à complexa questão das remunerações, notadamente os salários, em que se irá aplicar, na prática, a chamada *escala móvel*. Justo em si, esse sistema pode ter conseqüências desfavoráveis ao objetivo principal do Plano, conseqüências que se impõe prever e, quanto possível, neutralizar.

---

* Vide Cap. 8.

11
Abril-Junho
1994

PLANO REAL
O TEXTO E AS VÍRGULAS

CARLO ALBERTO SALUSTRI foi um jornalista italiano que se tornou famoso, sob o pseudônimo *Trilussa* (anagrama de Salustri), como humorista satírico e poeta. Diretor de jornal, recebeu certo dia carta de amigo e parente, acompanhada de um artigo e com uma recomendação modesta: *se notares falta de alguma vírgula no texto, nada de cerimônia: deixo a pontuação por tua conta.*

Em face dos laços que o prendiam ao missivista, o pedido era irrecusável. Trilussa suou o topete para dar ao artigo feição publicável, mas não conteve a sua verve e, editada a *obra-prima*, escreveu de volta: *Meu caro, na próxima vez, manda-me as vírgulas, e deixa o texto a meu cargo*!

O episódio vem, à memória, a propósito do que ocorre com a votação pelo Congresso Nacional das Medidas Provisórias. Regulados pelo art. 62, da Constituição de 1988, tais atos são expedidos, com força de lei, pelo Presidente da República e, submetidos ao Congresso Nacional, perdem eficácia desde a edição, se não forem convertidos em lei no prazo de trinta dias a partir de sua publicação.

É nessa *conversão em lei* que o símile das vírgulas de Trilussa se encaixa, como roda dentada na engrenagem. Pois nunca uma medida provisória consegue passar incólume pelo Congresso e pelos quase seiscentos legisladores soberanos que nele atuam. Esta observação não é, a rigor, uma crítica: é apenas uma constatação (com licença para o galicismo). De fato, todos quantos tivemos a honra – e a sina – de exercer mandato parlamentar, sabemos bem que o impulso para modificar o texto legal sujeito a exame, e fazê-lo segundo nossos próprios pontos de vista, não só é natural – e, algumas vezes, útil ao País – mas, ainda, constitui uma tendência à qual é difícil resistir. Não é de admirar, de conseguinte, que o Congresso, como um todo, se sinta civicamente compelido a, consoante se diz em linguagem parlamentar, *aperfeiçoar* as proposições submetidas a discussão e votação.

Quando o Governo submete à *alta consideração do Congresso Nacional*, como reza a formalística das respectivas mensagens, suas Medidas Provisórias, alimenta sempre a esperança de que elas passem, com o mínimo possível de retoques *aperfeiçoadores*, e que estes sejam feitos, de preferência, na redação ou na pontuação. Mas tantos costumam ser *esses* retoques que, qualquer dia, alguma autoridade parlamentar, versada ou não em Trilussa, arriscará propor – e com razão – que o Governo envie as vírgulas e deixe o texto por conta dos deputados e senadores.

Diga-se, aliás, a respeito da pontuação, que seus pequenos sinais, longe de serem meros adornos caligráficos, podem ter grandes e sérias conseqüências. Como aconteceu com o general romano que, antes de partir para a guerra, prudentemente consultou os áugures, para saber qual seria o seu destino. Após cuidadoso estudo do canto das aves sagradas, foi-lhe apresentado o solene vaticínio: *ibis redibis numquam peribis in armis*. Confiante, o general partiu, mas não voltou: foi derrotado e morto. E os responsáveis pelo prognóstico explicaram: a culpa cabia ao malogrado consulente, o qual interpretara erradamente o augúrio como sendo: *íbis vg redibis vg numquam peribis in armis*; quando o entendimento correto deveria ser: *ibis vg redibis numquam vg peribis in armis* pt. Puro equívoco na colocação de urna despretensiosa vírgula!

Este prólogo serve para introduzir, e tentativamente amenizar, algumas considerações sobre o reingresso, às vésperas de o País completar quinhentos anos de História, do venerando *REAL* que lhe financiou o descobrimento e a nascente economia, e que muitos dentre nós, anciãos sobreviventes das crianças de outrora, tivemos a glória de manusear, quando nos sucedia recebê-lo de presente, nas grandes datas do ano, sob a forma de moedas de prata de um e dois *mil réis*, ciosamente guardadas nos saudosos cofrinhos.

Marcado para o dia primeiro de julho de 1994, esse retorno às origens, determinado pela MP n.º 434 de 27/2/94, convertida pelo Congresso – com vírgulas suficientes para Trilussa nenhum botar defeito – na lei n.º 8.880, de 27/5/94, assinala um momento culminante do novo plano, com o qual se pretende vencer, finalmente, o dragão inflacionário de múltiplas cabeças e outros tantos variegados índices.

O combate à inflação – cumpre reconhecer – vem sendo, nesta segunda metade do século, meta anunciada por sucessivos Governos. Embora xingada por todo mundo e com lugar cativo nas críticas de todas as oposições, a inflação nem sempre foi considerada o pior, ou, pelo menos um dos piores males econômicos. Pode-se dizer mesmo que era suportada como uma dor de cabeça, uma enxaqueca teimosa que se procurava aliviar com analgésicos, sem ilusões quanto à possibilidade de cura radical. De certo modo, ela se incorporou à nossa cultura, qual uma mazela inevitável, com que só restava conviver. No pós-Segunda Grande Guerra – e isso, um pouco ou muito, por contágio provindo da opinião pública mundial – a idéia-força imperante passou a ser o *desenvolvimento*. O Plano Salte, a construção da moderna rodovia Rio-São Paulo (a Presidente Dutra) e a criação da hidrelétrica do São Francisco – para citar apenas alguns eventos – balizaram o início de um processo que, com a criação da Petrobrás, o advento da indústria automobilística e a construção de Brasília, entrou praticamente em disparada. Para cada um dos investimentos feitos, havia sempre um monte de razões a justificá-los e, por igual, outro monte de objeções a contra-indicá-los; notadamente quanto à sua oportunidade ou à forma de realizá-los. No saldo e em conjunto, porém, revelaram-se *desenvolvimentistas*, mas também e em seu conjunto – acompanhados de uma política de crédito largamente subsidiado e de medidas de caráter populista – demonstraram-se tentativas de fazer o passo mais comprido do que as pernas, com déficits crescentes e a criação artificial dos meios de pagamento requeridos para cobri-los.

Em conseqüência, os índices de inflação que, até 1958, não haviam ultrapassado a casa dos 25% ao ano, foram mudando de patamar e, em 1964, beiravam os 100%. Com o regime instituído pela Revolução daquele ano, a inflação regrediu e registrou, em 1973, a marca inimaginável, hoje e em nosso meio, de 15% anuais. Este, entretanto, foi o ano do primeiro *choque do petróleo*, e, já em 1974, os índices de inflação subiram para 34%. Em 1980, no ano seguinte ao segundo *choque do petróleo*, ultrapassaram os 110%, sempre ao ano. Logo adiante, em 1983, foi atingido o patamar de 200% a.a., com uma rápida interrupção em

1986 – ano do Plano Cruzado, ou Funaro – quando baixou a 65%, para logo, no ano seguinte, ascender a 400% e disparar para os 1476% de 1990. Surgiu, ainda, em 1991, o raio de esperança do Plano Collor ou Zélia, quando o índice foi de 480% ao ano. Mas os 1.157% de 1992, os 2.708% de 1993, e os 4.500% a.a. projetados para o 1º semestre de 1994 estão fazendo do Brasil, se não o campeão mundial da inflação, pelo menos um dos vices, com grandes possibilidades de arrebatar o título.

Nesse ambiente, de sua tríplice função – instrumento de troca, padrão de valor e reserva de poder de compra – a moeda manteve apenas, e muito mal, a de intermediação nas compras e vendas, sem a qual teríamos regredido ao puro e simples escambo das eras pré-históricas.

Essa escalada inflacionária foi, na que pode ser considerada sua fase inicial – a década de 1950 – enfrentada com o receituário da época, a qual – em nosso País e em sua opinião pública – estava ainda muito jungida ao passado e apenas começava a abrir-se aos novos horizontes da ciência econômica. Tal receituário incluía uma taxa de câmbio desajustada, que sufocava as exportações e premiava as importações, gerando uma parafernália adoidada de controles, licenças prévias e subsídios, e a que tudo se acresciam tabelamentos e limitações de todo tipo, a cargo da COFAP – Comissão Federal de Abastecimento e Preços, sucedida pela SUNAB – Superintendência Nacional de Abastecimento. No Governo Jânio Quadros, o Ministro da Fazenda Clemente Mariani iniciou um ensaio de desmonte dessa montanha de artifícios, mas não teve tempo, nem apoio, para completá-lo, pois veio o Governo Goulart e, com ele, tudo voltou praticamente à estaca zero.

Com a revolução de 1964, surgiram importantes mudanças na estrutura de nossos mecanismos financeiros e na operação de nosso aparelhamento fiscal e orçamentário. A reforma bancária, com a criação do Banco Central e a reorganização das instituições e dos instrumentos de crédito, ordenaram e agilizaram os processos da circulação monetária e fiduciária. Por sua vez, o fortalecimento da arrecadação e a contenção dos gastos públicos permitiram controlar melhor os déficits e, a partir de 1965, a inflação passou a recuar, até situar-se em 15 % ao ano, em 1973.

Nesse período, deu entrada no cenário um fator que acabou por se tornar uma especialidade brasileira, revelando-se, ao mesmo tempo, um amortecedor das perturbações inflacionárias e um realimentador da inflação. Trata-se da *correção monetária,* sem a qual não se compreende como tenha sido possível à nossa economia sobreviver ao caos monetário e, apesar de tudo, registrar aumentos, embora de todo insuficientes, em sua produção global. *Correção monetária* que, com o advento do *REAL* se pretende eliminar por *eutanásia* e que, certamente, passará à História Econômica como exemplar insigne do jeitinho brasileiro.

PLANO REAL
A EUTANÁSIA DA *CORREÇAO MONETÁRIA*

O princípio em que se baseia a *correção monetária* apareceu discretamente, em nossa legislação, com a Lei n.º 3470, de 23/11/58, cujo artigo 57 permitiu aos contribuintes do Imposto de Renda, sem pagar tributo por isso, corrigir o registro contábil do valor dos bens do seu ativo imobilizado.

Somente em 1964, porém, por inspiração desse que foi, sem dúvida, nosso mais insigne Ministro da Fazenda –

Octávio Gouveia de Bulhões – o princípio entrou, em nossa vida econômico-financeira, como suporte de um mínimo de credibilidade, numa circulação monetária enlouquecida pela desordem da inflação. Isso ocorreu com a criação das Obrigações Reajustáveis do Tesouro Nacional – as ORTN – pela Lei n.º 4.357, de 16/7/64, segundo a qual o valor nominal desses títulos seria *atualizado periodicamente, em função das variações do poder aquisitivo da moeda nacional*. Essa *atualização de valor* – que o uso acabou consagrando pelo nome de *correção monetária* – generalizou-se e foi ratificada pela Lei n.º 6.205, de 29/1/75, que eliminou a prática, então corrente, de fixar obrigações financeiras em termos de salário mínimo, substituindo-a por sistema especial de ajustamento estabelecido pelo Poder Executivo.

A *correção monetária* está a merecer amplo e profundo estudo, capaz de notabilizar seus autores que, por certo, não demorarão a aparecer. Revelou-se a correção fator multiforme de benefícios e de malefícios. Benéfica ela é, quando restabelece a proporção entre os *preços relativos*. Maléfica, quando sanciona e realimenta a alta dos preços. Vejamos, agora, como se comporta ela em cada uma dessas posições.

Nenhum preço – seja de bens ou serviços – se forma no vazio. Ao contrário, faz parte de um conjunto, no qual cada preço depende dos demais. Assim, por exemplo, o preço da carne bovina e o da carne de frango interdependem: se um sobe, o outro tende a subir; e, se um baixa, o outro tende a baixar, ou a subir menos rapidamente. Coisa semelhante sucede com o preço do arroz e do trigo, dos eletrodomésticos e dos aluguéis, dos serviços médicos, das mensalidades escolares e a média de salários da indústria.

Pode-se dizer que, encarada sob esse ângulo, a *correção monetária* atua como niveladora dos preços. Nivelar, aqui, não significa igualar todos os preços, e sim restabelecer o equilíbrio, que a inflação desordena, nos *preços relativos*. Tentemos, agora, trocar em miúdos essa assertiva que parece *economês*, mas, na realidade, é uma corriqueira observação do nosso dia-a-dia.

A inflação, como é sabido e ressabido, é desencadeada por um aumento artificial do poder nominal de compra, como ocorre, por exemplo, quando o Governo paga suas obrigações com a pura e simples impressão de cédulas, na Casa da Moeda. Se tais cédulas são utilizadas no pagamento, digamos, dos funcionários, estes não as guardam em casa, mas as empregam, fazendo suas compras nos supermercados. Atenda-se bem – pois isso é de fundamental importância – à diferença que existe entre o poder de compra (dinheiro) gerado pelo processo normal de produção e o que resulta das emissões. Na primeira hipótese, o *poder de compra*, entregue aos produtores, o é na exata medida em que estes abasteceram o mercado, com bens e serviços. Já, na segunda hipótese, isso não ocorre. O *poder de compra* é criado sem contrapartida. Os bens e serviços produzidos e oferecidos no mercado continuam mantendo o mesmo volume com o qual vinham atendendo à demanda normal, mas devem agora enfrentar uma demanda maior, com o que os preços são puxados para cima.

Ocorre, porém, que a alta dos preços não é uniforme, nem simultânea. Formam-se *defasagens*: alguns preços sobem primeiro, outros acompanham, como ondas num mar encapelado. O movimento se propaga também para as remunerações. Sobem os lucros, os aluguéis, os juros, que são respectivamente o preço da comercialização, do uso de imóveis e da aplicação da poupança. Sobem, outrossim, os salários, quase sempre por último. Quanto mais intenso e prolongado for esse movimento, mais se desordena a vida econômica, pois se altera caprichosamente a relação entre os preços que são a base dos contratos e das transações.

Todo esse processo resulta da ação de forças que operam no sentido de ajustar o desnivelamento dos preços e restabelecer entre eles o equilíbrio perturbado pelo ingresso, no mercado, de *poder nominal de compra* desacompanhado do natural aumento nos volumes de produção e de oferta. São essas forças que dão origem à *correção monetária*, a qual, como repetidamente se tem assinalado nestes comentários, é inevitável, mas pode ser *natural* ou *institucionalizada*. É natural, quando obra espontânea da velha e irrevogável lei da oferta e procura; é institucionalizada, quando imposta por normas legais.

Compreende-se melhor, assim, a qualificação de *niveladora* que se dá à *correção monetária*. É algo semelhante à gravidade da Terra, que impele as águas na direção do nível do mar, mas não impede que cada lago – e até cada poça – se estabilize na altura relativa determinada pela conformação do solo.

Na proporção em que restabelece a *relação* natural entre os preços – daí o nome de *preços relativos* –, a correção monetária é benéfica. Infelizmente, porém, ela tem um efeito colateral perverso, pois, quando corrige a *defasagem* em certos preços, acaba provocando, quase sempre e geralmente por motivos psicológicos, *defasagens* em outros. Este fato é de modo especial visível, no tocante às remunerações, nelas incluídos os salários. Tais remunerações – que são o caminho natural de distribuição de *poder de compra* pela população – exercem, quando se mantêm ajustadas aos volumes de produção e oferta de bens, importante efeito regulador da demanda.

A procura dos bens e serviços oferecidos no mercado decorre, como é claro, do interesse dos compradores de aplicá-los no atendimento de suas necessidades, quer no consumo direto e imediato, quer no consumo indireto e postergado em suas várias formas, como a formação de estoques e a aquisição de bens duráveis. Mas essa procura encontra limitações no preço dos produtos e no montante das remunerações. Se a remuneração é constante e os preços sobem, o comprador vê-se obrigado a reduzir o volume de suas aquisições e opõe resistência a pagar o que lhe pedem. Em conseqüência, a procura não cobre a oferta e os preços tendem, se não a baixar, pelo menos a não subir tanto. Mas, se a correção monetária elevar as remunerações, ela habilita o comprador a pagar mais e, por assim dizer, sanciona e consolida a alta de preços, dando ensejo a que a seqüência: *alta de preços – alta de remunerações – alta de preços* recomece e prossiga indefinidamente. É a *realimentação* do processo, a face nociva da correção monetária.

Cortar essa seqüência viciosa vem sendo, de há muito, a aspiração dos Ministros e das equipes econômicas que os têm assessorado. Na segunda metade dos anos 70, quando a seqüência se iniciou – em escala que hoje seria considerada modesta, pois os índices ficaram aquém dos 80% anuais –, tentou-se prefixar a correção monetária em níveis inferiores aos da inflação anterior. O resultado foi a evasão de recursos das cadernetas de poupança e a tentativa gorou.

A prefixação tinha uma lógica. Visava reduzir o efeito *realimentador* da correção monetária, ou seja, o efeito *perverso* ao qual acima se fez referência. Mas essa lógica era aparente e ilusória, por ignorar que a correção apenas *realimentava* uma inflação que era *alimentada* por outros fatores, entre eles e basicamente, o *desequi-*

líbrio monetário, ou seja, o excessivo *poder nominal de compra*, não coberto por produção e oferta equivalente de bens. Enquanto esse desequilíbrio existir, repita-se uma vez mais, a correção monetária – quer espontânea quer institucionalizada – é inevitável e irreprimível.

Buscou-se, em seguida e por vários modos, conter a alta das remunerações – lucros, aluguéis, juros e salários, notadamente os salários mais altos – também sem resultado apreciável, tais os óbices encontrados. Recorreu-se, ainda e desta vez com melhor lógica, à prefixação de metas limitadoras da expansão dos meios de pagamento e do crédito não coberto por poupança real. Mas tudo ficou nas boas intenções: os limites foram ignorados na prática, e deles não mais se falou. Nem teria sido possível observá-los, sem cortar drasticamente os gastos e os financiamentos, ambos política e eleitoralmente intangíveis.

Vale, a esta altura, abrir parênteses para observar que, no referente à inflação, tornou-se usual o emprego dos adjetivos *ortodoxo* e *heterodoxo*, para qualificar as medidas adotadas ou preconizadas no intuito de debelar o mal. *Ortodoxas* seriam as medidas que se consideram clássicas, geralmente as de restrição ao volume dos meios de pagamento. *Heterodoxas* seriam as demais, como o congelamento ou tabelamento de preços, a punição do que se aponta como especulação abusiva dos comerciantes, além de outros expedientes que a criatividade dos economistas de plantão costuma elucubrar. Embora a distinção entre as duas espécies de providências seja pouco clara, não deixa de ser útil tal empréstimo do vocabulário teológico, para indicar duas concepções do flagelo inflacionário, que postulam, cada qual, seu tipo determinado de remédio.

Uma das concepções que seria a *ortodoxa* vê, na inflação, precipuamente um fenômeno monetário, ou seja, o efeito da criação excessiva de meios do pagamento, fora de proporção com o volume de bens e serviços ofertados no mercado. A outra concepção entende que as causas básicas estão do lado da produção, que seria insuficiente, e ao que se acrescentariam manobras especulativas de parte dos agentes econômicos.

O exame sem preconceitos da questão, entretanto, parece demonstrar que as causas da praga e os meios de enfrentá-la são numerosos e complicados demais para que possam ser reduzidos às duas pontas de um dilema. Existe um pouco e até muito de tudo, nos fatores da inflação. Não há como enquadrá-los num bando definido, e liquidá-los com o *tiro único*, de infausta memória. Não cabe dúvida, porém, de que a causa básica é o desequilíbrio que se instaura entre o aumento do volume do nosso conhecido *poder nominal de compra* e o volume de bens e serviços disponíveis no mercado. Se o *poder nominal de compra* cresce em 100% num ano, enquanto o volume dos bens e serviços aumenta apenas 10%, não é necessário grande agudeza de raciocínio para concluir que os preços, de modo geral, irão subir bastante. Quais as causas, entretanto, do excesso do *poder nominal de compra* e da insuficiência dos bens e serviços?

As fontes de excessivo *poder nominal de compra*, em nosso País e nestes nossos tempos, são notadamente:

I. déficit fiscal;
II. o crédito não coberto por poupança real;
III. saldo da balança comercial.

Essas três fontes lançam, no mercado, *poder nominal de compra* – ou seja, direitos de *comprar*, de *retirar* bens e serviços do referido mercado – sem que este seja concomitantemente reabastecido. Pode-se controlar esse fluxo excedente de poder de compra? Sim, mas não é fácil fazê-lo.

Quanto ao déficit, o procedimento é, a um tempo, muito simples e extremamente árduo. Pois é preciso aumentar a arrecadação e/ou limitar as despesas. São medidas necessárias e factíveis, porém exigem muito critério e, sobretudo, vontade e capacidade para enfrentar e vencer o desfavor popular e as resistências políticas.

Coisa semelhante ocorre com a limitação do crédito. Há, especialmente nos países em desenvolvimento como o nosso, tanto a empreender e ampliar, com o legítimo empenho de incentivar a produção, gerar empregos e melhorar o nível de vida da população, que o impulso – no sentido de queimar etapas e ceder ao ímpeto de financiar, a crédito sem cobertura de poupança real, o que não se consegue fazer de outro modo – é fortíssimo e quase incoercível.

Note-se que, quando o crédito se baseia em poupança real equivalente, não há criação de novo *poder de compra*, mas apenas deslocamento do poder que os poupadores não utilizam, para ser usado pelos beneficiários do crédito.

Por último – e por paradoxal que pareça – os saldos da balança comercial com o exterior criam um espinhoso problema. De um lado, tais saldos – ditos, aliás, *favoráveis* – são benéficos, porque reforçam a base de sustentação do crédito do País, melhorando suas possibilidades de recorrer ao mercado financeiro internacional, em boas condições. Além disso, a expansão das exportações – que geralmente dá causa aos superávites –, sobre representar acréscimo no volume e na qualidade da produção nacional, amplia o poder de compra externo e permite escolher quanto, de onde e quando importar.

Mas esse quadro brilhante tem um reverso escuro. É que as exportações geram divisas que, em posições de equilíbrio, são tomadas pelos importadores para pagar suas compras do exterior. Contudo, a formação de saldos, por definição, significa que há mais moeda estrangeira – digamos dólares – oferecida à venda pelos exportadores, em troca de moeda nacional, do que dólares procurados pelos importadores. Em conseqüência, sobrarão dólares no mercado, o que se afigura algo de muito bom, e o preço da moeda estrangeira tende a baixar ou, em outras palavras, o valor da moeda nacional tende a subir, quando expresso em dólares. À primeira vista, o desfecho parece ótimo. Tal situação, porém, se perdurar, acaba por dificultar as exportações, pois os exportadores receberão menos moeda nacional. Isso poderá desestimular a produção de bens exportáveis, gerando desemprego, além de comprometer as reservas cambiais. Tudo isso leva o Banco Central a intervir no mercado, adquirindo os dólares excedentes e emitindo numerário para fazê-lo. E aí está como os saldos na balança comercial com o exterior podem ser fonte de aumento do *poder nominal de compra*, sem contrapartida de incremento no volume de bens e serviços ofertados no mercado interno. De conseguinte, tornam-se fatores de inflação.

A fim de neutralizar o excesso de poder nominal de compra ocasionado pelos saldos na balança comercial, recorrem os Bancos Centrais, via de regra, à colocação de obrigações no mercado, para *enxugar* a demasia monetária. Com isso, porém, os juros tendem a subir, criando ambiente desfavorável para o processo produtivo. Por sua vez, os juros altos atraem divisas do exterior, em aplicações a curto prazo – a chamada *hot money* (moeda quente) – com efeito e inconvenientes semelhantes aos dos saldos comerciais. Isso freqüentemente obriga as autoridades a restringir o ingresso de tais divisas.

Até aqui o raciocínio desenvolvido esteve assentado no que se costuma caracterizar como teoria ortodoxa, ou seja, a tese de que a inflação revela excesso de *poder nominal de compra* e, portanto, deve ser combatida pelo controle da expansão monetária. Convém agora tomar em consideração o ponto de vista dos que acusam essa concepção de *monetarista* e sustentam que a inflação deve ser enfrentada, não pelo corte do poder de compra, e sim pelo incremento da produção e pelo combate à especulação.

Tal atitude é, sem dúvida, externamente simpática. Defender o *poder de compra,* sobretudo quando se lhe acrescenta o complemento *do povo*, é música para os ouvidos que, muitas vezes, pode *render* preciosos votos dos consumidores. Preconizar o amparo à produção é, por seu turno, meio de conquistar entusiásticos aplausos, desta feita na faixa dos produtores. Seria essa, de fato, uma solução luminosa, não houvesse a embaçar-lhe o brilho um incômodo senão. Porque muito fácil e rápido se demonstra aumentar o volume do poder nominal de compra: basta emitir moeda em espécie ou expandir, por via do crédito, a moeda escritural. Bem mais difícil e lenta, porém, é a tarefa de aumentar a produção de bens e serviços. Entre nós, por exemplo, aumentos, nos meios de pagamento, de uma centena de pontos percentuais, por ano, têm sido episódios corriqueiros. Ao passo que os acréscimos anuais de produção – que até os países desenvolvidos se julgam felizes, quando neles tais incrementos beiram 5% – em nossa vida econômica pouco vão além disso e, mesmo no período mais favorável, o do chamado *milagre econômico*, que muitos teimam ainda em não reconhecer, ficaram no máximo dos 14% de 1973, façanha que apenas o Japão, no auge de seu gigantesco esforço de reconstrução pós-guerra, parece ter conseguido realizar.

Não se nega, é claro, que o incentivo à produção – notadamente desembaraçando os produtores, quanto possível, de entraves burocráticos e fiscais – deve acompanhar todo intento de restabelecer a estabilidade monetária. Mas nada perturba mais o processo produtivo do que a louca sarabanda dos preços que a inflação desata.

Errado seria limitar o combate à inflação à mera contenção do poder nominal de compra. Medidas como o controle dos preços, a repressão às especulações monopolistas, programas de assistência para casos especiais de pobreza e, ainda, o esclarecimento da opinião pública e sua convocação para superar desconfianças e colaborar, por todas as formas, contra o pessimismo que a nossa *cultura inflacionária* semeia a mancheias, longe de serem apoucadas como manobras *heterodoxas*, merecem estímulo e compreensão.

Bem mais enganoso, contudo, seria minimizar o indispensável ajuste do inchamento do *poder nominal de compra*, pois nele, afinal, se localiza a causa básica do processo inflacionário. Inútil será o esforço para enxugar o soalho da casa, enquanto forem mantidas abertas as torneiras que o inundam.

Justiça é registrar que os esquemas adotados pelos vários Governos, a partir do agravamento da inflação nos anos cinqüenta, nunca excluíram, pelo menos com declarada intenção, quer as medidas *ortodoxas*, quer as *heterodoxas*. Todos eles, por exemplo, se propuseram reduzir os déficits e as conseqüentes emissões de moeda, além de incentivar a produção, etc, etc. A diferença entre esses esquemas surgia em sua execução e na ênfase dada às diversas espécies de providências. Observada, freqüentemente, era a conhecida receita de goiabada, que algumas fábricas seguem, de acordo com a qual o produto associa goiaba e abóbora, na proporção de 50% para cada fruta, o que se traduz por uma goiaba para cada abóbora... A goiaba, no caso, tem sido a redução dos déficits, e de todo insuficiente para alterar o gosto e o efeito do resultado.

Os esquemas de combate à inflação tomaram, a partir de 1986, a feição de *planos* com o objetivo de ordenar melhor os elementos que os compõem e ajuntar-lhes a repercussão psicológica favorável de sua maior visibilidade perante a opinião pública. Tais planos têm *dado certo*, no inicio, mercê da atuação das medidas *heterodoxas*, mas têm acabado ruindo, como a casa edificada sobre a areia da parábola evangélica, por lhes faltar o fundamento sólido do ajuste financeiro.

O Plano Real – com início marcado para primeiro de julho – não é, sob tais aspectos, um plano inteiramente novo. Distingue-o dos anteriores a ênfase que nele é dada ao propósito de equilibrar as finanças públicas, zerando os déficits e instaurando um regime de austeridade nos gastos. Pode-se dizer, sem desmerecê-lo, que, nesse sentido, é uma reedição de passados esquemas, até mesmo por incluir medidas complementares, como o controle dos preços e, desta vez, por via menos direta, a mudança na denominação e no valor da moeda e uma ampla campanha de esclarecimento e mobilização popular.

Inovações importantes foram, entretanto, incorporadas ao novo Plano, destacando-se duas, ou seja:

I. O estabelecimento de uma fase de transição, sendo instituída a Unidade Real de Valor – *URV*, na prática um novo padrão de valor, destinado a realinhar os preços relativos e eliminar, *por eutanásia*, a correção monetária;
II. reforço da credibilidade da nova moeda, com uma *âncora cambial*; pelo anúncio de que a taxa de câmbio do dólar seria mantida fixa, no estágio ini-

cial do Plano. É oportuno, nesta altura, examinar melhor em que consistem essas inovações e quais as suas perspectivas de êxito.

PLANO REAL
A TRANSIÇÃO DA *URV*

Todos os planos anteriores, de uma ou de outra forma, intentaram estabilizar os preços que estavam vigorando no início da execução dos respectivos esquemas. Esse propósito estabilizador – formulado, de modo explícito, por decretos de congelamento de preços, ou, implicitamente, por tabelamentos mais ou menos abrangentes – encontrou, contudo, os preços relativos desalinhados: vale dizer que alguns, remarcados há pouco tempo, se localizavam no pico da escala; ao passo que outros patinavam, ainda, em níveis inferiores. Entre esses preços, estavam os salários, que são o preço do trabalho empregado. Em conseqüência, surgiram fortes e justificadas reivindicações de grupos que se diziam – e com razão – injustamente discriminados. O vocábulo *defasagem* passou, então, a expressar o argumento chave das reivindicações para elevação dos preços. Todo mundo se declarava *defasado*: os produtores de grãos, de leite, de carnes, os metalúrgicos, os bancários, e até a indústria automobilística. E dar-lhes aumentos, que corrigiam temporariamente a *defasagem* de A, deflagrava, a seguir, a *defasagem* de todo o resto do alfabeto.

Criando uma fase de transição, o Plano Real demonstrou ter aprendido a lição dos planos anteriores. E procurou realinhar gradativamente os *preços relativos*, restabelecendo uma função que a moeda inflacionada perdera: a de *padrão de valor*. De fato, o que os preços fazem é estabelecer uma relação de valor entre os bens e serviços que se compram e vendem. O preço é a expressão, em moeda, do valor dos bens. Mas a moeda recebida pela venda de determinados bens não serve para outra coisa senão para adquirir outros tipos de produtos. Na realidade, o que ocorre é a troca de bens de uma espécie por bens de espécie diferente. O papel da moeda, no caso, consiste em *medir* o valor de cada mercadoria, tal como o metro e o quilo medem a extensão e o peso. Moeda, metro e balança têm, na hipótese, a mesma utilidade, ou seja, *medir*. São instrumentos, são meios; em outras palavras, constituem padrões, marcos referenciais. O processo inflacionário inutiliza a moeda qual padrão de valor. É como se o metro tivesse um dia 100 centímetros, no outro 80 e no seguinte 50. Ou o peso, com a marca de um quilo, se apresentasse sucessivamente com 1000, 800 ou 500 gramas. Em tal ambiente, como vinha ocorrendo no País, ninguém sabe mais o que é barato e o que é caro, e a desordem campeia solta.

Mesmo com o uso da URV, a inflação – que, como vimos, tem outras causas – continua a existir, mas os preços, embora em alta, tendem a realinhar-se. E isso sucede, porque a URV é calculada diariamente, como média dos preços correntes. Fica-se sabendo, então, quais preços sobem mais ou menos do que a média, e quais os que a acompanham. Essa maior transparência mobiliza pressões e resistências dos compradores e das autoridades, e torna mais racionais as negociações, do que tudo resulta uma melhor harmonia – ou menor desarmonia – entre os preços que os vendedores pedem e os que os compradores se dispõem a pagar.

A URV desempenhou, portanto e de certo modo, o papel de marco referencial de valor que à moeda cabe desempenhar, em regime não inflacionário ou, melhor dito, de estabilidade de preços. O que faz com que a URV e essa moeda se assemelhem é o fato de exprimirem ambas um poder aquisitivo constante em termos de bens e serviços. Justifica-se, assim, a decisão adotada no Plano de, no dia marcado para início da circulação da nova moeda, converter os cruzeiros reais em REAIS, por uma cotação que torne equivalente o REAL e a URV.

Com risco de insistir no óbvio, convém, entretanto, acentuar que, por importante que seja esse melhor alinhamento dos preços, não é ele suficiente para assegurar, por si só, o êxito do plano. Tudo vai depender fundamentalmente do controle do poder nominal de compra, a começar pela eliminação do déficit fiscal e orçamentário. Esta é ainda a grande incógnita que os próximos meses irão afinal revelar. Nela reside a principal razão pela qual *não deram certo* os planos que, a partir de 1986, se vêm sucedendo. As dificuldades a enfrentar são muito grandes. O déficit não é uma decisão autônoma e independente. Não é uma escolha isolada: é uma conseqüência de outras escolhas e opções. Para eliminar o déficit, é necessário, em primeiro lugar, dizer *não* aos gastos: *é proibido gastar* foi a recomendação deixada por Tancredo Neves.

Recomendação simples, mas de dificílima observância. Pois ela não se limita aos gastos evidentemente supérfluos. Ela inclui também os gastos considerados úteis e até necessários, pois seu limite não reside no caráter das despesas, e sim no montante dos recursos disponíveis. Tal limite impõe e exige restrições e até sacrifícios, que podem atingir e realmente atingem reivindicações em si justas e tidas como inadiáveis.

Além desse fator básico de inflação, militam contra o êxito do plano outros fatores que, nem por serem de feição psicológica, são menos atuantes. Têm eles seu *habitat*, em nossa lamentável *cultura inflacionária*, na convicção enraizada de que é natural e inevitável que os preços de hoje sejam mais altos que os de ontem, e os de amanhã mais elevados que os de hoje. Isso explica, por exemplo, por que, no período final dos quatro meses de vigência da URV, e após repetidos relançamentos de preços, uma nova onda de correção de *defasagens* se tenha desencadeado, sem motivos aparentes que a justificasse. Produtores e comerciantes vêem, com mal disfarçada apreensão, a perspectiva de preços estáveis e a perda de argumentos para continuarem a remarcá-los para cima, no futuro.

Isso justifica e mesmo postula que as autoridades mobilizem, com certo aparato, o arsenal de medidas legais e administrativas, algumas bastante antigas e outras mais recentes, medidas que, embora incapazes, por si mesmas, de conter as tentativas de alta, podem contribuir bastante para criar-lhes clima adverso. Tal clima, porém, deve ser sobretudo obra de um trabalho permanente, para estimular a concorrência, pela veiculação de informações quanto aos preços vigentes no mercado. Avulta, neste terreno, o papel de entidades comunitárias – quer particulares, quer oficiais, muito especialmente os órgãos de comunicação – objetivando indicar, com oportunidade e eficiência, os melhores preços e as melhores condições, na prática quotidiana.

Essa tarefa é coisa muito diferente da pura e simples propaganda comercial. Ela exige o acompanhamento, feito com pertinácia e exatidão, dos preços e condições de venda. Não deve, por outro lado, ser mero fogo de palha, explosão espetacular e desordenada, como a dos *fiscais do Sarney*, que fecham supermercados, para aplauso das multidões. Deve ser, sim, feito de vigilância e ação permanente de agremiações, com espírito de solidariedade, incentivadas e promovidas pelas autoridades locais, regionais e nacionais, enfim, um *marketing*, um serviço bem concatenado pelo qual os consumidores, promovam seus interesses, em face dos produtores e fornecedores, com criatividade e cunho profissional, semelhantes aos que aqueles empregam para capturar freguesia.

Tudo isso, porém, será vão paliativo, se as fontes da inflação – tais os déficits e a utilização desmedida do crédito – continuarem a fornecer poder nominal de compra fora de proporção com as possibilidades de abastecimento do mercado.

E, ainda no campo psicológico, impõe-se que os responsáveis pelos planos de recuperação monetária demonstrem coerência em suas manifestações.

Causa um certo desânimo, por exemplo, registrar que o Presidente Itamar Franco, no explicável mas não justificado empenho de aliviar as pressões que sofre e que são inerentes ao cargo, anuncie, em tom ameno, que vai *brigar com a sua equipe econômica* no caso do aumento do funcionalismo, que dita equipe aconselha adiar para não comprometer o neonato Plano Real.

Que pena!

PLANO REAL
A ÂNCORA CAMBIAL

Embora não faça declaradamente parte integrante do Plano Real, tem-se falado muito na adoção do que seria a *âncora cambial* da nova moeda. Esta teria como *lastro* as nossas reservas – que beiram os 40 bilhões de dólares – e seu valor seria equiparado ao da moeda americana

Em geral, os veiculadores da idéia não têm deixado claro qual o seu *modus faciendi*. O mais provável é que se pense numa taxa cambial fixa, na proporção de um dólar por um real. Qual o objetivo dessa equiparação, porém, e como funcionaria o mecanismo para traduzi-la em prática?

A finalidade visada é clara e desejável: reforçar a confiança em que o poder de compra efetivo de nova moeda seria mantido, ou seja, o real compraria o que o dólar compra. A prova de que isso está ocorrendo seria a de estar garantido ao portador de reais obter dólares em troca. A fixação da taxa de câmbio, portanto, exige que o Banco Central se disponha a comprar e vender dólares de acordo com a taxa fixada. Mas que dólares o Banco Central daria em troca de reais? Porque há dólares de espécies diferentes. Há o dólar em cédulas: são as conhecidas *verdinhas*. Há o dólar turismo, acessível aos que podem viajar para o exterior. E há o dólar comercial, utilizável para importações autorizadas. Ao que parece, o Banco Central asseguraria a aquisição de apenas os dois últimos tipos, pois está afastada a hipótese da livre conversibilidade. Seria essa, sem dúvida, uma importante garantia, notadamente em face da crescente abertura para o exterior que, nos últimos anos, se vem registrando em nossa economia.

Todo esse quadro, entretanto, fica na dependência da estabilidade dos preços internos. Se estes desandarem a subir, os preços em dólares – mantidos constantes pela taxa fixa – atrairão número crescente de tomadores de divisas; e as reservas cambiais, as mais elevadas de nossa História, tenderão a exaurir-se. E lá se irá a *ancoragem cambial*.

Não há mágica capaz de eliminar, por prestidigitação, a dura realidade que condiciona a estabilidade dos preços e o conseqüente valor da moeda à relação entre o volume global do poder nominal de compra e o dos bens e serviços oferecidos à venda. Se o equilíbrio entre esses dois termos for rompido pelos déficits e pelos excessos creditícios, não haverá *ancoragem* que segure o valor da moeda.

O futuro do Plano Real dependerá disso.

12

Julho-Setembro

1994

PLANO REAL
INTRODUÇÃO

O ANO DE 1793 foi o mais dramático e trágico da Revolução Francesa. Victor-Marie Hugo – monarquista e conservador em sua mocidade, republicano e socialista em sua velhice – definiu-o como *point noir dans le ciel bleu de 1789*. Nascido dez anos após a tomada da Bastilha, o grande escritor e poeta levou um decênio compondo *Quatre vingt-treize*, um dos seus mais famosos romances, publicado em 1874, e no qual os cenários e os personagens, descritos com minúcia de ourives e luxuriante riqueza de vocabulário, situam-se no ambiente do ano do *Terror*.

É do início desse livro um episódio que se tornou célebre como página literária: o do canhão desacorrentado. Narra Hugo a viagem empreendida pela corveta *Claymore*, registrada como pertencente à esquadra inglesa, mas, de fato, comandada e tripulada por franceses partidários da realeza e inimigos da Revolução. Camuflada como navio de carga, a *Claymore* era, na verdade, um barco de guerra armado com trinta canhões de cano curto e de grosso calibre, conhecidos como *caronades*.

Para firmá-las, de modo a resistir aos balanços da embarcação, as peças eram ligadas às bordas com fortes correntes e sólidos cadeados.

A missão da *Claymore* estava cercada de mistério. Zarpara, ao cair da tarde, da ilha Jersey, no Canal da Mancha, e passara a velejar na direção da costa francesa. Seu comandante era aristocrata – o Conde de Boisberthelot, um dos melhores oficiais da antiga Marinha Real. Mas subira a bordo, e fora cerimoniosamente conduzido ao principal alojamento, um homem que Hugo descreve com sua habitual minudência. Era um agente secreto cujo nome e cuja missão o autor revela vários capítulos adiante: o Marquês de Lantenac, incumbido de desembarcar, com um grupo armado, em solo francês e assumir o comando dos contra-revolucionários da Vendéia, unificando as várias facções em que se dividiam.

Em meio à viagem e com um mar encapelado, sucede grave e inesperado acidente. Uma das *caronades*, cujo cadeado fora esquecido aberto, solta-se e passa a rolar pelo convés. Seguem-se, no romance, páginas que são antológicas. *Un canon qui casse son amarre* – começa Victor Hugo – *devient brusquement on ne sait quelle bête surnaturelle.* E dedica dois inteiros capítulos ao que equivale a um autêntico filme, tecido com palavras. O jogo da corveta, sacudida pelos vagalhões, transforma o canhão num monstro vivo, que esmaga logo vários marujos e arremete contra tudo quanto encontra pela frente, danificando os outros canhões, quebrando um dos mastros, abrindo brechas, pondo em risco a própria flutuação da corveta.

A certa altura, entra em cena um vulto empunhando uma barra de ferro. É o artilheiro responsável pela amarração negligente da peça e que tenta travá-la em sua louca rolagem. Nesse ponto, o estilo de Hugo se faz épico.

Assiste-se à luta do homem de carne contra a fera de bronze, num duelo de morte, ao qual não faltam a astúcia e a malícia, pois, se o artilheiro conhecia bem o canhão a seu cargo, este igualmente conhecia bem o seu manejador, e ambos pareciam apostados em se aniquilarem.

Espalhada por refúgios improvisados, a equipagem olhava fascinada para o dantesco espetáculo e para uma figura que se desenhava ao pé da escada que levava à ponte de comando. Era o misterioso passageiro que, atraído pelo fragor do embate, pusera-se a observar atentamente o mortal bailado do artilheiro e da *caronade*. Subitamente, o canhão, num de seus deslocamentos, encurrala num canto o homem armado com a barra de ferro e como que prepara seu bote final e esmagador. Em rápido movimento, porém, o Marquês de Lantenac agarra um fardo de falsos *assignats* – o papel moeda da Revolução, que os monarquistas falsificavam como recurso bélico – e o empurra de modo a bloquear o caminho do monstro de metal, com o que salva a vida do marinheiro. Este, de um salto, recomeça o combate e, finalmente, consegue imobilizar o canhão com a haste que empunhava. A equipagem prorrompe num grito de vitória e todos se precipitam para o meio do convés, aplaudindo o herói que vencera o dragão.

Passado o perigo maior, entretanto, a situação da corveta era lastimável. De seus trinta canhões, vinte tinham sido postos fora de ação, pelas marradas do que se desgarrara. E os rombos no convés e no casco tornaram precária e quase inviável a própria navegação. Fadada ao fracasso estava assim a missão da *Claymore*.

Retomando o sangue frio, o Comandante Boisberthelot mandou formar os marinheiros e convocou, para a ponte de comando, o artilheiro cuja negligência ocasionara o desastre e cuja heróica luta contra o canhão evitara o pior. Deferiu, porém, o julgamento do caso ao passageiro misterioso – na realidade o chefe maior – o Marquês de Lantenac. Este, com gestos medidos, tirou do peito do Conde de Boisberthelot a sua mais alta condecoração – a cruz de São Luís – e a pregou no peito, suado e arfante, do artilheiro-herói. Serenadas as palmas que saudaram o ato, o Marquês de Lantenac sentenciou: – *Agora, fuzilem este homem*! Sentença que, passado o espanto, foi executada a seguir.

Perdoe o leitor a incursão pela literatura – e logo a literatura francesa – deste teimoso escriba de maçantes temas econômicos. Mas o episódio parece muito apropriado para ilustrar o misto de aplauso e reprovação com o qual se é levado a encarar o conjunto de atos atribuídos a determinados homens públicos. Sucedem-se – e, às vezes, até coexistem e se alternam –, nesse conjunto de atos, os que são louváveis e mesmo credenciam seus autores a um lugar na História e os que os apequenam e desmerecem, quando não os condenam a duras sanções .

Exemplos destacados desse quadro, encontramo-los na luta contra a inflação. Essa luta – e aqui é oportuno recordar aos que disso não se lembram – nem sempre teve a feição de guerra declarada, tão em moda nos últimos anos. Grita contra os *altos preços* sempre a houve, desde tempos imemoriais. Mas da *inflação*, com esse nome e na primeira metade deste século, somente se falava com referência ao ocorrido, na Alemanha e nos países derrotados, nas duas Grandes Guerras, que tiveram suas moedas literalmente destruídas, sepultadas pelas montanhas de dinheiro-papel emitido. Em nosso País, entretanto, foi a partir da década de 1950 – e mais especificamente com os vultosos déficits ligados à construção da nova capital – que a *inflação* foi sendo identificada como o grande flagelo da vida econômica. Flagelo que todos os governos se propuseram eliminar, com uma série de medidas que, em anos mais chegados aos nossos, tomaram a forma e o nome de *Planos*.

Tais *planos* – seja-nos permitido insistir uma vez mais neste ponto – não têm sido propriamente *novos*, mas antes constituem reedições de tentativas anteriores, todas englobando providências destinadas a debelar a praga inflacionária. Contudo, essa falta de originalidade, longe de constituir defeito, pelo contrário revela que os autores das medidas e dos planos foram aprendendo com as deficiências, identificadas na fase de execução. E não apenas os citados autores: a própria coletividade foi aos poucos adquirindo consciência da falácia de soluções aparentemente eficazes – como, por exemplo, o congelamento de preços – e do caráter inevitável dos adiamentos e das reduções de dispêndios, que todo programa sério de combate à inflação exige. Mais ainda: a população foi-se dando conta de que esse combate, para dar resultado, não poderia limitar-se à ação dos órgãos de governo, mas deveria mobilizar o povo em geral, e, de modo especial, os consumidores, no sentido de apoio e colaboração.

Foi sobretudo a partir do Plano Cruzado que essa feição *pedagógica* – chamemo-la assim – dos programas propostos se acentuou de forma marcante. Mestres, na hipótese, não foram os artífices dos planos, e sim os fatos e notadamente as decepções registradas.

Credite-se ao *Plano Cruzado* – ou *Plano Funaro*, como será melhor denominá-lo – o pioneirismo em matéria de mobilização popular. Critique-se, como se queira e até mereça, o plano e as intenções de seus autores, mas certo é que ele desencadeou – passe o trocadilho – uma verdadeira cruzada contra a inflação, e fez o povo experimentar, por alguns meses, a sensação inédita de preços estáveis. Fê-lo sentir, outrossim, a força da reação dos consumidores à elevação dos preços, lembrança que, nem a exposição ao ridículo causado pelos frustrados *fiscais do Presidente* conseguiu apagar totalmente.

O *Plano Bresser* e o *Plano Verão* ou *Maílson*, como pratos requentados, não lograram reproduzir o entusiasmo que a decepção afogara, mas ficou sempre, no fundo da consciência popular, a esperança de que algum plano, algum dia, poderia dar certo.

Com o Governo Collor, essas esperanças se reacenderam e, desta vez, um elemento novo foi introduzido na imaginação coletiva, ou seja, a importância do papel que a abundância do poder nominal de compra exerce no processo inflacionário. Pode-se discutir o acerto do congelamento dos haveres financeiros e, de modo especial, o alegado *confisco* dos depósitos de poupança, pela quebra de confiança causada na manutenção, pelo Governo, das regras do jogo. Fato é, porém, que a medida, apesar de seus característicos de arbitrariedade, e talvez por isso mesmo, foi um violento chamado à atenção para o imperativo de ajustar o poder nominal de compra à disponibilidade de bens e serviços oferecidos no mercado.

A isso se acrescentou a campanha contra as remunerações excessivas – a guerra aos *marajás* – e, sobretudo, a abertura da economia nacional para o exterior e a reação contra o tamanho desmesurado da máquina estatal.

O *Plano Collor*, ou *Zélia*, passou a enfrentar, como já se tornou tradição no País, a oposição dos interesses, legítimos ou não, atingidos e o desgaste das incoerências que nele se infiltraram. Não falhou por completo, cumpre reconhecer, porque com ele a inflação mudou de patamar e foi contida a marcha desabalada para a hiperinflação. Mas acabou afogado no mar dos abusos e ilegalidades que levaram ao *impeachment* do Presidente da República.

E assim se aplica a lógica justiceira que Victor Hugo atribuiu ao Marquês de Lantenac: condecorar pelos grandes feitos, fuzilar pelos grandes erros. No caso, houve o fuzilamento político. E, quando se dissipar a fumaça das descargas, talvez se torne visível algum tipo de condecoração.

Mas a viagem da nau brasileira prossegue, e o que reclama agora exame é o *Plano Real*, ou *F.H.C.*

PLANO REAL
UM ACIDENTE DE PERCURSO

Ao serem redigidos estes comentários, tem o Plano Real dois meses de vigência. Tempo curto demais para avaliar seus resultados, no que podem e devem ter de duradouro. Mas tempo suficiente para justificar a indagação de como foi ele acolhido e quais as perspectivas por ele entreabertas.

A acolhida popular ao Plano foi bem melhor do que se esperava, e da que muitos, por várias e às vezes contraditórias razões, temiam. Temiam-na, embora confiantes, os próprios autores do projeto e os que viam com simpatia a anunciada candidatura de Fernando Henrique Cardoso à Presidência da República. Temiam-na também, paradoxal mas compreensivelmente, os candidatos rivais e seus partidários, pois estava claro que o eventual sucesso do Plano faria seu principal coordenador granjear imensa popularidade. E certo era, outrossim, que o fracasso daria aos adversários preciosos e incontestáveis argumentos político-eleitorais.

O ambiente popular era indefinido. De um lado, havia, como há ainda, a persistente esperança de que uma saída fosse enfim encontrada para a desordem inflacionária. De outra parte, sangravam ainda as feridas das decepções que, plano após plano, haviam porfiado por abrir.

O novo Plano trouxe, na verdade, algumas e importantes inovações. Uma das mais salientes – e também mais arriscadas – foi a de não recorrer ao congelamento e ao tabelamento de preços. Em lugar disso, toda a ênfase foi posta no estímulo à concorrência, vale dizer, optou-se pelo mercado como a base para uma política de regulação das trocas. A mais significativa novidade, porém, consistiu em incluir, no programa de ação, uma fase preparatória: a da URV ou *unidade real de valor*. Fase em que a *correção monetária* foi levada ao extremo de transformar praticamente em moeda a média estatística dos preços. O grande objetivo da medida estava em recuperar a função de *padrão de valor* que a moeda perdera. Tornara-se tal a barafunda dos preços, que não se sabia mais o que era caro e o que era barato. Com os preços subindo 50% mensalmente não tinha mais sentido falar em cruzeiro. Era preciso acrescentar: cruzeiro de *tal ano* e até de *tal mês*. O dólar – com sua cotação diária e suas várias modalidades, tais o *comercial*, o *turista* e o *paralelo* – vinha assumindo, de modo crescente, o papel de marco referencial.

As mercadorias tinham um preço num supermercado e outro no estabelecimento ao lado, com diferença de dezenas, quando não de uma centena de pontos percentuais. Em suma: desordenara-se completamente a escala dos *preços relativos*, neles incluídos os das remunerações: salários, juros, aluguéis, lucros.

A equivalência da URV em cruzeiros reais – que fora inicialmente fixada na altura da taxa cambial do dólar – passou a variar, como esta última, na proporção dos índices de preços. Curiosamente, surgiram então críticas no sentido de que se estava praticando uma *dolarização envergonhada*. Tais críticas tinham implícita a premissa de que a *dolarização*, era algo de reprovável e até de afrontoso ao orgulho nacional, orgulho que, a prevalecer tal lógica, não era ferido pela indecente degradação da nossa moeda. Na realidade, porém, não houve *dolarização* e sim a *urvização*, aplicada a todos os preços, nestes incluída a taxa cambial, que é o preço do dólar e das demais moedas estrangeiras.

A URV foi, de fato, um valioso instrumento, inteligentemente construído para ajustar um pouco melhor os *preços relativos* que a inflação desarrumara atabalhoadamente. Ela foi sendo, aos poucos, assimilada pelo público, restabelecendo a noção de um marco referencial de valor. Os compradores passaram a considerar aceitável que os preços subissem, na proporção da URV, vale dizer, no ritmo em que subiam a média dos preços e o quantitativo dos salários; e a rejeitar as altas acima desse nível. Foi um mecanismo que atuou na esfera psicológica, demonstrando, na prática, a grande influência que as expectativas exercem na formação dos preços.

A entrada em circulação da nova moeda – o REAL – com sua equivalência, em *cruzeiros reais*, igual à da URV, foi fator decisivo na consolidação do processo. Para isso, muito concorreu a intensa campanha de esclarecimento e persuasão, que teve no Ministro Rubens Ricupero um competente e incansável paladino. E é uma verdadeira pena que, ao serem rascunhadas estas linhas, um incrível acidente de percurso tenha retirado da cena o Ministro da Fazenda que se estava revelando o grande executor do Plano Real. O episódio veio demonstrar que os principais obstáculos a vencer não são de natureza técnica, e sim de caráter político, sobretudo em ambiente tão propício a passos em falso e à exploração, quanto o de uma campanha eleitoral.

Não cabe aqui a análise política do ocorrido. Isso não impede, contudo, acentuarem-se alguns aspectos de uma situação que não constitui novidade e que pode reproduzir-se no futuro. São aspectos que independem dos desdobramentos que o caso Ricupero possa vir a ter, desdobramentos que, não conhecidos no momento de serem formuladas estas considerações, talvez sejam do conhecimento dos leitores, se e quando se dispuserem a dar uma vista d'olhos a estas linhas.

A preocupação com os problemas econômico-sociais – de modo especial os relativos à estabilidade e ao desenvolvimento – não podem ser, nem são, privilégio de determinados candidatos ou partidos. Por igual, o preconício de soluções para tais problemas – e a defesa ou a crítica das proposições oferecidas – fazem parte do debate e da ação democrática. Posição singular, entretanto, ocupam os governantes, que carregam a responsabilidade de gerir e encaminhar a coisa pública. Devem eles, sob pena de serem tidos por omissos, enfrentar o dia-a-dia da vida nacional e, mais, dar início e prosseguimento a programas e providências que abrangem o presente e o porvir. Tudo isso exige competência e determinação, quer na escolha dos processos, quer na superação dos óbices antepostos à sua execução. Tudo isso, também, envolve riscos. Os planos traçados podem *dar certo* agora, e afrontar desconcertos e mesmo fracassos mais tarde.

Nesse horizonte, nada mais natural e compreensível ser o êxito dos planos creditado pela opinião pública a seus autores e administradores. E serem-lhes debitadas as falhas e os insucessos. Tais vicissitudes têm evidentes conseqüências eleitorais. Pode-se condenar alguém por isso?

Alega-se – é o que ocorre nas eleições deste ano – estar havendo manipulação da máquina estatal. Ora, é claro que se impõe distinguir entre o uso e o abuso. Distinção que, em nossa História política, nunca se fez com clareza, e que está a exigir, de um lado, normas legais definidas e, de outro, sua aplicação imparcial e sanções imediatas e adequadas.

As normas legais devem caracterizar *atos* puníveis e não apenas intenções ou ilações. Será de vedar-se, por exemplo, elaborar planos, promover seu esclarecimento, defendê-los em face de críticas e de tentativas de solapá-los? Ou, no outro extremo, deveriam ser proibidos os ataques, procedentes ou não, aos planos em si, ou ao modo de executá-los, ou à propaganda de alternativas, e ainda aos propósitos que os motivam?

Todo esse elenco compõe, afinal, o debate democrático, preparação indispensável para o veredicto das urnas. Haverá, nesse debate, sem dúvida, deficiências, exageros, meias-verdades e até inverdades. São defeitos e erronias que o próprio debate deve identificar e submeter ao julgamento do eleitorado. E, se configurarem infrações penais, seus autores devem ser responsabilizados judicialmente.

É absolutamente necessária – cumpre repisar esta tecla – a vigilância das autoridades eleitorais, no sentido de impedir a prática de excessos ilegais, para assegurar a maior eqüidade possível, no uso dos recursos destinados à captação do voto dos eleitores. O acesso aos meios de comunicação, a distribuição de horários e o direito de resposta, podem e devem ser regulados, e as transgressões punidas com privações de uso, proporcionais às dimensões dos abusos. Mas deve ser sempre preservada a última palavra que cabe ao eleitorado. A sofreguidão com a qual se pretende impugnar judicialmente as candidaturas rivais revela, em geral, inconformidade com a prevista decisão do eleitorado. Isso, em linguagem desportiva, é a conhecida técnica de *apelar*, tentando ganhar no *tapetão* o que se perde no gramado.

Voltando ao Plano Real, entretanto, é de assinalar que, apesar da demissão do Ministro Rubens Ricupero, a sua substituição pelo Ministro Ciro Gomes indica que, ao menos no corrente ano, os lineamentos básicos do programa traçado serão seguidos. E isso nos leva à indagação de quais as perspectivas que se desenham para o futuro.

PLANO REAL
INTERMEZZO

Bem recebido como foi, o Plano Real enfrenta agora a prova dos nove da execução prática que, de um lado, é técnica, e, como tal, aferida pelos índices de inflação; e, de outro, é política, e por isso balizada pelos efeitos da ação de seus opositores, declarados ou não tanto.

Tecnicamente, os primeiros resultados foram muito bons. Os índices de preços despencaram, das alturas dos 50% mensais, para os 6% de julho e pouco menos do que isso em agosto, prevendo-se venham a ser de 2% ou menos em setembro. Discute-se a representatividade desses índices. Alegam os administradores do Plano que os números de junho e agosto estão *contaminados* pela inflação anterior e, de modo especial, pelas remarcações de junho, quando os industriais e comerciantes elevaram seus preços, freneticamente, acima da URV, temerosos de que viesse a ocorrer um congelamento, apesar das reiteradas assertivas oficiais em contrário.

Fato é, porém, que a corrida desbragada para preços mais altos como que estancou. No caso, os índices devem ser examinados com muitas qualificações, pois há cerca de uma vintena deles na praça, cada qual com seu universo de pesquisa e sua própria metodologia de cálculo, o que conduz a indicativos com apreciável disparidade. A impressão geral, entretanto, é a de que se vive um clima de todo diferente, com preços na prática estáveis e até em declínio. Os consumidores sentem que estão voltando a reinar. Tornaram-se exigentes, pesquisam preços, pechincham, recusam-se a adquirir artigos mais caros e os substituem por outros mais em conta, quando não adiam indefinidamente suas compras.

Para tanto, muito tem concorrido a pregação oficial, insistente, persuasiva, secundada pelo apoio da quase unanimidade dos comunicadores de rádio e televisão. É de registrar, além disso, que os consumidores, embora de modo esparso e sem maior coordenação, têm-se agrupado em associações, com o objetivo de conferir preços e localizar os estabelecimentos que os adotam.

Aqui se encontra, aliás, uma das mais eficazes armas que se pode utilizar para manter os preços em níveis razoáveis. Fala-se muito das vantagens da concorrência, e aconselha-se o comprador a pesquisar. Mas a pesquisa não é atividade fácil, nem gratuita. Requer tempo, múltiplos deslocamentos e é algo parecido com uma verdadeira contabilidade. Bom seria que os órgãos oficiais incumbidos de controlar os preços dedicassem a esta matéria tanta ou até maior atenção que a dirigida a autuações e multas, de duvidosa eficácia.

Por que não encarregar tais órgãos, por exemplo, a proceder levantamentos sistemáticos de preços e dar-lhes publicidade operante? Tais levantamentos, é de assinalar, são feitos e até publicados. Mas a tarefa é executada de forma burocrática: algo semelhante a publicações no Diário Oficial, que não são lidas por ninguém. O que se impõe, ao invés de um tratamento perfunctório e rotineiro, é dar à questão soluções criativas, capazes de, quanto possível, fazer frente à intensa e, em muitos casos, capciosa publicidade dos vendedores.

Pesquisar preços, anotá-los, compará-los, localizá-los nos respectivos pontos de venda, tudo isso fazem-no donas de casa, muitas, mas nem tantas, nem por muito tempo. Esgota-se rapidamente o impulso e o entusiasmo inicial, e as primeiras semanas de preços contidos criam tendências à acomodação. Na realidade, manter a pressão estabilizadora exige trabalho e não pouco, nem passageiro. E ninguém trabalha de graça, indefinidamente.

Ideal seria que as entidades representativas de consumidores tivessem o apoio logístico dos atuais órgãos de fiscalização de preços, que se encarregariam de levantar e classificar, selecionar e atualizar os dados pertinentes, cuja divulgação seria promovida, com regularidade, seletividade e sobretudo oportunidade e proficiência. O fim visado seria o de, não apenas indicar aos consumidores as melhores ofertas, mas induzir os próprios vendedores a orientar sua publicidade no sentido de conquistar clientes por preços atrativos, em lugar de tentar fazê-lo exibindo figuras de mulheres despidas e oferecendo prêmios em sorteios nos quais os contemplados são sempre os *outros*, que só se tornam conhecidos em ridículas propagandas de novos sorteios.

A propósito: ter-se-ão os clientes desses estabelecimentos dado conta de que o custo dos sorteios e de sua publicidade é acrescido ao preço dos produtos que compram? É do mais alto interesse dos consumidores e da sociedade em geral reencaminhar, para uma saudável competição de preços, os recursos financeiros e até artísticos, que se malbaratam, transformando em jogo de azar as compras dos produtos de que a população carece.

A mais elementar prudência, em fim de contas, manda ficar de pé atrás, quando os fabricantes ou os supermercados acenam com prêmios milionários aos que compram suas mercadorias. O *timeo Danaos et dona ferentes*, de Virgílio, tem afinal uma eloqüente e antiquíssima tradução cabocla: *santo, quando vê muita esmola, desconfia*! Se os produtos vendidos são de boa qualidade e de preços vantajosos, por que motivo os vendedores se dispõem a dar de graça automóveis e eletrodomésticos? De que couro, afinal, sairá essa correia?

Muito de desejar seria que a tarefa de zelar pela transparência e acessibilidade das informações sobre os preços do que é indispensável à vida quotidiana fosse promovida pelas Câmaras Municipais. Como os mais próximos representantes do povo e dos consumidores, os edis podem prestar relevantes serviços, estimulando, coordenando e mesmo assumindo, quando oportuno, esse encargo, bem mais proveitoso para a comunidade do que a retórica em torno de moções comemorativas e de títulos honoríficos.

Medida de grande alcance e repercussão, o Plano Real foi, em sua fase preparatória, e continua sendo – e isso é natural em ano de eleições – alvo de ampla e apaixonada discussão política. Tendo como seu principal artífice o Ministro Fernando Henrique Cardoso, o eventual êxito ou o possível fracasso do Plano terão inevitavelmente que ser atribuídos ao seu autor, já agora candidato à Presidência da República.

Com isso, o debate sobre ser o Plano bom ou não para o País mergulhou num oceano de atitudes cambiantes, de suspeitas, de ataques e defesas: enfim, todo o intrincado cipoal das campanhas eleitorais. Em conseqüência, o lançamento do Plano foi cercado de ansiosa expectativa, nos dois lados da trincheira.

O êxito inicial e a evidência da aceitação popular mudaram o tom do discurso dos críticos. Todos passaram a achar o REAL muito bom e até necessário, mas acusaram o Plano de eleitoreiro e negaram aos seus executores a capacidade de conduzi-lo a bom termo.

Os índices de inflação de junho e agosto trouxeram lenha à fogueira. Por seu turno, os autores do Plano afirmavam haver, nesses índices, resíduo da inflação anterior. Por sua vez, os opositores identificavam neles, com mal disfarçada euforia, os primeiros sinais de insucesso. A perspectiva de uma inflação bem pequena, em setembro, mudou a direção dos ataques, centrando-os novamente em prenúncios de que falhas na execução levariam o Plano a um futuro retrocesso.

Nesta altura, o episódio das declarações e conseqüente demissão do Ministro Ricupero está deixando o Plano de lado e, enquanto os contendores trocam golpes nos foros eleitorais, sobra-nos aqui algum espaço para indagar como estão se comportando os instrumentos acionados no combate à inflação.

PLANO REAL
PERSPECTIVAS

Até agora, a primeira e grande conquista do Plano Real foi, sem dúvida, a de haver eliminado, se não totalmente, pelo menos em grande parte, a chamada inflação *inercial*. Este aspecto do problema, em seu caráter geral, foi objeto de exame no n.º 33 de *Cultura e Fé*, abril-junho de 1986.*

---

* Vide Cap. 12 do livro “A Economia no Quotidiano”.

Como então se assinalou, a inflação não é um *estado*, e sim um *processo*, uma sucessão de fenômenos que se relacionam e encadeiam, processo que se caracteriza pela constante elevação dos preços. Tal elevação não é, nem simultânea, nem percentualmente a mesma para todos os preços. Destes, uns sobem antes, outros vão subindo em seguida, criando entre eles um desalinho que, por seu turno, fornece pretexto e até justo motivo para novas altas de preços que se dizem *defasados*. Em tal seqüência, os preços sobem hoje porque subiram ontem, e subirão amanhã porque sobem hoje. Algo parecido com a lei física da *inércia*, segundo a qual os corpos conservam a velocidade adquirida por impulsos que recebem e se não encontrarem resistências ao seu movimento.

Para anular essa velocidade *inercial*, o Plano Cruzado recorreu – e obteve êxito, de início – ao congelamento de preços. Nessa ocasião, entretanto, o congelamento atingiu preços *desalinhados*, do que resultou multiplicarem-se as reclamações e os procedimentos no sentido de corrigir *defasagens*, o que acabou sendo feito à custa de criar novos desalinhos. Mas o grande defeito na execução do Plano Cruzado foi que nela persistiu o aumento contínuo do *poder nominal de compra* – não contrabalançado por aumento da oferta de bens –, pois não se zerou o déficit das finanças públicas, nem se conteve a expansão creditícia. E o Plano naufragou.

A lição foi aprendida e, no Plano Real, não houve congelamento, e sim uma fase preparatória na qual, com a hábil manobra da *urvização*, criou-se melhor alinhamento nos preços. Resta a ver, contudo, se os executores do Plano Real, poupados da ingrata tarefa de tentar o alinhamento de preços, que teimam em se desajustar, conseguirão controlar o poder nominal de compra, ou seja, conter todos os preços, incluídos os das remunerações.

Que perspectivas se vislumbram agora para o Plano Real? Ninguém acredita, nem pode acreditar que a inflação está vencida, morta e sepultada. Mas há quem fale – e talvez até pense e mesmo deseje, numa visão sectária – que, se os índices de preços, amanhã ou depois, registrarem crescimento, demonstrado estará que o Plano fracassou e que tudo voltará à estaca zero.

Ora, em país algum do mundo, a estabilidade monetária é absoluta, ou ainda algo que se implanta em termos definitivos, de uma vez por todas, e permanece inalterada daí por diante. Alcançar essa estabilidade, mormente quando se parte de estágio beirando a hiperinflação, é cometimento que exige determinação e disciplina no campo econômico-social, e requer períodos por vezes exasperadamente longos e acidentados para consolidação dos resultados que forem sendo obtidos. Mesmo com a situação regularizada, a luta pela manutenção do equilíbrio prossegue, impondo vigilância constante e medidas adequadas para retificar rumos e acudir a desvios emergentes.

Veja-se o exemplo de países como a Alemanha e o Japão, para citar apenas os campeões da moeda estável. Seus Governos, seus Bancos Centrais, seus Parlamentos são continuamente chamados a manterem-se atentos à evolução da conjuntura econômico-financeira, estudando-a, discutindo-a e adotando as providências cabíveis, no tocante às taxas de juros e de câmbio, à política tributária e às normas legais que enquadram a produção, a circulação, a distribuição e o consumo dos bens e serviços. E, se alguém achar tudo isso muito complicado, culpe a realidade das coisas, que não muda porque julgamos tedioso lidar com ela, e pretendemos arrogantemente dar soluções simplistas a problemas complexos.

O futuro do Plano Real – tentemos formular algumas conclusões – dependerá, tudo indica, de como irá evoluir a ação, em três principais setores, ou seja:

I. equilíbrio financeiro, englobando o problema do déficit e a política creditícia;
II. comércio exterior, notadamente no tocante aos direitos alfandegários e à taxa cambial;
III. desenvolvimento da economia como um todo, especialmente no que diz respeito à capitalização das empresas e aos recursos da tecnologia.

A chave do equilíbrio financeiro reside na correta dosagem dos meios de pagamento. Subordinada a essa chave, deve ser encarada a questão do déficit nas finanças públicas. Vale lembrar que o déficit não é um mal em si e tudo decorre de, se e quando vier a ocorrer, tenha ele, ou não, cobertura adequada. Se o déficit for custeado pela pura e simples emissão de moeda, é certo que atuará como fator de inflação. Ao contrário, se for coberto por poupanças reais – por exemplo, pela colocação, junto ao público, de títulos do Tesouro – ficará neutralizado como fator inflacionário, e a questão se desloca para o exame das conseqüências que terá, para o parque produtivo, a retirada de recursos financeiros do mercado pelo Governo. O déficit, neste último caso, não terá causado expansão dos meios de pagamento.

Com referência ao crédito, é preciso ter em vista que o mecanismo bancário, mesmo em seu funcionamento normal, e sem que nisso haja nada de ilícito ou abusivo, pode criar meios de pagamento, sem contrapartida de poupanças reais. Seria longa demais, além de maçante – e o são os temas financeiros – a explanação de como isso ocorre. Basta registrar que se impõe, no caso, a vigilância das autoridades monetárias, para monitorar o processo e adotar as medidas necessárias para o adequado dimensionamento do crédito.

Tais medidas – como as que exige o controle do déficit nas finanças públicas – não costumam ser fáceis, nem indolores. São, em geral, de caráter restritivo, tais a cobrança de tributos, o corte de despesas, as limitações de financiamento e as elevações de juros. São desafios que todos os países devem enfrentar, se quiserem manter a estabilidade monetária.

Atingido certo grau de equilíbrio, contudo, a estabilidade pode ser preservada em níveis satisfatórios pela regulagem que se tem apelidado de *sintonia fina*. Assim, por exemplo, na Alemanha e nos Estados Unidos, alterações previstas, ou em curso, no valor da moeda são controladas, às vezes, pela elevação ou redução de menos de 1% na taxa anual de juros, e pela venda ou compra de quantidades relativamente moderadas de títulos do Tesouro. É que o mercado vê nisso sinais da política intencionada pelas autoridades monetárias, e reage em conseqüência.

Outro setor importante para o destino do Plano Real é o do comércio externo. Com a maior abertura para o exterior, felizmente iniciada, as dimensões de nossa economia estão se dilatando, e a interação da nossa moeda com as moedas estrangeiras ganha crescente intensidade.

Uma das surpresas que estas primeiras semanas da execução do Plano Real revelou foi, sem dúvida, a queda da cotação do dólar em relação ao real. Tinha-se por inconteste que a taxa cambial, vigente nas transações comerciais com o exterior, estava *defasada*, no sentido de cotar o dólar, em nossa moeda, por menos do que o dólar valia e comprava. Prova disso, seria o fato de, no mercado paralelo, valer ele mais – e por vezes muito mais – do que o *dólar* comercial.

O Plano Real, à diferença do Plano Cavallo, na Argentina, não estabeleceu uma taxa cambial fixa. Mas, ao ter início a execução, a equivalência entre o *real* e o *cruzeiro real* foi estipulada pelo Governo em CR$ 2.750,00, que era o valor de um dólar, no mercado comercial, em 30 de junho de 1994. No caso, a intenção certamente foi de sugerir uma *paridade* entre o real e o cruzeiro real, e todos esperavam – Governo incluído – que essa paridade se mantivesse, ao menos por algum tempo. Céticos houve que predisseram teria o Banco Central dificuldade em sustentar essa taxa, pois ela estava desajustada, e o preço do dólar fatalmente tenderia a subir. Isso não obstante, logo os primeiros negócios mostraram tendência de a cotação do dólar baixar e em nada menos de 10%, pois ele passou a ser comprado e vendido a R$ 0,90.

A novidade, nesse quadro, foi que o Banco Central não entrou no mercado, e a taxa se formou pela velha e xingada lei da *oferta e procura*. A cotação do dólar desabou 10% e, nesse patamar, continua até agora.

Que ilações esse fato suscita? A primeira a ocorrer é a de que uma moeda sólida, como está pintando venha ser o *real*, vale mais, nas expectativas do mercado, do que o falecido *cruzeiro real*. Isso é bom, psicologicamente, para o futuro do *real*, mas está criando problemas para os exportadores brasileiros, habituados a uma taxa cambial que, como o sucedido parece indicar, supervalorizava o dólar e, com isso, assegurava melhores preços em moeda nacional para os produtos exportados. A desvalorização – ou revalorização – da moeda americana não ocasionou, por enquanto, maiores repercussões na balança comercial. Os saldos desta são altamente positivos, o que se atribui à prática de estarem sendo embarcadas mercadorias relativas a vendas, cujo câmbio foi fechando antes de primeiro de julho. Manter-se-á tal situação?

Aí está uma questão que caberá às autoridades monetárias considerar atentamente. Há sinais de que, o caminho por elas preferido – ao menos por enquanto – será, não o de intervir muito no mercado cambial, e sim o de desgravar as exportações, reduzindo ou eliminando obstáculos que ora enfrentam, tais os de natureza tributária e burocrática, além dos elevados custos de transporte, entre os quais sobreleva o decorrente do mau funcionamento dos portos, com o irracional corporativismo neles existente.

As alterações na taxa cambial têm, igualmente, conseqüências na faixa das importações. Volte-se a insistir em que estas, longe de serem um mal, podem demonstrar-se sumamente vantajosas para a nossa economia, como fontes supridoras de bens de capital, de notável conteúdo tecnológico, e ainda de matérias-primas e bens de consumo, que abastecem o mercado e promovem uma concorrência benéfica, em muitos sentidos.

Claro está que se impõe vigilância para evitar a denominada *disrupção* do mercado – *market disruption* –, ou seja, os eventuais e injustificados danos ao nosso parque produtivo, seja pela prática de *dumping* – vendas a preços abaixo dos custos –, seja pela intempestiva entrada de bens, para os quais há produtores nacionais, sem que estes disponham de tempo razoável para modernizar suas instalações.

Por último – *last but not least* –, o principal campo de ação que a estabilidade monetária descortina, é o do desenvolvimento econômico. A estabilidade da moeda não é tudo, e nem mesmo um fim em si. Ela é um meio, um ambiente – indispensável, mas não suficiente – para manutenção e, sobretudo, para a expansão e o aperfeiçoamento da capacidade de criar riqueza e bem-estar a bem dos indivíduos e da coletividade.

Paulo VI definiu o desenvolvimento como sendo *o novo nome da Paz*. Não faria sentido ostentar moeda inalterada em seu valor, numa sociedade estagnada, com amplos bolsões de miséria e profundas e injustas desigualdades. A boa ordem monetária é condição para o progresso harmônico e sustentado; mas, sem esse progresso, por sua vez, é praticamente impossível manter aquela boa ordem. Este é o maior e decisivo desafio que o Plano Real deverá enfrentar, em futuro não remoto, mas quase imediato.

O desenvolvimento, nas dimensões e abrangência requeridas por um país como o nosso, exige recursos: humanos, de capital e de tecnologia. Exige ainda – vale insistir neste ponto – racionalidade na atribuição dos encargos e dos resultados do processo.

A participação de recursos humanos coloca, de modo especial, a questão da qualidade da mão-de-obra. Há nisso, portanto, um problema de educação e, no caso brasileiro, sobretudo de educação básica e profissional. Temos analfabetos e semi-alfabetizados demais, técnicos de nível médio de menos e uma plêiade de doutores muito mal distribuídos nas várias profissões e territorialmente mal localizados.

No referente aos capitais, é necessário distinguir os de origem interna e os de aporte externo. A base do processo está nos capitais que se formam dentro do País. Isso postula o estímulo à poupança e à sua adequada aplicação. Não se trata, pois, de pura e simples restrição do consumo direto, e sim de induzir os recipiendários de remunerações a bem programar sua destinação. Impõe-se criar e manter um clima de confiança na estabilidade das regras do sistema, e popularizar o uso de mecanismos mobilizadores de disponibilidades financeiras, como os Fundos de Ações.

Quanto aos capitais externos, inegável é haver hoje, no País, compreensão bem mais nítida de seu papel e de sua utilidade. A moeda estável e a dissipação dos preconceitos que os hostilizavam por certo favorecerão a entrada desses recursos e seu correto disciplinamento.

Em matéria de tecnologia, é unânime o reconhecimento de estar nela o grande dínamo que impulsionará e caracterizará a vida humana do próximo século, que já começou. Há, não obstante, importantes problemas a enfrentar, quer para assegurar o acesso às atuais e às futuras conquistas tecnológicas, quer para assimilar sua utilização e compatibilizá-la com a participação de todos, nos encargos e nos resultados do universo econômico e social. Essa participação é, na verdade, gravíssimo problema de muitas incógnitas, que será imperativo resolver.

Nesta área, aos encargos correspondem as oportunidades de ocupação (ou emprego, que é a denominação mais usada), ao passo que os resultados se distribuem sob a forma de remunerações: salários, lucros, juros e aluguéis. Há, entre esses dois termos, uma forte interdependência; enquanto os encargos e os resultados simultaneamente condicionam o desenvolvimento e dele são tributários. Vejamos como isso ocorre .

Um dos característicos mais destacados da vida econômica, em nossos dias, é o de ser ela intensamente associada (ou *socializada*, como alguns costumam dizer, sem se dar conta, por vezes, da conotação ideológica que a expressão carrega). A produção de bens e serviços é obra de membros da sociedade, nem sempre empenhados na produção de modo direto, e, freqüentemente, concorrendo para ela, não diretamente, mas criando e propiciando circunstâncias favoráveis.

A norma que secularmente vigora, nesse contexto, é a de atribuir os resultados da atividade coletiva aos membros atuantes, ou seja, os que detêm postos de ocupação ou emprego. O tema foi objeto de estudo em *Cultura e*

Fé, n.º 56 – janeiro-março-1992*, estudo no qual essa norma foi resumida e simplificada com a expressão: *quem faz leva*. Mas, de tal forma cresceu a produtividade da ação humana, que não se requer a participação de todos os componentes da sociedade para atender à efetiva demanda do mercado. Daí decorre que parte dos membros da coletividade fica sem ocupação, ou seja, desempregada. Tal situação se agrava com os avanços tecnológicos, que reforçam a produtividade e, com isso, desempregam gente. Cria-se então um dilema: não utilizar a tecnologia ou aprofundar o desemprego? Não há, para tanto, solução imediata e única. Dar preferência a empreendimentos que mais utilizam mão-de-obra é, evidentemente, recomendável. E promover o retreinamento do pessoal excedente é providência indeclinável. Resignar-se ao atraso será a pior solução.

Também, na distribuição dos resultados, situam-se contradições de difícil superação. Marcante é a que diz respeito à remuneração do trabalho. Que os salários se elevem na proporção do aumento da produtividade não somente é justo, mas ainda proveitoso para o bom funcionamento do mercado, pois, com isso, cria-se demanda para o volume acrescido da produção. Se eles sobem, porém, acima dessa proporção, formam-se desequilíbrios que desatam pressões inflacionárias e, em conseqüência, prejudicam e retardam o desenvolvimento.

Nas demais remunerações – lucros, juros, aluguéis – há, igualmente, desequilíbrios, que podem ser graves, a considerar. As forças que naturalmente atuam no mercado tendem a reequilibrar os desalinhos. Isso, entretanto, nem sempre ocorre, e nem sempre opera tempestivamente. A vigilância e a ação da autoridade estatal não podem e não devem ser descartadas.

---

* Vide Cap. 5.

Não é possível fixar, de antemão, o tipo e a intensidade da ação do Estado. Impõe-se, contudo, que essa intervenção não desconheça as causas do desequilíbrio, nem se limite às tentativas de Sísifo, de combater os efeitos, deixando intactas e até agravando as causas.

O Plano Real defronta agora sua fase mais difícil: a de execução. Sua articulação e seu lançamento foram, incontestavelmente, muito bem feitos. O ambiente, também, lhe tem sido auspicioso. A população não tolera mais a desordem inflacionária e se mostra disposta a colaborar em sua eliminação.

O caminho que resta a percorrer é árduo e tortuoso. Surpresas e contratempos – que serão explorados pelos críticos com a lembrança de passadas e decepcionantes experiências – rondarão a marcha, aguçando reivindicações e semeando ceticismos. Na superação dessas armadilhas, será posta mais uma vez à prova a maturidade de que a nossa gente tantas e inesperadas demonstrações tem dado.

13

Abril-Junho

1995

PLANO REAL
ONDE ENTRA DANTE ALIGHIERI

No *Canto Ventesimo Secondo* do Inferno, dedicado por Dante Alighieri à quinta *bôlgia* (ou fossa), na qual os trapaceiros estão mergulhados em pez ardente, o *Sommo Poeta* narra como, a ele e ao seu guia Virgilio – *ducca, maestro e signore* – foi imposta, por astuto e diabólico desígnio, uma escolta singular... Compunham-na dez demônios, cujos nomes são devidamente listados e que, a pretexto de orientar os viajantes do além, queriam, de fato, extraviá-los. Armadilha da qual os dois vates, para sorte da literatura mundial, conseguiram escapar, em meio a peripécias que não vem ao caso referir neste limitado espaço

Convém assinalar, contudo, que o Poeta se dá conta da provável estranheza dos leitores, ao saberem-no andar tão mal rodeado. E aduz as razões do fato, neste expressivo terceto:

Noi andavam con li dieci demoni
Ah! fiera compagnia ma nella chiesa
Coi santi, e in taverna coi ghiottoni.

O que pode ser traduzido como segue:

Caminhávamos nós com os dez demônios,
Que braba companhia, mas na igreja
se está com os santos e na taverna com os glutões.

A trajetória do Plano Real tem sido comparada – e com adequação – ao percurso de uma nau singrando mares encapelados. Não deixa de ter pertinência, porém, conjecturar que o barco conduza no seu bojo, além dos tripulantes, uma grande variedade de passageiros, e que nem todos se caracterizam, quer pela paciência, quer ainda pela concordância com a rota seguida e, ainda, com o ingresso do navio nas almejadas águas da estabilidade econômico-financeira. Inclua-se, entre estes últimos, alguns totalmente mal-intencionados, e aí se justifica a suspeita da intromissão de personagens ligados ao Averno.

No episódio da *Divina Commedia*, Dante e Virgílio estavam atravessando o lago incandescente, por sobre uma ponte rochosa, que fora interrompida, como testemunha o genial florentino, em conseqüência do terremoto ao qual aludem os Evangelhos e que abalou Jerusalém na Sexta-Feira Santa. Para contornar a brecha no caminho, era necessário trilhar pelas margens da fossa e, aí, os *dieci demoni*, ao em vez de ajudar, revelaram-se apostados em atrapalhar.

Saindo, agora, dessa área sobrenatural, bem se pode imaginar que o terremoto mexicano, semeando turbulências na esteira do Plano Real, tenha mobilizado duendes adversos e que, parafraseando São Paulo, o Plano tenha passado a lutar, não apenas contra a *carne e o sangue* dos déficits e outros óbices econômicos, mas sim contra verdadeiros *espíritos maléficos*. (Efêsios 6,12).

Perdoe o leitor este prólogo extraterrestre, mas ele ajuda a situar-nos – com alguma boa vontade, é claro – no ambiente com que, ao chegarem as águas de março, entrou a navegar o Plano FHC. Até então, a viagem se ajustara, embora com alguns sobressaltos, a expectativas, se não ótimas, pelo menos muito promissoras. Os preços corcovearam, no início, mas logo manifestaram obediência às puxadas de freio dos consumidores, que saboreavam, com alegre surpresa, a recuperação de sua força de barganha. Os produtores e vendedores, por sua vez, foram encontrando crescente colocação para suas mercadorias, e o comércio interno e externo registrou notável expansão.

Em dezembro, apontou no horizonte a nuvem pressaga da desvalorização do peso mexicano, desvalorização que, apesar da tentativa de bloqueio com os bilhões de dólares postos à disposição pelo Presidente Clinton, manteve seu impulso, atraída por inquietantes torvelinhos na economia argentina. A tudo isso, vieram somar-se, em nosso País, os primeiros saldos negativos na balança comercial, saldos que, embora não sendo nocivos em si – pois poderiam representar contrapartida do ingresso de valiosos recursos externos –, eram claro sinal de alerta, a exigir cuidadoso exame de nossa política cambial (vide *Atualidade Econômica*, número de janeiro-março-1995 de *Cultura e Fé*).

Vale notar que, nos primeiros meses da vigência do Plano, a maior e justificada preocupação das autoridades monetárias não era o *saldo da balança comercial*, e sim o *saldo positivo do balanço de pagamentos*, balanço que inclui todo o movimento de divisas, seja as que ingressam no País pela via das exportações de mercadorias e pela entrada de capitais de longo e curto prazo, seja as saídas resultantes dos pagamentos de serviços (notadamente fretes), juros, amortizações e retiradas de capitais em geral.

Tais saldos positivos são benéficos, de um lado, pois aumentam a capacidade de o País adquirir bens dos quais necessita. Mas, de outra parte, lançam no mercado uma oferta adicional de moeda estrangeira – da qual o dólar americano é o exemplo mais significativo – oferta que, se não encontrar procura e compradores em volume correspondente, atua no sentido de provocar oscilações das taxas de câmbio e deprimi-las, desordenando o comércio com o exterior. Por tal motivo, impõe-se às autoridades monetárias retirar do mercado essas divisas excedentes, o que só pode ser feito utilizando meios de pagamento provindos de:

I. sobras orçamentárias, resultantes de maior tributação ou de cortes de gastos públicos;
II. lançamento, no mercado, de obrigações do Tesouro ou do Banco Central;
III. emissões de moeda.

Fácil é compreender que todas essas medidas têm custos econômicos e sociais, cujos níveis de tolerância cumpre sejam atentamente sopesados. Tais custos podem ser aceitos, por exemplo, para acumular e manter reservas cambiais em montante adequado. Acima disso, porém, a relação custo/benefício do aporte de divisas pode revelar-se altamente desfavorável, com intensas repercussões inflacionárias e/ou inibidoras do desenvolvimento.

O nosso balanço de contas – que vinha sendo negativo desde 1989 – tornou-se fortemente positivo em 1992 e, embora em ritmo menos acentuado, manteve esse caráter em 1993 e nos três primeiros trimestres de 1994.

Em conseqüência, nossas reservas cambiais quase decuplicaram, como se vê pelo quadro abaixo:

	Saldo do balanço de pagamentos (em US$ 1.000.000)	Reservas cambiais
1988	6.977	5.359
1989	3.391	7.268
1990	8.825	8.751
1991	4.679	8.552
1992	30.028	19.008
1993	8.404	25.878
1994		36.471
1º trimestre	5.978	32.295
2º trimestre	10.368	40.131
3º trimestre	1.256	40.873

Fonte: Banco Central – Boletim de março de 1995 pags. 137 e 138)

Não fazia sentido, então, ficar o País a acumular reservas cambiais acima de um volume considerado amplamente satisfatório, à custa de enfrentar riscos crescentes, quer de inflação, se o excedente de divisas fosse financiado por emissões de moeda, quer de recessão, se o financiamento fosse feito retirando recursos do processo econômico, por via de majoração tributária ou de empréstimos a juros altos, ou ainda por excessivos cortes nos investimentos públicos. Foi o que levou as autoridades monetárias a adotar uma longa série de medidas – o Boletim do Banco Central de dezembro de 1994 enumera nada menos de doze – cujo declarado objetivo era o de *atenuar as pressões na oferta de divisas verificadas a partir de julho, com vistas a esti-*

mular o lado da demanda, como também arrefecer a oferta (Boletim citado pag. 26).

Tais medidas, é sabido, requerem sempre algum tempo para produzir efeito. Mas, em fins de dezembro, o sismo mexicano e suas repercussões internacionais abalaram a ponte que, como na visão dantesca, vinha permitindo cruzar, com relativa segurança, o lago de pez fervente, que a isso se assemelha a massa de um trilhão de dólares, diariamente movimentada nas operações de câmbio do nosso inquieto globo terráqueo. Tornou-se imperativo, então, contramarchar nas medidas adotadas em outubro, e ainda palmilhar o caminho marginal das *bandas cambiais*. Foi quando os *diecci demoni* da especulação cambial e da exploração política intensificaram sua ação.

E isso tudo nos leva agora ao exame da tão apregoada e tão mal definida *âncora cambial*, a que supostamente estaria amarrado o Plano Real.

PLANO REAL
HÁ, MESMO, UMA *ÂNCORA CAMBIAL*?

Em que consiste e como funciona a *âncora cambial*? Aí está uma pergunta que não tem merecido indagações e respostas claras de parte de quantos vêm utilizando essa imagem como algo evidente e cujo sentido não se faz necessário explanar. Ligado a esse conceito está ainda o da *sobrevalorização do real*, que seria, no caso, matéria não sujeita a dúvidas e discussão. Isso nos remete a outra inquirição que, afinal, se encontra na base de todo esse problema, ou seja, qual o verdadeiro valor do dólar?

A tal respeito, já em 1932, Gustav Cassel formulou um raciocínio que, embora acoimado por alguns de truísmo, conserva ainda hoje a força de verdade elementar. Por que se paga um preço no país "A" – indaga Cassel – pela moeda do país "B"? A razão pela qual há uma demanda, no país "A", pela moeda do país "B", é que esta representa poder de compra no mercado de "B". Este poder de compra, evidentemente, é avaliado no país "A", tendo em vista, de um lado, o nível geral dos preços vigentes no país "B", ou seja, o valor da moeda de "B", em termos de bens e serviços que com ela se pode adquirir; e, de outra parte, o nível geral dos preços no país "A", vale dizer, o valor da moeda de "A", também em termos de bens e serviços que é preciso vender para obtê-la.

Em conseqüência, o preço da moeda do país "A", em termos de moeda do país "B" – isto é, a taxa cambial – é determinado pela relação entre o valor do que a moeda de "A" compra em "A", e o valor do que a moeda de "B" compra em "B". (vide Gustav Cassel, in *The Theory of Social Economy*", vol. II, cap. XII).

Este raciocínio do Professor da Universidade de Estocolmo tornou-se conhecido com a denominação de *Teoria da Paridade dos Poderes Aquisitivos*. Não é ele suficiente, cumpre esclarecer, para calcular o *quantum* da taxa de câmbio corrente, mediante utilização, por exemplo, dos índices de preços. Porque, como notou Keynes, ainda em 1935, tais índices variam de tal modo, em sua composição e em seus métodos de aferição, que não se pode, por eles, medir exatamente o valor da moeda nas diferentes operações nas quais ela é utilizada. (vide J. M. Keynes, in *A Treatise on Money*, vol. 1, cap. V).

Fato é, entretanto, que o dólar vale o que o dólar compra. Dizer que a taxa de câmbio supervaloriza o real é desconhecer outra alternativa, bem mais provável: a de haver sido o real, em 1/7/94, avaliado, em cruzeiros reais, por menos do que ele iria de fato valer e comprar.

Na verdade, o *cruzeiro real* era, no fim de sua curta existência, uma moeda caquética, com morte anunciada, que os vendedores não respeitavam e os compradores mal toleravam. Ora, o valor da moeda é, em alto grau, fruto da confiança que nela se deposita: confiança, por sua vez, resultante do ambiente no qual a moeda atua. Esse fator psicológico, negativo para o *cruzeiro real*, tornou-se positivo para o *real*. É o que, em parte, explica como, sem grandes mudanças no valor nominal dos salários, o poder de compra da população de modesta renda aumentou.

A esta altura e antes de prosseguir, não será demais dedicar algumas linhas a reformular, sob outro ângulo, o citado raciocínio de Gustav Cassel. Pode-se, assim – de modo menos sintético, mas certamente mais acessível à compreensão – recorrer à velha e irrevogável lei da oferta e procura, e tomar o dólar como representativo das moedas estrangeiras de curso internacional, e o real como a moeda nacional em que se exprime o *preço* do dólar, vale dizer, a taxa de câmbio. Como todo preço, tende ele a ser diretamente proporcional à procura e inversamente proporcional à oferta.

Mas a oferta e a procura não aparecem, no mercado, por acaso. São, cada uma delas, geradas por fatores que, embora numerosos e variegados, podem ser reduzidos, em última análise, ao propósito de comprar bens e serviços, no caso da procura, e ao de vendê-los, na hipótese da oferta. Vejamos, agora, como esses fatores funcionam.

O dólar é procurado, porque, com ele, se pode comprar. São os importadores, os viajantes e os devedores em dólares – portanto e sempre em derradeira análise – os agentes dessa procura. Mas por que assim procedem? Evidentemente, porque os preços das mercadorias que importam ou dos serviços que pagam – uma vez convertidos em reais pela taxa de câmbio em vigor – lhes são convenientes, por serem mais baixos que os praticados no mercado nacional, ou não estarem tais produtos disponíveis nesse mercado. De conseguinte, o valor em reais dos bens e serviços que um dólar compra ou paga, ou seja, seu poder aquisitivo constitui um *teto*, acima do qual, normalmente, a procura tende a cessar, salvo a ocorrência de determinadas circunstâncias que serão examinadas mais adiante.

Qual a origem, por sua vez, da oferta de dólares? A fonte habitual e mais constante dessa oferta é a exportação: produtos nacionais são vendidos ao exterior, e os dólares daí procedentes são oferecidos pelos exportadores a quem se disponha a dar-lhes, em troca, o equivalente em reais. Ora, os produtos vendidos têm, para o exportador, um *custo em reais* que deverá ser coberto com margem adequada pelos *reais* que ele recebe em troca dos dólares obtidos com a exportação, pois, do contrário, não prosseguirá exportando. Logo, o valor do que o real compra, no mercado interno, isto é, seu poder aquisitivo, constituí um *soalho* para o cálculo da equivalência, em reais, dos dólares que o exportador recebe pelas suas vendas.

Na faixa compreendida entre esses dois limites – o *teto* e o *soalho* acima referidos –, pode variar, e de fato varia, a taxa cambial de mercado, ou seja, a taxa que se forma em ambientes nos quais há liberdade, pelo menos relativa, de comprar e vender moeda estrangeira. Tal faixa – é importante registrar – tem suas margens fixadas pelas condições relativamente mais constantes da vida econômica, e que não se alteram – como ocorre com outros aspectos dessa vida – em conseqüência de mudanças acidentais, que atuam como novos fatores. Dentro dessa faixa, porém, e em função de tais novos fatores, as taxas de câmbio – os preços do dólar – variam continuamente, e isso não é um defeito ou um mal, mas sim um processo de acomodação que mantém em equilíbrio a oferta e a procura, estimulando a produção dos bens em falta, e incentivando o consumo dos bens em abundância. Assim, por exemplo, se houver uma elevação nas taxas de juros praticadas no Brasil, e elas forem mais atraentes que as taxas em vigor nos Estados Unidos, tornar-se-á interessante, para quem disponha de dólares no exterior, transferi-los para o nosso País. Com isso, aumentará aqui a oferta de dólares e o câmbio destes tenderá a baixar. Tal baixa, porém, não poderá descer muito aquém do valor das mercadorias que o dólar pode comprar – isto é, seu poder aquisitivo – pois, neste caso, quem dispuser de dólares preferirá utilizá-los para importar bens e vendê-los no Brasil, obtendo com isso maior soma de reais. Logo, o poder aquisitivo do dólar funciona como o *soalho* ao qual se fez referência linhas atrás.

De igual forma, se a elevação das taxas de juros se registrar nos Estados Unidos, é provável que ocorra uma intensificação na procura de dólares – e conseqüente oferta de reais para adquiri-los – a fim de remetê-los ao exterior e aproveitar a melhor remuneração lá proporcionada. Com isso, o preço do dólar – ou seja, a sua taxa de câmbio – tenderá a subir, o que equivale a dizer que o real se desvalorizará em termos de dólar. Mas, se os preços em nosso País permanecerem constantes, haverá um momento no qual será mais interessante utilizar reais para comprar mercadorias do que trocá-los por dólares, os quais, na hipótese, comprarão menor quantidade de bens do que os reais trocados por eles. Reconheça-se aqui o *teto* ao qual se fez referência.

O principal cenário em que esse vai-vém de moeda estrangeira ocorre é o do chamado *hot money* (moeda quente) ou *smart money* (moeda ladina). É dinheiro que entra e sai do País, não propriamente a passeio, e sim para aproveitar oportunidades de ganho, oferecendo a outros oportunidades semelhantes.

Com efeito, por que tais dólares – lembre-se de que estamos tomando o dólar como representativo de moeda de curso internacional – entram no País? No caso, porque há empresas aqui localizadas, às quais convém, tomá-los emprestados e convertê-los em reais para, digamos, usá-los como capital de giro em seus empreendimentos produtivos. Esses dólares não entram de graça: pagam-se juros por eles. Mas, por outra parte, as empresas não os deixam ociosos: aplicam-nos para dinamizar seus processos de produção. É, portanto, uma operação de crédito com finalidades produtivas e, geralmente, de curto prazo. No vencimento, tais dólares devem ser devolvidos, se o empréstimo não for renovado. Para devolvê-los, a empresa deverá recorrer ao dinheiro que arrecadar, vendendo as mercadorias por ela produzidas. Eis como a operação se encerra, com vantagens recíprocas. Ganham juros os bancos do exterior que emprestam dólares; ganham lucros as empresas brasileiras que, com eles, produzem bens. Ganha o País com os bens produzidos. Em resumo: esse dinheiro de curto prazo não é inútil ou nocivo, mas, ao contrário, pode ser útil e benéfico.

Que acontece, porém, quando esses dólares – se vierem a ser atraídos por melhores taxas no exterior ou, pior ainda, se movidos pelo receio de sofrer perdas na operação – não ficam no País, ou seja, não são novamente emprestados pelos seus donos? Dá-se, em tal caso, a devolução do dinheiro que entrou e nisso consiste o que, por vezes, se denomina *fuga de capitais* ou *perda de divisas*. Não é, pois, em si, nada de trágico ou catastrófico. Não é, mas pode ser. Quando? É o que se examinará no tópico seguinte.

Voltemos, agora, ao tão debatido tema da *supervalorização* do dólar. Que sinais existem de haver o Plano Real – como se afirma – supervalorizado o dólar, para fazer disso sua *âncora cambial*? Note-se, desde logo, que o Plano Real – ao contrário do Plano Cavallo, na Argentina – não estabeleceu uma taxa de câmbio rígida. A taxa vigorante em 30 de junho de 1994 era a de CR$ 2.750 por dólar. Ao fixar a equivalência da nova moeda (o *real*) para troca pela moeda antiga (o *cruzeiro real*), o Banco Central fê-lo, estatuindo que cada *real* seria trocado por 2.750 *cruzeiros reais*, que era então o preço em vigor para o dólar.

Poderiam as autoridades monetárias ter fixado outra equivalência, em *cruzeiros reais*, para o *real*? Sem dúvida. Poderiam, por exemplo, estabelecer que cada real fosse trocado por 1.000 *cruzeiros reais*. Isso até facilitaria as alterações nos registros contábeis e a própria compreensão pelo público do processo de conversão da antiga para a nova moeda. Nessa hipótese, a taxa cambial do dólar, no dia primeiro de julho, passaria a ser de R$ 2,75. Quais os motivos, então, da preferência por atribuir ao *real* o valor de 2.750 *cruzeiros reais*, ou seja, o preço naquele dia vigorante para o *dólar*?

Parece claro que a razão principal foi a de infundir na opinião pública – por via subliminar e até não tanto – a idéia de merecer a nova moeda crédito comparável ao do dólar. Tal procedimento deu até ensejo a críticas de que se estava fazendo uma *dolarização disfarçada*. Na verdade, porém, nenhuma garantia foi dada de que seria mantida inalterada a paridade, com uma taxa de câmbio equiparando os valores do *dólar* e do *real*.

Cumpre não esquecer, aliás, que a opinião dominante, na época, era de estar o Banco Central mantendo artificialmente, para evitar contágio inflacionário, uma taxa de câmbio que supervalorizava o *cruzeiro real*. Opinião que tinha seu fundamento no fato de ser, a taxa cambial de então uma *taxa administrada* pelo Banco Central e que era *corrigida* monetariamente, dia após dia.

A partir de 1º de julho de 1994, o Banco Central deixou de *administrar* a taxa de câmbio, passando a vigorar a que se formava pela oferta e procura, no livre mercado. E, para surpresa geral, a taxa do dólar deu em cair, fazendo-se necessário que o Banco Central entrasse comprando a moeda americana, receoso das repercussões na balança comercial e, por conseqüência, no balanço de pagamentos que registra, afinal, a entrada e saída de moeda estrangeira e define, portanto, se as reservas cambiais crescem ou se reduzem. Mas o saldo do balanço de pagamentos, como se vê pela tabela constante do tópico anterior, revelou-se altamente positivo, e daí resultando as medidas adotadas em outubro para reduzir esse saldo e a emissão de reais que ocasionava. Em dezembro, o terremoto mexicano mudou radicalmente o cenário externo, e o balanço de pagamentos tornou-se negativo. Reagindo, as autoridades monetárias criaram obstáculos à saída de divisas e oneraram, com alta tributação, determinados tipos de importações.

Quais as conclusões a que essa seqüência de eventos nos conduz? Terá sido, afinal, destruída ou fortemente abalada a famosa *âncora cambial* em que se apoiaria o Plano Real? Não há dúvida de que as medidas adotadas, notadamente quando facilitaram as importações de bens de consumo – por exemplo, aparelhos elétricos e eletrônicos e até automóveis – freiaram previsíveis elevações de preços nesses setores e, portanto, atuaram de forma anti-inflacionária. É certo também que a volta, em março, das alíquotas de 70%, gravando tais bens, funcionaram em sentido contrário. Tudo isso, porém, ocorreu no que se poderia denominar a *periferia* da vida econômica, pouca influência exercendo sobre os preços em geral. Não era e não é o suficiente para caracterizar uma *âncora* capaz de escorar o conjunto das operações em que os preços se formam. Não estivesse o poder nominal e global de compra contido pelo controle das emissões de moeda e do crédito, e não haveria *âncora* capaz de segurar a explosão do nível geral dos preços.

Nem por isso, entretanto, a ameaça de uma crise cambial é menos séria, pois ela pode contaminar todo o processo da economia nacional, e esta observação nos reconduz a reexaminar a debatida questão de estar, ou não, supervalorizado o *real*, nas taxas de câmbio em vigor.

PLANO REAL
A ÂNCORA E O NAVIO

Vem-se acusando as autoridades monetárias de estarem *supervalorizando* o real, estabelecendo uma taxa de câmbio pela qual o dólar é comprado e vendido por quantia, em reais, inferior à que deveria ser. Com isso, prejudicada seria a exportação, cujos custos, em reais, não seriam cobertos quando seus preços em dólares forem convertidos em moeda nacional. E prejudicada igualmente seria a nossa indústria, pois ficaria inferiorizada em face da concorrência dos produtos estrangeiros importados com dólares baratos.

Embora não vigore, em nosso País – ao contrário do que ocorre na Argentina – uma taxa de câmbio rígida, fato é que o Banco Central vem praticando um sistema de *bandas*, pelo qual se propõe comprar dólares a R$ 0,88 e vendê-los a R$ 0,93, sempre que os preços da moeda americana, no mercado livre, se afastarem desses limites. E já que a crítica alega prejuízos infligidos à economia nacional, na área e por via do comércio exterior, impõe-se indagar, desde logo: por que se exporta e por que se importa? A resposta que propomos para essa indagação – vide *Atualidade Econômica* n.º 41, abril-junho de 1988, de *Cultura e Fé* – é esta: exporta-se para importar, e importa-se para abastecer o mercado com bens de consumo e produção.

Dito isto, cumpre ainda continuar indagando: que papel desempenha a taxa de câmbio, seja na exportação ou na importação? Evidentemente, o câmbio do dólar – moeda que, neste estudo, continuamos utilizando como representativa das divisas de curso internacional – é um dos componentes mais destacados dos preços dos produtos importados e/ou exportados, e tais preços regulam o fluxo das transações externas. Mas a taxa de câmbio não é o único fator a considerar. Há outros e nada desprezíveis. Com efeito, o valor em moeda nacional dos produtos exportados e/ou importados é determinado:

I. pelos preços vigentes no mercado externo;
II. pela taxa de câmbio;
III. pelos tributos aos quais os bens estão sujeitos, e o custo dos entraves burocráticos apostos à operação (os chamados ônus não tarifários);
IV. pelos incentivos financeiros usufruídos (geralmente subsídios de vária natureza).

A taxa de câmbio é, portanto, apenas um dos componentes dos preços que os importadores pagam e os exportadores recebem.

Teoricamente, se a taxa corresponde à paridade dos poderes de compra de que as moedas cambiadas dispõem no mercado interno de seus países, essa taxa é neutra. Em outras palavras, ela atua no sentido de fazer com que as duas moedas funcionem como se fossem uma só moeda em um único país. É o que ocorre, por exemplo, no *mercado comum europeu*, que reúne países entre os quais é livre – e isenta de tributos e exigências discriminatórias – a compra e venda de bens e serviços.

A essa taxa cambial se adicionam, na prática, – positiva ou negativamente – os tributos e incentivos mencionados nos itens III e IV acima citados. Resulta daí o encarecimento ou o barateamento dos produtos, nos respectivos mercados.

Se os tributos e os incentivos se generalizarem de modo considerável – vale dizer, se, em grande parte, a importação for pesadamente tributada e/ou a exportação fortemente incentivada –, a taxa de câmbio tenderá a afastar-se da paridade dos poderes de compra das duas moedas. Assim, por exemplo, se a exportação receber altos incentivos financeiros, e a importação for onerada com pesados tributos, a exportação crescerá e, com ela, os exportadores oferecerão, no mercado, mais dólares do que os procurados pelos importadores, pois diminuirá também a procura de bens importados e que a tributação encarecerá. Em conseqüência, o câmbio do dólar baixará, não porque seu poder de compra no mercado americano terá decrescido, mas porque haverá um excedente de dólares no mercado brasileiro. Fenômeno semelhante ocorre, quando o excedente de dólares, no mercado, é devido ao afluxo de moeda americana, atraída pela alta nas taxas de juros. Em ambos casos, não faz sentido dizer que a taxa de câmbio supervaloriza o real. Os valores do dólar e do real – isto é, seus poderes de compra nos respectivos mercados – continuam os mesmos. Ocorre, isto sim, uma alteração da taxa de câmbio, resultante do excesso na oferta de dólares, excesso que tem outras causas, como acima se mencionou.

É bem provável que, neste ponto, se tiver armazenado paciência suficiente para acompanhar a exposição, o leitor a considere muito complicada. E terá razão de sobra. Mas, vale perguntar: a complicação é do raciocínio, ou do processo que ele intenta destrinçar? E não seria absurdo que, para simplificar o raciocínio, se falseasse a realidade?

Retomando o fio do pensamento, lancemos um olhar agora sobre o andamento do Plano Real e as medidas adotadas para ajustá-lo a um ambiente em constante mudança.

O foco das atenções situa-se, no momento em que estes comentários são redigidos, no campo do comércio exterior. Recordemos que, em outubro passado, o quadro era de contínuos e elevados saldos no balanço de pagamentos. Com reservas cambiais em nível julgado mais do que suficiente, os saldos criavam o problema de financiá-los em reais, seja por emissões, seja lançando obrigações a juros altos que agravavam a situação.

Em tais circunstâncias, poder-se-ia ter optado por deixar que a taxa do dólar, no mercado, baixasse a ponto de limitar as exportações e incrementar as importações. Tal opção foi acertadamente afastada, pois as oscilações da taxa de câmbio, devidas a fatores ocasionais e quando alcançam certa amplitude, podem criar graves distorções no comércio exterior, difíceis de corrigir no futuro. Ao invés disso, o Governo preferiu recorrer aos instrumentos fiscais e creditícios (vide itens III e IV acima referidos). Dentre as medidas tomadas, destaque especial merece a considerável redução da tarifa aduaneira para inúmeros itens, neles incluídos veículos a motor e aparelhos eletrônicos.

Já em novembro, a posição da balança comercial se alterou, como se vê na tabela a seguir:

1994	Exportação	Importação (US$ 1.000.000)	Saldo
julho	3.733	2.535	1.203
agosto	4.282	2.784	1.498
setembro	4.161	2.703	1.459
outubro	3.873	3.139	734
novembro	3.706	4.198	- 492
dezembro	3.727	4.611	- 884
1995			
janeiro	2.981	3.271	- 290
fevereiro	2.952	4.047	- 1.095

As autoridades esperavam, e até mesmo desejavam, a redução do saldo positivo na balança comercial. A seqüência dos saldos negativos, porém, e ainda seu crescente e elevado montante, não estavam no programa. A isso vieram acrescer-se, a partir de dezembro, as repercussões da crise mexicana e, com ela, uma incipiente mas preocupante fuga dos capitais externos de curto prazo: a já mencionada *hot money*.

Como resultado, a procura de dólares se intensificou além do previsto e o Banco Central interveio, anunciando o estabelecimento de uma *banda cambial* de R$ 0,88 a R$ 0,93 por dólar. Isso foi feito, porém, em comunicados mal redigidos, que provocaram confusão no mercado e deram início a uma crise, felizmente logo superada por ulteriores esclarecimentos, não sem deixar o rastro de penosas e inoportunas seqüelas.

Em março, o Governo, compreensivelmente, revogou grande número das reduções tarifárias de outubro, voltando a tributar fortemente os automóveis e os aparelhos elétricos e eletrônicos, considerados os vilões dos aumentos das importações.

Que lições podem ser extraídas dessa seqüência de fatos? No momento em que rabiscamos estas considerações, volta-se a falar numa eventual alteração da *banda cambial*, cujos limites seriam possivelmente fixados entre R$ 0,90 a R$ 1,00 por dólar, com o que se estaria tentando corrigir a alegada *supervalorização* do real.

Note-se, porém, que a taxa *efetiva* de câmbio do dólar é a vigente em mercado, no qual a moeda estrangeira vem sendo comprada e vendida livremente. Não é plausível, assim, que alguém se disponha a pagar pelo dólar quantia acima de seu valor, ou seja, o valor dos produtos que o dólar compra. Na verdade, entretanto, a taxa de câmbio do dólar não se forma no vácuo, e sim num contexto de circunstâncias, no qual avulta o tratamento dado aos bens e serviços que são comprados e vendidos em dólar. Mais uma vez, o paciente leitor é convidado a reler os itens III e IV, na enumeração feita linhas atrás, das parcelas que compõem o preço de tais bens e serviços, isto é, os tributos, quanto aos importados, e os incentivos, no tocante aos exportados. No citado conjunto de circunstâncias, não é o valor do dólar que muda, e sim o preço final dos produtos, que é alterado pelos tributos e incentivos.

Um exemplo singelo ajudará a melhor compreender o que realmente ocorre. Suponhamos que alguém, possuidor de R$ 100,00, se dirija a um supermercado para comprar, digamos, os artigos de uma cesta básica. Imaginemos, porém, que seja exigido do potencial comprador, para ingressar no supermercado, o pagamento de R$ 10,00. Obviamente, terá ele de desembolsar R$ 110,00, se os tiver e continuar querendo fazer a aquisição pretendida. E isto, não porque o valor do real mudou, e sim porque mudaram as condições de compra. Não é a taxa de câmbio, portanto, o fator a alterar, caso se pretenda modificar o fluxo do comércio exterior, e sim os ônus e os prêmios atribuídos às importações e às exportações.

É claro que a ampliação da *banda cambial*, se for adotada, será sinal, para o mercado, de que as autoridades estão prevendo ou reconhecendo uma queda apreciável no poder de compra do real: em outras palavras, inflação maior. Tal ampliação, se feita *a posteriori*, ou seja, quando a elevação dos preços e custos se revelar incontornável, não será uma opção, e sim uma contingência. Diferente será, porém, o caso, se a alteração da banda for promovida apesar de a balança comercial demonstrar relativo equilíbrio. Isso equivale a criar uma expectativa de maior inflação *auto-realizável*, pela qual o previsto acontece precisamente porque foi previsto.

Parece claro, igualmente, que, se a inflação no Brasil prosseguir e se acentuar – ou seja, se o *real* for perdendo poder de compra com a elevação da média dos preços – a taxa de câmbio, que é, no caso, *o preço* do dólar, tenderá também a subir, até voltarem a se equilibrar os poderes aquisitivos do *real* e do *dólar*, no mercado onde a oferta e a procura estarão condicionadas pelos tributos e pelos incentivos aos quais se vem aludindo. Mas a taxa de equilíbrio só poderá ser dada pelo próprio mercado, e não por decisão arbitrária das autoridades monetárias que, por outro lado e evidentemente, terão de manter-se atentas às flutuações ocorrentes.

Deste modo, se a taxa efetiva de câmbio, no mercado, pressionar o limite de R$ 0,93 por dólar, fixado pela *banda cambial*, e o Banco Central se vir na contingência de vender volume crescente de dólares, será, esse sim, o sinal definido de sobrevalorização, justificando e até exigindo o ajustamento dos limites da *banda cambial*. No momento, contudo, não é o que está acontecendo, e a melhora que se vem registrando na balança comercial – salvo efeitos nocivos como os da greve da Petrobrás – faz prever o retorno dos saldos positivos. Cumpre acentuar, ainda, que as nossas importações estão sendo, majoritariamente, de bens de produção, e isso é, em si, altamente favorável para o equipamento do nosso parque produtivo. Tudo vai depender, afinal, de como se comportará o nosso balanço de pagamentos, ou seja, de como serão financiados, quer eventuais déficits comerciais, quer também as amortizações relativas à divida externa.

Tem-se dito que o Plano Real vem sendo sustentado por estar amarrado à *âncora cambial*. Não estará sucedendo exatamente o contrário? Não será a taxa de câmbio que está amarrada ao Plano Real? Não é a âncora que segura o navio, e sim o navio que ampara a âncora. Bem mais adequado, para continuar utilizando a analogia naval, seria dizer que as taxas de câmbio, relativamente estáveis, são remos ou velas que reforçam os motores do barco e que podem até, se mal manejadas, atrapalhar-lhe o curso. E que se extraviarão, com o navio, se os *dieci demoni*, da visão de Dante, não forem mantidos à suficiente distância.

PASSADO E PRESENTE
A SÍNDROME DO "EX"

Quem foi rei tem sempre majestade. O dito jocoso aparentemente esgota sua razão de ser na amenidade divertida de uma frase engraçada. Realmente, porém, o conceito que o dito exprime, se formulado em termos mais abrangentes, explica um fato cuja ocorrência quotidiana todos podemos testemunhar. É a síndrome do "ex".

Quem exerce um cargo ou desempenha uma função, por algum tempo, adquire com isso experiência, por vezes valiosa e, mais ainda, faz jus a certo *status*, algo como um diploma nem sempre vazado em letras de forma que, pelo menos a seus olhos, o habilita a pronunciar-se, com relativa autoridade, sobre a melhor maneira de exercer ou desempenhar o cargo ou a função. Em tese, nada mais justo e racional. Valor tem, por certo, o *saber de experiência feito* que Camões atribuiu ao Velho do Restelo. E sábia é a lição de Anibal sobre a *disciplina militar prestante* que, nas palavras do mesmo Camões, só se aprende *vendo, tratando e pelejando*.

Mudam as coisas de figura, porém, quando os titulares dos cargos e funções exercidas parecem esquecer que as circunstâncias se modificam, e, ao invés de manifestarem, cautelosa e legitimamente, suas opiniões, mesmo quando desfavoráveis, enveredam pela crítica mordaz, e se arvoram em árbitros do que deve ou não deve ser feito, como se ainda ocupassem seus antigos postos.

Reconheçamos, humildemente, que todos somos "ex" disto ou daquilo, e todos, ao menos vez por outra, nos olvidamos desse pormenor. O *pai-de-filho-adulto* esquece que ele é agora um *ex-pai-de-criança*, e a *mãe-de-filha-casada* não se lembra de que ela é *ex-mãe-de-menina*. E que dizer dos *ex-presidentes, governadores, ministros e secretários*?

É bom que todos eles falem, opinem e, quando for o caso, aconselhem. É até sua obrigação, seu dever para com a família e a sociedade. De certo modo, seu passado os faz responsáveis pelo encaminhamento do presente e do futuro. Tolice seria desperdiçar o acervo de conhecimentos que os "ex" – todos eles – acumularam e as lições que aprenderam, com seus acertos e, sobretudo, com seus próprios erros. Tudo isso, entretanto, pode ser malbaratado, quando os “ex”, em lugar de se amoldarem aos seus novos e até eméritos papéis de quem já foi, procedem como se fossem ainda o que mais não são. E, se não reconhecerem ter havido uma *rendição de guarda* e, com ela, o surgimento, não apenas de novos comandos, mas também de novos enfoques, quanto à maneira de exercê-los e quanto aos problemas a enfrentar.

Os novos titulares, muito provavelmente, ver-se-ão na contingência de reeditar velhas tentativas para contornar situações que teimam em repetir-se. Podemos adverti-los – e até talvez devamos fazê-lo – de que as nossas tentativas não deram certo. Mas convém que isso seja feito, abrindo-se crédito razoável às possibilidades de ter êxito hoje o que ontem fracassou.

Também os novos personagens do amplo teatro da vida têm seus sestros e suas idiossincrasias. Em geral, julgam sempre saber mais e melhor do que seus antecessores, e como agir e evitar as erronias. Muitas vezes, porém, apenas repetem, com alguma maquilagem, o que foi feito antes. Têm eles a escusá-los a incoercível e mesmo saudável ousadia dos que se vêem revestidos com o manto do poder, por outros deposto, e se lançam a recomeçar a interminável busca de soluções para problemas que interminavelmente se renovam.

Seja como for, convém que os "ex" se demonstrem mais precavidos. É-lhes insuportável, por vezes, presenciar impassíveis a repetição de procedimentos que, sob a capa de novas fórmulas, carregam germes de conhecidos insucessos.

Mas, *noblesse oblige*. Uma dose adequada de compreensiva maturidade pode dar às atitudes eventualmente assumidas uma eficácia persuasiva bem maior do que a de violentas e ferinas reprovações.

14

Janeiro-Março

1996

SAÚDE
CRISE DA VIRADA DO SÉCULO

UM DOS MAIS DIFÍCEIS problemas – com o qual se defrontarão as nações do mundo – será, sem dúvida, o do acesso aos sistemas sociais de saúde, e sua administração.

A saúde é um bem precioso, que sempre foi – e será – de inestimável valor para o ser humano e para toda a sociedade. A preservação da saúde, porém, nem sempre teve a seu dispor possibilidades que assegurassem êxito correspondente, ao menos em grau apreciável, ao valor do bem. Milênios e milênios levou a humanidade convencida de que muito pouco poderia fazer, com os meios naturais, para prolongar a vida e superar as inúmeras doenças que a punham em risco ou lhe arruinavam a fruição.

A medicina, ou seja, a ação humana empenhada na preservação de saúde e na prevenção e superação das doenças é, certamente, antiquíssima como profissão e mesmo como fonte de poder e prestígio social. Cercou-a sempre uma aura de mistério, em que freqüentemente se misturavam legítimos aspectos sobrenaturais e religiosos com ritos mágicos e fetichistas de todo irracionais. Bem se compreende que lidar com a vida é mergulhar num universo da mais intensa e efetiva presença, em nossos sentidos e em nossa mente, e contudo universo insondável, na complexidade dos processos que o movem e perpetuam.

A medicina teve seus deuses, na mitologia greco-romana: Asclépio, na Grécia, e Esculápio, em Roma. Povoaram-na bruxos e pajés que, ainda hoje, ocupam amplos e inesperados espaços nas atividades sociais e na opinião pública.

No Cristianismo, desde as suas origens judaicas até os nossos tempos, a cura dos enfermos sempre ocupou lugar destacado, quer como manifestação da onipotência e da misericórdia divinas, quer como alta expressão de capacidade e dedicação profissional, quer ainda como objetivo e fruto de caridade e de amor ao próximo. Os hospitais, desconhecidos na Antigüidade, foram criação da Igreja, e ordens religiosas surgiram com a finalidade precípua de cuidar dos doentes.

Na segunda metade do século XIX, teve início o que seria – e ainda está em curso – uma verdadeira revolução no tocante ao que pode o homem fazer para preservar e recuperar a saúde.

Um químico francês – Louis Pasteur – descobriu o mundo dos microorganismos e, com isso, abriu a porta para desvendar o papel por eles desempenhados na biologia, e imprimir cunho mais racional ao diagnóstico e à terapêutica. Essa revolução se acelerou vertiginosamente, na metade final deste nosso portentoso século XX, e ninguém pode prever, nesta altura, até onde chegará.

Acrescente-se a isso o estupendo progresso que se registrou – e está se registrando – nos meios de comunicação, no mais amplo sentido, ou seja, não apenas na mídia – imprensa, rádio, televisão –, mas nos próprios contatos físicos que a organização e dinamização do transporte propiciaram, com a potencialização das trocas comerciais e culturais que tem, na globalização dos empreendimentos industriais e no turismo, suas mais altas expressões.

Neste cenário, os seres humanos foram-se dando conta de que a saúde não é simplesmente um dom gratuito, com o qual a natureza privilegia alguns, e agentes sobrenaturais ou, pelo menos, mal identificados conseguem por vezes restaurar. Generalizou-se o conhecimento de que a saúde é também, e muito, um *produto*, o fruto de aquisições científicas em constante aperfeiçoamento, utilizadas por experientes profissionais, operando equipamentos altamente sofisticados, e insumos fornecidos por vastíssimo acervo de artigos farmacêuticos. Nada mais compreensível, portanto, a procura dos serviços de saúde avolumar-se cada vez mais, quer em termos de número de solicitantes, quer ainda no tocante aos recursos humanos e materiais requeridos em cada caso pelos beneficiários, seja individualmente, seja ainda em grupos caracterizados pelo sexo, pela idade, ou pelo *habitat* e pela profissão.

Em tais circunstâncias, desenha-se hoje um quadro em que:

I. há uma procura crescente e ilimitada de serviços de saúde, cujos custos sobem, também ilimitadamente, na medida em que a busca de tais serviços se generaliza e intensifica, e os procedimentos profiláticos e curativos adquirem maior sofisticação e dispendiosa elaboração;
II. o financiamento desses serviços vai-se tornando cada vez mais oneroso e pressiona os orçamentos públi-

cos em grau que estes não conseguem suportar. Em conseqüência, todo o mecanismo de atendimento sanitário se desordena e desorganiza, gerando ambiente de insatisfação e conflito que marginaliza e exclui precisamente os mais necessitados.

O problema crucial a resolver, nesse quadro, é o de como compatibilizar a requesta dos serviços de saúde com o seu financiamento, dentro dos limites que a coletividade à qual se destinam aceita suportar. Uma vez que aquela busca, como se acentuou linhas atrás, é intensa e ilimitada, ao passo que os recursos requeridos pelo financiamento são relativamente escassos e limitados pela resistência de seus possuidores a desembolsá-los, a equação não pode ser resolvida pela ação de um único fator, mas postula, entre outras, as seguintes medidas:

I. limitar, de alguma forma, o acesso aos serviços de saúde;
II. intensificar os procedimentos em que o acesso a tais serviços seja custeado pelo próprio paciente;
III. motivar a coletividade, dando-lhe consciência de que não pode esperar serviços de saúde melhores dos que está disposta a organizar e financiar, e de que isso requer racionalização e limitação no atendimento e inevitavelmente contribuições financeiras.

Em nosso País, o problema dos serviços de saúde atingiu estágio que, pela desorganização e irracionalidade, pode, sem exagero, ser classificado de caótico. E não adianta nada, no caso, ficar identificando e condenando responsáveis e culpados. Certo é que, para as graves falhas do sistema, muito se deve a abusos e à demagogia.

Mas a causa primeira das deficiências reside na defasagem que, nos últimos decênios, se estabeleceu entre as perspectivas descortinadas pelo progresso técnico dos processos de preservação e recuperação da saúde e a adaptação dos mecanismos sociais às novas e fortes exigências que essas perspectivas geraram e agudizaram no seio das populações.

O tratamento da saúde que, ainda nos primeiros decênios deste século, era considerado matéria da esfera privada, veio assumindo feição sempre mais acentuada de encargo coletivo, tal como o fornecimento de água e de energia elétrica. Naquela época, não muito distante, a maioria da população aceitava como normal tirar água do poço ou utilizar luz de velas e lampiões, como os antepassados. Hoje, modestas aldeias se julgam vilipendiadas, se permanecem em tal situação. Coisa semelhante ocorre com os serviços de saúde. Mas, assim como as estruturas sociais só aos poucos têm conseguido habilitar seus mecanismos para atender – e ainda com grandes deficiências – aos reclamos de água e luz, da mesma forma não estão em condições, essas estruturas, de corresponder às crescentes pressões por serviços de saúde, com a velocidade e a qualidade com que eles são exigidos.

SAÚDE
A CRISE É MUNDIAL

O problema aliás – embora isso pouco sirva de consolo – é universal. Notadamente no final e após o término da Segunda Grande Guerra, a idéia de que a coletividade devia, a todos os seus membros, organizar-se de modo a assegurar-lhes razoável nível de bem-estar, ganhou impulso e suscitou numerosas iniciativas, entre as quais se destacou o Plano Beveridge, em 1943, baseado nas teses de Lord William Henry Beveridge, da Universidade de Oxford, e diretor da Escola de Ciências Políticas e Econômicas de Londres. Na ótica da época, o compromisso da sociedade deveria cobrir a vida da pessoa humana *from cradle to grave* (do berço à sepultura) e, mais abrangente ainda, *from womb to tomb* (do ventre materno ao túmulo). Generosas aspirações que, no setor da saúde – pelo qual especialmente nos interessamos nestes comentários –, tinham pela frente, como se assinalou no tópico anterior, e vale repisar, duas grandes barreiras, ou seja, de uma parte, os custos crescentes do progresso técnico na medicina preventiva e curativa, e, de outra, as nem sempre racionais resistências dos beneficiários a financiá-los.

Fato é que os Governos e os Parlamentos atenazados pela opinião pública, nem sempre esclarecida, foram criando o que, na língua inglesa, toma o nome de *intitlement*, ou seja, a titularidade do direito a uma assistência sanitária que, na prática, ultrapassa em custos as previsões oficiais e a disposição popular de financiá-los.

Variam muito, de país para país, os sistemas de prestação e custeio dos serviços de saúde. Nos Estados Unidos, onde o problema, pelas suas dimensões, é talvez o mais importante ponto de referência na busca de soluções possíveis, a ênfase é colocada no âmbito dos procedimentos de ordem privada. Isso é devido, sem dúvida, à característica aversão americana pela ampliação da ingerência estatal nas atividades dos cidadãos, notadamente no que diz respeito à esfera econômica. Mas, de tal forma se vieram acumulando exigências por serviços de saúde acessíveis a todos, que a própria pátria da iniciativa particular foi obrigada a admitir largas brechas no seu arcabouço privatista e desenvolver programas de assistência pública para os idosos, como o *Medicare*, e para os *medical indigents*, como o *Medicaid*, que rapidamente se agigantaram e estão, também eles, envolvidos pelo dramático choque entre os custos crescentes e a insuficiência dos recursos mobilizáveis para enfrentá-los.

O sistema americano de saúde é operado predominantemente por atividades da esfera privada, que atendem a mais ou menos dois terços da população de 270 milhões de habitantes. Desses dois terços, cerca de 40 milhões enfrentam suas despesas médicas e hospitalares, valendo-se de planos de seguro privado.

A assistência estatal é proporcionada, como já mencionamos, por dois grandes programas: o *Medicare* e o *Medicaid*. No *Medicare*, estão inscritos cerca de 35 milhões de beneficiários, ao passo que o *Medicaid* atende a cerca de 25 milhões. Calcula-se em 35 milhões o número dos que não integram nenhum desses grupos (dados de 1991).

Tanto o *Medicare* quanto o *Medicaid* não são de acesso franco e ilimitado. Começa que, para utilizar os serviços dos programas, o beneficiário deve reunir determinadas condições: basicamente, idade igual ou superior a 65 anos ou invalidez para o *Medicare*, e comprovada indigência para o *Medicaid*. Além disso, a prestação desses serviços obedece a uma complexa regulação, cujo texto preenche alentados manuais e praticamente exigem especialista para interpretá-los. O objetivo dessa regulação é, certamente, o de evitar o superuso e criar *fatores de moderação*, para ajustar a procura às possibilidades de financiamento. A rigor, os serviços médicos e hospitalares não são prestados por órgãos estatais, mas têm seu custo em grande parte indenizados pelos programas, segundo tabelas de despesas e prazos de utilização que variam de Estado para Estado, e são pagas com fundos a tanto destinados, em conjunto, pelo Governo Federal e unidades regionais.

Na Suécia, os programas públicos de assistência médico-hospitalar são os mais abrangentes, e incluem todos os residentes no país, sejam ou não cidadãos suecos. Os programas são financiados por contribuições sobre a folha de pagamento e pelo imposto de renda. Os beneficiários, entretanto, pagam parte das despesas pelos serviços que utilizam. Os dispêndios com os programas são altíssimos e a carga fiscal suportada pelos contribuintes é talvez a mais alta do mundo.

Muito ampla, também, é a assistência oferecida no Canadá pelos programas públicos de saúde. Cada província organiza e custeia o seu programa, financiado por impostos e regulado pelas autoridades regionais. Assim, por exemplo, na Província de Ontário, o atendimento começa por um clínico, que funciona como o tradicional *médico de família* e, conforme o caso, requer os exames adequados e, se necessário, encaminha os pacientes a especialistas e à hospitalização. Considerado de bom nível, o programa vem, apesar disso, suscitando polêmicas, quer pelas demoras – notadamente na intervenção dos especialistas –, quer pela inteira gratuidade de que gozam os beneficiários.

Na Grã-Bretanha, a assistência médico-hospitalar se estende a todos os residentes e é administrada por autoridades regionais, que aplicam fundos nacionais alimentados por impostos. Parte das despesas com medicamentos é paga pelos beneficiários. Também aqui reclama-se das longas demoras, especialmente na hospitalização para cirurgias eletivas.

Na Europa, em geral, os sistemas de saúde seguem programas baseados em métodos de seguro e atendem aos que neles se inscrevem e pagam as respectivas taxas.

São estas algumas observações com as quais, de modo algum, se pretende elencar o que vai pelo mundo em matéria de sistemas de saúde – pois isso exigiria dados e competência que nos faltam –, mas apenas dar uma idéia de como variam as soluções intentadas para enfrentar o problema, e introduzir o raciocínio objetivando situar a questão em seus aspectos econômicos.

SAÚDE
O CASO BRASILEIRO

No Brasil, as aspirações populares por serviços de saúde acessíveis em termos de maior generalidade foram de início, encaminhadas para a esfera das instituições de previdência. Construiu-se um nexo de duvidosa lógica entre a aposentadoria e as pensões, de responsabilidade dos órgãos previdenciários, e os dispêndios específicos requeridos para prevenir e curar doenças dos associados. Foi criado, em conseqüência, um adicional na contribuição de previdência que, presumivelmente, financiaria os serviços de saúde, gradativamente assumidos, a partir de 1949.

Programas de previdência social já os tivemos no tempo do Império: as Caixas de Montepio em benefício dos funcionários públicos e suas famílias. Data de 1923 a Lei Eloy Chaves, que criou as Caixas de Aposentadoria e Pensões das Estradas de Ferro.

Foi na década de 1930, porém, que se organizaram os chamados IAP – Institutos de Aposentadoria e Pensões –, dos quais o primeiro, o dos Marítimos, é de 1933.

Destinatários de contribuições obrigatórias, de empregadores e empregados da respectiva categoria, e com encargos financeiros iniciais relativamente pequenos, esses Institutos foram acumulando fundos consideráveis que, no sistema denominado de *capitalização* – naquela altura adotado –, deveriam ser aplicados, de forma segura e rentável, para fazer face aos dispêndios com aposentadorias e pensões ao longo dos anos futuros.

Generalizou-se então uma idéia – que ainda hoje vigora – baseada num princípio, em si óbvio e incontestável, ou seja, o de que tais fundos deveriam ser aplicados pelos IAPs em favor dos respectivos associados. A prática, porém, veio demonstrar como um princípio racional e salutar pode ter seu entendimento distorcido e levar à ruína os legítimos interesses que deveria proteger.

A questão da nossa previdência social tem sido objeto destes comentários desde 1979, e um amplo resumo dos raciocínios desenvolvidos foi feito no n.º 57, abril-junho de 1992, de *Cultura e Fé**.

Para o tema específico deste tópico, bastará lembrar que, invocando o princípio ao qual se fez referência, os vultosos fundos arrecadados, ao invés de serem aplicados de modo seguro e rentável – pois nisto residia o maior interesse dos associados – o foram na concessão de benefícios mais ou menos imediatos, a pretexto de atender necessidades prementes e urgentes, tais o financiamento da casa própria, a construção de moradias de aluguel, e ainda serviços de saúde. Não cabe discutir

* Vide Cap. 6.

aqui, nem a necessidade, nem a utilidade desses benefícios, mas o fato inegável é que, para a sua concessão, os fundos que deveriam garantir a execução do programa maior e próprio dos IAPs – o de aposentadorias e pensões – foram consumidos e praticamente anulados.

Com efeito, os financiamentos para aquisição de casa própria – que, em tese, deveriam e poderiam ser aplicações seguras e rentáveis – foram sendo literalmente aniquilados pela inflação, que os juros subsidiados em nada cobriam. O mesmo ocorreu com os aluguéis dos imóveis construídos para locação, dos quais ainda hoje subsistem exemplos em que as prestações locatícias se tornaram ridículas, em valor, a ponto de não pagar a pena cobrá-las.

No tocante aos serviços de saúde, a ampliação dos presumidos direitos a atendimento e os custos crescentes passaram a exigir tal soma de recursos financeiros, que foram estouradas todas as possibilidades práticas de cobertura.

Tão crítica situação teve, sem dúvida, a agravá-la falhas administrativas de toda sorte. Tais falhas facilitaram e, de certo modo, incentivaram inúmeras fraudes, muitas de grande vulto, a par de abusos generalizados de sonegação de contribuições e falsas habilitações a benefícios.

Boa parte da responsabilidade pelo desequilíbrio financeiro deve ser atribuída, entretanto, a demasias legislativas, elastecendo direitos e gerando dispêndios, sem provimento de receita adicional para cobri-los. A isso se ajuntavam interpretações judiciais, extremamente onerosas para o sistema previdenciário e bloqueadoras de esforços intentados no sentido de conter, em limites razoáveis, a utilização dos benefícios concedidos.

As insatisfações e as críticas geradas por esse amontoado de desordens acabaram, finalmente, por despertar uma consciência mais realista do problema. Esse despertar de consciência tem sido lento, mas suficiente para ir, aos poucos, deslocando, na opinião pública, velhos chavões como o de que, por contribuírem para o sistema previdenciário, todos têm direito a ampla e gratuita assistência em matéria de serviços de saúde. O fato de esse chavão estar referendado, mais ou menos explicitamente, em textos legais, tem reforçado sua persistência, mas não muda em nada o caráter inarredável da falta de compatibilidade entre a soma de benefícios que se exigem e esperam e o volume de recursos humanos e financeiros que é possível mobilizar para torná-los efetivos.

A consciência mais realista à qual se aludiu vem, entretanto, induzindo mudanças e ajustamentos que, sem oferecer desde logo melhoras importantes nos serviços prestados, poderão por certo viabilizá-las, se houver bom senso e perseverança nas reformas intentadas.

Um dos mais promissores sinais desse despertar de consciência foi a separação dos problemas da previdência e da saúde, no tocante aos órgãos e aos recursos destinados a enfrentá-los. Aprendeu-se, com a longa e frustrante experiência, que a tentativa de dar solução conjunta aos dois problemas concorria para torná-los insolúveis a ambos.

Claro está que todos os problemas sociais se inter-relacionam. No caso, porém, cada um deles tem características próprias, notadamente no que concerne à atribuição dos benefícios programados e ao modo de financiar-lhes os custos.

Os benefícios esperados da previdência social situam-se basicamente num horizonte temporal que projeta para o futuro distante a utilização de benefícios cujo custeio irá exigir longo período de contribuições, quer pessoais dos beneficiários, quer de outras fontes.

Outra característica desse tipo de benefícios é o de terem eles valores monetários que é possível definir, em globo e com relativa precisão, por métodos atuariais. Assim, por exemplo, num bloco de 1.000.000 de eventuais beneficiários, a observação estatística permite calcular como se distribuirão, no curso de trinta anos, quantos farão jus a aposentadorias de determinado valor, por determinado número de anos. Em conseqüência, as dimensões do financiamento desse custo global podem também ser calculadas, e ajustados os mecanismos para cobri-lo.

Ao contrário, a assistência médico-hospitalar deve ser prestada no presente, no dia-a-dia, e é muito mais difícil e impreciso o cálculo do valor monetário global de seu custeio. No caso, o caminho a percorrer, na tentativa de solução, bem provavelmente será o inverso. Ou seja, dever-se-á tomar como ponto de partida o volume e a natureza dos recursos mobilizáveis, e ajustar as despesas de custeio – e, conseqüentemente, o vulto e a forma do atendimento – a esse montante.

SAÚDE
HÁ SOLUÇÕES À VISTA?

Na crise que envolve a questão da saúde, no Brasil, registrou-se – como ficou dito – uma evolução auspiciosa. Para empregar um termo em voga – e também bem adequado neste tema –, pode-se dizer que os delineamentos do problema adquiriram uma *transparência* até pouco obscurecida por equívocos e chavões demagógicos que, apesar de não terem sido inteiramente superados, perderam bastante de sua capacidade de iludir.

Para quem, como este escriba, só entende de medicina qual paciente de doenças – em geral ocasionais, mas já agora crônicas, pois *senectus est morbus* – ousadia inescusável seria arvorar-se a opinar sobre como enfrentar o problema, nos aspectos especificamente técnicos, da arte e da ciência de prevenir e curar enfermidades. Mas o problema vai muito além desses importantes aspectos, nos quais – cumpre insistir – tem sido vertiginoso o progresso registrado. As dificuldades e os impasses que hoje nos desafiam não se situam nesse campo técnico, mas sim e predominantemente na área econômica.

Julgava-se antigamente que um hospital, por exemplo, deveria ser dirigido por médicos, e tanto melhor o seria, quanto mais competentes fossem estes em sua especialidade funcional. Mas a experiência tem demonstrado que a direção de tais estabelecimentos requer aptidões administrativas e perícia financeira que exigem formação técnica própria, dificilmente acessível a profissionais de outros setores.

Em cenário mais amplo – o da saúde como questão social –, impõe-se ter em mente que os aspectos políticos – como recentes e constrangedores episódios, no Congresso Nacional, fizeram vir à tona – podem retardar e mesmo impedir soluções racionais, pelo entrechoque de interesses grupais e corporativos arraigados.

Tudo isso justifica e até mesmo postula que a pesquisa e o encaminhamento de soluções empenhe a quantos, mesmo desconhecendo o manejo do bisturi e do estetoscópio, tenham o que dizer sobre como compatibilizar despesas e receitas. Parafraseando Georges Clemenceau, em seu dito relativo à guerra e aos militares, poder-se-ia afirmar que a saúde é matéria grave demais para ser confiada apenas aos médicos, por muito que estes nos mereçam e não tenha medida o que certamente nos merecem.

Correndo o risco da simplificação – risco que, na espécie, vale a pena correr, para desvencilhar o que há de essencial no emaranhado de fatores em ação –, razoável será formular o problema numa equação, na qual um dos lados engloba os custos dos serviços médico-hospitalares, e o outro, os recursos mobilizados para cobri-los. Cada lado é composto de termos que variam conforme a natureza dos serviços desenvolvidos e dos recursos aplicados.

Do lado dos serviços, figuram os que são assumidos pelo aparelhamento estatal, como, por exemplo, os de caráter preventivo e os ministrados pelos órgãos públicos de saúde. Incluem-se, igualmente, os oferecidos pelas organizações privadas, como as empresas aos seus empregados e as entidades seguradoras aos seus clientes ou associados. Ajuntam-se ainda, também no setor privado, os serviços dos profissionais de saúde autônomos e os hospitais particulares.

No lado dos recursos mobilizados ou pelo menos mobilizáveis, estão os tributos com os quais são financiados, em grande parte, os serviços públicos de saúde; as contribuições e os prêmios de seguro, no caso dos empreendimentos que nesses aportes se baseiam; os honorários dos médicos e enfermeiros, e as diárias hospitalares, na hipótese de atendimento inteiramente pago pelos pacientes.

Caberia, em conseqüência, decompor a equação, à qual se fez referência, numa série de equações parciais, cada uma delas agrupando os vários tipos de atendimento e os correspondentes itens de financiamento. A equação geral, entretanto, mantém sua utilidade demonstrativa, pois as diversas espécies de serviços e de financiamentos, não somente se justapõem, mas se interpenetram e complementam. Em situação de equilíbrio, tanto as equações parciais, quanto a equação geral, deveriam fechar sem déficit. Não é, contudo, o que geralmente ocorre. Os serviços públicos de saúde, mal financiados e, além disso e em boa parte também por isso, mal operados, fazem refluir os que buscam tais serviços para a área privada, pouco ou nada acessível aos pobres e indigentes.

Evidentemente, a referência à equação não faz prever solução matemática, mas serve apenas para sublinhar que, no terreno econômico, nada é gratuito. Todos os custos inerentes a qualquer procedimento são suportados por alguém. Se não o forem pelos interessados diretos, sê-lo-ão pelo próprio agente ou, como é freqüente na hipótese de serviços públicos, pelo financiamento inflacionário do déficit.

Mas é de capital importância assinalar que, em matéria de serviços de saúde, os custos tendem, de per si , a serem ilimitados. Não é só o número crescente de pacientes a atender, e sim – e além disso – o grau cada vez mais elaborado e dispendioso do tratamento dispensado a cada indivíduo. Doenças crônicas e cirurgias de alto nível absorvem habilitações profissionais e insumos terapêuticos em dimensões que não guardam proporção com o ritmo das disponibilidades.

A conclusão que se impõe inelutavelmente é que, sendo os recursos mobilizáveis limitados, não há outro meio para ordenar, de algum modo, o processo de atendimento, senão o de limitar a utilização.

A limitação dos recursos resulta do fato de que, tanto os diretamente interessados, quanto a coletividade na qual se inserem, não podem ou não aceitam cobrir os dispêndios indefinidamente. Fatores de natureza cultural e educacional poderão modificar, em especiais circunstâncias de tempo e lugar, essa limitação. Em determinado e relativamente curto período, porém, não há como ultrapassá-la, sem comprometer – e, via de regra, gravemente – o funcionamento do sistema.

Dificílimo é, por certo, o empreendimento de limitar, com normas racionais, social e politicamente viáveis, o acesso aos serviços de saúde. Desde logo, parece inescapável a premissa de que tal acesso não pode ser, inteira e universalmente, gratuito. Como em tudo, na vida econômica, o *preço* – o tão abusado e incompreendido *preço* – é o básico regulador natural do fluxo dos produtos; e o produto *serviços de saúde* não é exceção. Daí não segue que quem não pode pagar o preço natural deva ficar excluído do acesso aos serviços de saúde. Esta é um bem precioso demais para ficar totalmente entregue às leis do mercado.

Por outra parte, o caráter essencial dos serviços de saúde não justifica que estes devam ser, inteira e universalmente, gratuitos. Também o uso da água é essencial para a vida humana e, isso não obstante, seu abastecimento está sujeito ao pagamento de taxas e à observância de normas cuja legitimidade ninguém pode negar.

Nada mais racional e eqüitativo, neste contexto, do que fazer distinção entre os usuários dos serviços de saúde, de acordo com a sua capacidade – maior, menor ou até nula – de custear a utilização que fizerem desses serviços. Estes, como vimos, podem ser enquadrados em três grandes categorias, ou seja:

I. os serviços de saúde públicos;
II. os prestados por organizações de caráter privado e vinculados a determinadas categorias de empregados, contribuintes ou segurados;
III. os oferecidos por profissionais da área médica, mediante honorários, e os dos hospitais privados que cobram diárias.

Lógico será admitir que os serviços gratuitos do setor público sejam reservados aos que realmente não têm condições de custeá-los. O fato de ser difícil definir e identificar as pessoas nessas condições não infirma a tese, e é questão que só a experiência de repetidas tentativas permitirá ir resolvendo. Contudo, mesmo nesta categoria de usuários, a gratuidade não pode, nem deve implicar acesso ilimitado, no tempo e na espécie, a toda gama de serviços. E isso, não por alguma odiosa discriminação, mas porque, se reprovável seria negar ou impedir o atendimento possível, igual ou maior condenação mereceria concentrar em poucos o tratamento que irá faltar a muitos. Pois, não é demasiado repetir, os recursos disponíveis são limitados pelo nível da carga tributária que a coletividade aceita suportar.

Mas o grande caminho para as soluções racionais e viáveis, ao que a experiência de muitos países e a nossa própria estão indicando é o trilhado pelas organizações de caráter privado, e das quais os beneficiários participam, seja por título empregatício, seja como nos Fundos de Assistência das empresas, seja como associados de outros Fundos ou clientes de entidades de seguro. A regra básica de tais organizações é a do equilíbrio entre o montante global dos custos dos serviços e o dos recursos destinados a cobri-los. Vale dizer que a equação à qual nos referimos anteriormente fecha sem déficit, e isso porque os dois lados da equação têm limitações que os compatibilizam.

A limitação dos custos dos serviços é promovida por normas que lhes regulam a duração e a qualidade, fixando-lhes parâmetros que, se vierem a ser ultrapassados, deverão ter os dispêndios complementares cobertos, no todo ou em parte, pelos pacientes.

Os desembolsos destinados a financiar tais custos, por sua vez, deverão necessariamente ajustar-se ao montante dos dispêndios, e sua limitação segue o nível de aceitação dos programas oferecidos. Se estes exigirem desembolsos considerados demasiado altos, decrescerá, como é natural, o número de aderentes.

Fórmula que vem obtendo significativa receptividade é a das denominadas *health maintenance organizations*. Nela, os interessados se comprometem a pagar determinadas mensalidades e fazem jus, em contrapartida, a uma assistência cuja ênfase está na manutenção da saúde, ao invés de esperar que as doenças a comprometam gravemente. Tentam, assim, prevenir, por via ambulatorial, a perspectiva de custosas e mais sérias internações hospitalares.

O espaço não nos permite prosseguir no exame deste problema, que é demasiado premente para permitir-nos refugir de comentá-lo com a desculpa de uma ladina humildade.

Melhor – muito melhor, por certo – dirão os competentes. Mas os menos sapientes podemos – e devemos – tentar meter nossa colher torta no bolo de impasses que aí está a desafiar quem se atreva a cozinhá-lo.

15

Julho-Setembro

1996

PLANO REAL
ONDE ENTRA O *JOGO DOS REIS*

DIZEM-NO O *REI DOS JOGOS*. Deve-se tal primazia, sem dúvida, a muitos fatores. Começa pelos característicos das peças. Característicos que, de um lado, as singulariza: cada uma delas tem, além do nome, um ou vários sobrenomes que a distinguem das demais. Temos, assim, o bispo preto da casa branca; ou o cavalo preto do rei, e mais o peão da torre. A isso se ajuntam movimentos que combinam graus diferentes de versatilidade, que expõem a poderosa rainha, por exemplo, a ser imobilizada por um plebeíssimo peão. Ou um bem guardado monarca, a levar xeque-mate, por obra de um astuto e saltitante cavalo.

Dizem-no, também, o *jogo dos reis*. Entra aí a versão bélica de um campo de batalha evocada pelo tabuleiro, e do soberano circundado por uma variedade de seres dos quais deve esperar apoio e defesa. Mas entra, outrossim, uma ponta de malícia, dando a entender que o jogo, pelo dispêndio de tempo que acarreta, é próprio de quem, por viver na abastança, não é obrigado a suar a fronte para ganhar o pão quotidiano, privilégio que se supõe usufruído pelos supremos chefes dos reinos deste mundo.

Seja como for, dá-se com o xadrez – mais do que, talvez, com os outros jogos – um fato curioso. Sua aprendizagem inicial não parece fácil. A exata posição do tabuleiro, a arrumação das peças, os movimentos próprios de cada uma, o caprichoso pulo do cavalo, o grande e o pequeno roque, tudo isso requer paciência e treino. À medida, porém, que se toma conhecimento das aberturas clássicas, com seus lances consagrados e seus espertos gambitos, o progresso é rápido. E se consolida, quando o jogador descobre ser mais sábio manter posições firmes – digamos ortodoxas – ao invés de arriscar-se e ceder à tentação de meter-se em atalhos heterodoxos que terminam por levá-lo a derrotas.

Atingido certo estágio de tirocínio, porém, estaca o que se afigurava uma marcha batida no rumo da invencibilidade. O aspirante a campeão que, de início, mal sabia mover as peças e, após muitas partidas ganhas e, sobretudo, perdidas, aprendera como é importante prever situações a serem enfrentadas, ao longo de três ou quatro lances adiante, descobre agora imprevistas perplexidades, e fica sem saber se sacrifica as peças para manter posições, ou se sacrifica posições para manter peças.

Este relato de quem deu apenas alguns e vacilantes passos na ciência dos mestres Alekhine e Capablanca é uma tentativa, canhestra que seja, de amenizar o intróito do exame de como estamos em matéria de Plano Real, decorridos dois anos de seus lances de abertura.

Não há negar que a situação melhorou e muito. Longe parecem os dias dos preços enlouquecidos, do dinheiro que, ao passar dos dias, se derretia como gelo ao sol do verão; da velha imagem dos salários a subirem pela escada atrás do custo de vida, que subia pelo elevador. Neste ambiente de relativa bonança, contudo, pipocam queixas por toda parte. Poder-se-ia, até certo ponto, comparar tais queixas às dos israelitas que, enfrentando as agruras de caminhar pelo deserto, sentiam saudades das cebolas do Egito. Mas isso seria fechar os olhos à realidade, que refoge de tais simplificações.

A colocação honesta do problema exige, em primeiro lugar, o reconhecimento de que o Plano Real, até agora, obteve um êxito muito acima do esperado, e desmentiu inapelavelmente os sombrios e até raivosos vaticinadores, que o apontavam como estratagema eleitoral, prevendo sua morte para dentro de alguns meses. Esses obstinados profetas mudaram agora de discurso, mas não de objetivo. Não negam a relativa estabilidade monetária alcançada, mas lhe opõem o *custo social* que, por iníquo e insuportável, estaria levando o plano ao preanunciado fracasso.

Em segundo lugar, faz-se imperativo assinalar não ser a estabilidade monetária algo que se consegue de uma vez para sempre e, uma vez alcançada, perdura indefinidamente. Bem ao contrário, é um equilíbrio instável entre forças que, a um tempo, se opõem e entrecruzam, à semelhança do que ocorre com uma bicicleta em solo acidentado.

Dito isto, pode-se acrescentar que, tal como no *jogo dos reis*, esta é a hora na qual, atingido certo grau de firmeza em posições básicas, e dominado, com alguma destreza, o manejo das peças, cumpre enfrentar o problema de como prosseguir, começando por eliminar, ou reduzir de proporções, ameaças que incidem sobre pontos mais fracos do plano de ação. No caso do Plano Real, a julgar pelo coro no qual se misturam, com óbvias dissonâncias, inquietações de amigos e objurgatórias de inimigos, três parecem ser os principais setores onde se registram indicativos de disfunções preocupantes, ou seja:

I. o desemprego
II. as taxas de juros
III. a política cambial

Vejamos agora como se caracteriza a questão, nesses três setores, e que perspectivas se vislumbram de como pode evoluir em futuro próximo.

PLANO REAL
O DESEMPREGO ESTRUTURAL

Em que consiste o *emprego*? Aí está um conceito que merece ser examinado atentamente, para tentar defini-lo em termos que reflitam com exatidão a realidade e permitam situar, com clareza, o papel do emprego na vida econômica de nossos dias.

Na linguagem comum, entende-se por *emprego* o contrato pelo qual o *empregado* exerce determinada atividade, cujos objetivos são indicados pelo *empregador*, recebendo deste uma correspondente *remuneração*. Assim entendido, o *emprego* não é uma simples ocupação, no sentido de desempenho de ofício ou realização de tarefas de vária natureza. Os que atuam por conta própria, mesmo quando associados a outros, mas sem o que se denomina *vínculo empregatício*, não exercem *empregos*.

Impõe-se, por isso, considerar o *emprego* como uma das formas que pode revestir a atividade humana, seja quando aplicada em processos de produção econômica propriamente dita, seja quando colima outros fins compatíveis com o bem comum.

Feita esta ressalva, entretanto, e para evitar maiores quiproquós – pois os há de sobra no assunto – melhor será seguir, nestes comentários, o uso corrente e dar aos vocábulos *emprego* e *desemprego* o sentido de *ocupação* e *desocupação*.

O clima generalizado de equívocos leva freqüentemente a tomar como sinônimos os termos *empregado e trabalhador*, de um lado, e *empregador* e *capitalista*, de outro. Fala-se, assim, nas relações entre o *capital*, para designar os *empregadores*, e o *trabalho*, para englobar os *empregados*. Tal confusão semântica – que dá suporte a ideologias esquerdizantes –, sobre criar uma visão deformada da realidade, tem conseqüências inibidoras da busca de soluções racionais para os problemas que neste quadro se colocam.

No tocante à palavra *capitalista* – com o significado de proprietário de somas mais ou menos consideráveis de bens, notadamente dos representados por signos monetários –, há evidente infidelidade de expressão, quando atribuída a proprietário de bens que não são aplicados na produção. No caso, os bens possuídos não integram, direta ou indiretamente, processos produtivos e, portanto, não constituem *capital*. A denominação *capitalista* – se quisermos dar às palavras seu verdadeiro sentido – não depende do valor dos bens em causa, e sim de qual seja a aplicação dada a esses bens.

Não são igualmente sinônimos os termos *empregador* ou *empresário*, de um lado, e *capitalista*, de outro. O *empregador* ou *empresário* pode utilizar, em seu empreendimento, recursos que, em sua maior parte, não lhe são próprios, mas foram obtidos, por empréstimo, de outras pessoas. Tais empréstimos, quando feitos por instituições financeiras, resultam geralmente da aplicação de depósitos de vária espécie. Nessa hipótese, aos depositantes, muitos deles modestos, é que convém o nome de *capitalistas*, pois são eles os fornecedores de poder aquisitivo *capitalizado*, isto é, destinado a integrar processos de produção.

Por sua vez, a palavra *empregado* não é sinônima de *trabalhador*, embora seja de uso corrente tomá-la como tal. Para exemplificar, bastaria recorrer ao imenso rol de sinecuras que não são privilégio dos serviços públicos, embora tenham nestes seu *habitat* predileto. Vale insistir, outrossim, em que a distinção entre *empregado* e *trabalhador* – em outras palavras, entre *emprego* e *trabalho* – é importante, pois como se verá a seguir, se o *emprego* pode ser criado pelos poderes públicos, o *trabalho* somente se torna praticável num conjunto de circunstâncias que não surgem por decreto.

Após estas ponderações, cujo alcance vai muito além de meras firulas gramaticais, cumpre acrescentar-lhes a observação de um fato cuja influência na vida econômica moderna vai avultando cada vez mais, ou seja, a mudança em curso no que se poderia denominar a *titularidade das remunerações*. No estudo publicado, neste espaço, no n.º 56, janeiro-março-1992, de Cultura e Fé*, relativo ao problema econômico da *distribuição* mencionou-se que, na repartição dos bens e serviços produzidos pela multiforme atuação dos membros da sociedade, o princípio básico adotado tem sido o de *quem faz leva*. Em outros termos, pode-se dizer que a participação, nesse acervo de bens e serviços, se dá mediante *remuneração*, cujo montante é medido, segundo o

* Vide Cap. 5.

contributo prestado pelos recipiendários à produção do acervo citado. Tal contributo é, portanto, o "título" pelo qual cada participante adquire o direito de apropriar-se de determinada porção dos frutos da produção social.

Claro está que o "título" à determinada *remuneração* nem sempre é obtido pela atividade aplicada diretamente em processos produtivos de bens e serviços. Mas o professor universitário, ao ensinar cálculo diferencial aos futuros engenheiros, de fato pode participar mais do fabrico do caminhão recém-montado, do que muitos dos operários que lhe apertaram os últimos parafusos.

Na realidade, o princípio de *quem faz leva* continua sendo o critério básico da distribuição. Contudo, a relação entre o *fazer* e o *levar* não configura uma linha reta, e sim uma curva extremamente sinuosa, difícil de identificar nos complicados meandros das múltiplas atividades da vida social.

Mudaram, porém, e estão mudando, rápida e intensamente, o papel e a eficiência dos fatores, na vida econômico-social, notadamente no campo da produção de bens e serviços. Para os fins do presente estudo, é de sublinhar especificamente o que vem ocorrendo no tocante ao que se poderia definir como o *aspecto quantitativo* do trabalho requerido pela produção.

Trocando em miúdos, notemos que todo produto requer, para concretizar-se, o trabalho de determinado número de pessoas. Com o progresso tecnológico, o mesmo produto empenha hoje menor número de trabalhadores do que ontem, e esse número amanhã provavelmente decrescerá ainda mais.

Essa evolução é, em si, benéfica: é o que se denomina aumento de *produtividade* do trabalho, e conduz ao acréscimo, em volume e qualidade, da produção e à redução de custos. Mas pode levar igualmente – e muitas vezes leva – à dispensa de empregados.

Máquinas de alta eficiência, novos materiais e métodos informatizados de operação, tudo isso, embora requeira trabalho sempre mais qualificado, minora a exigência de trabalho em seu aspecto *quantitativo*, como assinalamos linhas atrás.

Em tais instâncias, surge e se adensa um sério problema de distribuição. Ao passo que aumenta o volume de bens e serviços produzidos, diminui o número dos que, pela cooperação no ciclo produtivo, se tornam titulares de remuneração. É o desemprego e, no quadro descrito, o que se diz *desemprego estrutural*, pois resulta de mudanças situadas na conformação relativamente fixa do organismo econômico, ou seja, em sua anatomia ou *estrutura*.

Este desemprego estrutural é inevitável em períodos de transição acelerada, como estão sendo os dos últimos anos deste século. Ele ocorre em todo o mundo, e é hoje uma das maiores preocupações dos governantes.

PLANO REAL
O DESEMPREGO CONJUNTURAL

A par do desemprego estrutural, existe outro tipo ao qual se dá o nome de *desemprego conjuntural*, por isso que tem origem e se desdobra no âmbito do funcionamento do organismo econômico, vale dizer, em sua fisiologia ou *conjuntura*. É fenômeno próprio das fases de recessão, isto é, de baixa acentuada nos níveis de produção e de atividade econômica.

O desemprego que se registra hoje, em nosso País, pertence claramente aos dois tipos citados. É *estrutural*, porque resulta da modernização industrial e comercial, mas é também *conjuntural*, como efeito indesejado das medidas de combate à inflação e do reordenamento da nossa economia, promovido pela estabilização monetária. Insurgir-se contra a modernização industrial e comercial, ou contra a estabilidade dos preços e dos dispositivos que a mantêm, seria reeditar a atitude dos tecelões ditos *ludditas* que, no século XIX, lançaram-se a quebrar as máquinas têxteis, então instaladas, por identificarem nelas causas de seu desemprego. Mas nem por serem correlações inevitáveis da modernização e da estabilização, justifica-se adotar quanto a esses tipos de desemprego uma atitude passiva e fatalista.

No que diz respeito ao desemprego estrutural, há nele um caso típico de *custo social* do progresso. Tal custo, até certo ponto, é irremediável. É o que acontece, por exemplo, com os transtornos que a perda de um posto de trabalho e a busca de outra oportunidade sempre ocasionam. Mas, além de indenizações, geralmente previstas em lei, podem e devem ser promovidos e mantidos, com vigor e correto planejamento, programas que não devem ficar apenas a cargo do Estado, e sim empenhar também os empresários e os próprios trabalhadores, pois, sem isso, dificílima se torna qualquer solução.

Cumpre ter em vista, ainda, que a eliminação de postos de trabalho não prejudica apenas os que detinham esses postos, mas igualmente a maré montante dos que procuram seu primeiro emprego. A fórmula, freqüentemente preconizada, de incentivar a instalação de empreendimentos *trabalho-intensivos*, ou seja, aqueles em que é relativamente mais alto o número de trabalhadores – como a construção civil –, é valida. Impõe-se advertir, contudo, que seria uma contrafação da fórmula e lhe comprometeria a eficácia, como solução durável, se fossem criados apenas *empregos* – com o sentido de *título* para fazer jus a uma remuneração – sem avaliar a produtividade do empreendimento, que poderia revelar-se, então, financeiramente insustentável.

Exemplo disso têmo-lo em nossos portos, onde a redução de custos, propiciada pela mecanização e por novos métodos de operação, é consideravelmente anulada devido às pressões corporativistas, que obrigam a manter, nas folhas de pagamento, pessoal ocioso cujas funções se tornaram inúteis. Não é de admirar, por conseguinte, que as altas despesas portuárias sejam um dos maiores obstáculos que o nosso comércio internacional deve enfrentar.

O caso mostra bem a diferença, já citada, entre *empregado* e *trabalhador*, e entre *emprego* e *ocupação*. O *emprego* revela-se aqui apenas o *título* que dá cobertura a uma *remuneração*; esta, porém, é desvinculada da cooperação em tarefas socialmente úteis.

PLANO REAL
EMPREGO E EMPRESA

A criação de *empregos*, no sentido de *postos de trabalho* – e esta é uma observação de fundamental relevância, no raciocínio referente a temas econômicos – está estreitamente ligada à existência de *empreendimentos* e, conseqüentemente, de *empresas* – pessoas físicas ou jurídicas, entidades de caráter privado ou público – que os promovam e administrem.

Os *empregos* – sempre com o significado de *postos de trabalho*, e não de sinecuras – não podem ser criados por leis ou decretos. Estes podem autorizar a formação de empreendimentos – sejam ou não de caráter propriamente econômico –, mas a efetivação dos empreendimentos requer projetos viáveis, recursos materiais e humanos, capacidade para mobilizá-los e gerenciá-los, e, acima de tudo, motivação.

Motivos para empreendimentos econômicos – e são os que mais nos interessam nestes comentários – os há em abundância, nos seres humanos que buscam, com isso, satisfazer suas tendências naturais. Algumas dessas tendências são imperativas, tais as de alimentar-se, vestir, morar. Outras, menos imperiosas, são, contudo, muito fortes e visam ao lazer, à segurança do futuro, a afirmações intelectuais, enfim ao maior bem-estar, quando não à realização de ambições pessoais.

Toda essa motivação, entretanto, está condicionada pelas circunstâncias, tanto pelas facilidades que oferecem, quanto pelos obstáculos que opõem. É enganosa, embora por demais generalizada, a crença de que as empresas brotam, como por geração espontânea, e porfiam incoercivelmente por expandir-se. A busca de oportunidades para angariar *títulos* a remunerações – sob forma de salários, juros, aluguéis ou lucros – é universal e intensa, mas não se dirige, única ou preferentemente, à área empresarial, que é onde se situa a criação e manutenção de empregos.

Em condições favoráveis, ser empresário é – e, sobretudo, pode parecer a quem está por fora – algo de muito atraente. E, de fato, novos empreendimentos afloram e outros se ampliam, na área da iniciativa privada, iniciativa que é o grande e insubstituível esteio da prosperidade econômica. Quando aquelas condições se apoucam, porém, o ânimo empreendedor reflui e, se o ambiente adverso se prolonga, multiplica-se o fechamento de empresas, decai o ritmo da produção e, com ele, o volume de emprego.

Se os níveis da produção global se tornam negativos e assim permanecem por período relativamente longo, diz-se que a economia está em "recessão".

Que fatores desencadeiam esse processo? Ampla e por vezes áspera é a controvérsia neste terreno. Na atual fase do Plano Real, dois fatores são apontados como causa, não de recessão – pois os níveis de produção anual permanecem positivos –, mas de inibição das atividades produtivas. A eles far-se-á referência em próximo tópico.

Todavia, no tocante ao desemprego – matéria destes parágrafos –, há um aspecto que requer – e está merecendo – atenção especial. Trata-se do que se tem denominado o *engessamento* da nossa vida econômica, excessivamente regulamentada e, no caso específico do emprego, sujeita a normas de uma legislação trabalhista inadequada e até contraproducente.

Uma das premissas orientadoras dessa legislação é a de que, nas relações de trabalho assalariado, o empregado está em desvantagem, face aos interesses, geralmente contrários aos seus, do empregador, sempre mais forte. Ora, há nisso apenas uma meia-verdade. Justo é, sem dúvida, que o contrato empregatício obedeça a normas específicas, aptas a resguardar o caráter *pessoal e necessário* do trabalho humano, para usar as expressões de Leão XIII (*Rerum Novarum*, n.º 62). Mas a *empresa*, com sua existência, seu funcionamento lucrativo e, portanto, sustentável interessa, não apenas ao empregador, mas ao próprio empregado, que nela tem a oportunidade de trabalho e remuneração. Interessa ainda à sociedade, cujas potencialidades econômicas são dinamizadas pela ação empresarial.

Certo é, também, que os riscos do empreendimento correm por conta do empresário como contrapartida dos ganhos esperados. Contudo, se o empresário sabe que, ao admitir empregados, assume responsabilidades legais que prevalecem, seja qual for o rumo de seus negócios, é natural que, em fases mais difíceis e relativamente menos seguras da conjuntura econômica, relute em fazer admissões, daí resultando o encurtamento do mercado de emprego. E a inflexibilidade da legislação trabalhista, intentando proteger os que já estão empregados, acaba inviabilizando o acesso ao emprego dos que dele não desfrutam, notadamente do crescente número de jovens em busca de seu primeiro emprego.

PLANO REAL
O VERTICAL E O HORIZONTAL

Outro importante aspecto a ter presente, neste campo, é o do crescente aumento da chamada *economia informal*, ou seja, daquela área em que trabalham empregados sem carteira assinada, ou *autônomos* sem preenchimento de formalidades legais. No primeiro caso – o dos empregados sem carteira – é geralmente reconhecido ser tal situação devida aos encargos que pesam sobre os empregadores e que os oneram em praticamente mais 100% dos salários contratados. Na segunda hipótese – o dos autônomos – apontam-se várias causas, sendo duas mais visíveis, ou seja, de um lado, a falta de empregos formais e, de outra parte, as mudanças que, em todos os países, se vem registrando no contexto econômico.

O problema foi objeto de exame, neste espaço, em o n.º 20, janeiro-março-1983, de *Cultura e Fé*. Naquele ensejo – já lá vão mais de treze anos –, despertava atenção especial a *economia sommersa*, – nome dado na Itália à economia informal –, então considerada a *terceira perna* que, com a atividade das empresas estatais e a das grandes empresas privadas, mantinha de pé a mesa produtiva do país, respondendo por 25% do Produto Interno Bruto (PIB).

Mesmo naquela época, contudo, a alcunha de *invisível*, atribuída, por vezes, a essa economia, revelava-se inadequada. Nos próprios Estados Unidos, 15% do PIB – então 420 bilhões de dólares – dizia-se provirem da "*economia informal*". E, no Brasil, a idéia de tratar-se apenas de nome novo dado aos "biscates" parecia inteiramente superada, e encobria uma realidade que avançava velozmente, exigindo reconhecimento. Hoje, há consenso geral na estimativa de estar a *economia informal* – sem lei, nem documento – empenhando mais de metade da nossa população economicamente ativa, e responder por cerca de um terço do PIB.

O mergulho na informalidade não é, mais e somente, o último recurso do desempregado. É, também e cada vez mais, uma opção dos que reivindicam liberdade de movimentos, e intentam escapar dos grilhões tributários, sejam fiscais, ou de seguridade social, ou mera e palenteologicamente burocráticos. Mas há em tudo isso, outrossim e muito, uma mudança no que se poderia descrever como a *localização do trabalho* no processo produtivo, fenômeno que ocorre em escala mundial.

Este nosso século assistiu à crescente ampliação das dimensões físicas dos parques de produção, construídos pelas empresas, reunindo centenas de empregados em determinadas áreas, para trabalharem sob direção que, embora escalonada, mantinha, em alto grau, unidade de comando. O modelo segundo o qual a mesma empresa operava, em todas as suas fases, a elaboração do produto final – modelo dito de *integração vertical* –

foi, contudo, sendo aos poucos modificado. Na indústria mecânica, por exemplo, as antigas empresas verticalizadas passaram a fazer suas montagens com peças produzidas sob encomenda por numerosos fornecedores. Essa *integração horizontal* tem atingido o máximo em certas indústrias, como, por exemplo, a do vestuário. Nos comentários citados, de janeiro-março-1983, mencionou-se o caso de conhecidas grifes italianas, que apetrecham hábeis costureiras com tecidos e desenhos apropriados, para que elas, trabalhando em suas próprias residências, manufaturem artigos de moda, os quais são depois recolhidos e comercializados com a marca dos estilistas que mais aparecem no mercado.

O sistema adquiriu aspectos multiformes e está presente em todos os ramos da atividade humana. Com o constante e vertiginoso progresso da eletrônica, bem se pode vislumbrar uma época – e não parece longe – em que a maior parte da população economicamente ativa trabalhará em ateliês domésticos, e as grandes empresas serão o estuário para o qual confluirão produtos, não mais de *mini*, mas de *micro* estabelecimentos, a caminho do oceano do consumo.

Em tais circunstâncias, que destino terá o *contrato de trabalho* como o conhecemos hoje e que, em última análise, é uma modalidade altamente qualificada da *locação de serviços?* É bem provável que, como profeticamente preconizou Pio XI – *Quadragésimo Anno*, n.º 65 –, nele se acelere a incorporação de elementos do *contrato de sociedade*, provavelmente no estilo das atuais *sociedades cooperativas*.

A autonomia do *serviço* – como produto e não somente apêndice ou, no máximo, auxiliar do processo de produção – vem-se acentuando, e o item serviços constitui hoje parte cada vez mais importante do PIB dos países desenvolvidos. E, na alocação de mão-de-obra, o número de trabalhadores do ramo serviço chega a ser mais do que o dobro do referente ao dos empenhados na agricultura e na indústria. Entre nós, os trabalhadores desse ramo são mais numerosos que os da agricultura e indústria juntos. E, enquanto o desemprego aumenta na indústria, o emprego cresce nos serviços.

Esses numerosos, diferentes e, em boa parte, imprevistos aspectos da evolução que vem ocorrendo na vida econômica são intrincados demais para se alojarem disciplinadamente em nossos nichos conceituais de *estrutura* e *conjuntura*, e de *verticalidade* e *horizontalidade*. O estrutural e o conjuntural, o vertical e o horizontal, não só coexistem, mas interdependem e se interpenetram, no vasto e complexo universo da produção, da circulação, da distribuição e do consumo. Temerária seria a tentativa de desenhar, com nitidez apreciável, a fisionomia que esse universo assumirá, ao longo do próximo século. O mundo econômico está sendo recriado. Já não estamos no primeiro, mas certamente estamos ainda longe do sexto dia desse histórico evento, cujo início remonta à Revolução Comercial, já visível nos meados do milênio que ora finda. E não há sinal de nada parecido com o sétimo dia da narrativa do *Gênesis*, destinado ao descanso.

Por isso e por enquanto, é preciso sobreviver, cada país enfrentando, como puder, o turbilhão destes tempos memoráveis. O que tudo, neste espaço, nos remete de volta a refletir sobre o papel que estão desempenhando – em nosso promissor, mas ainda incompleto Plano Real – os altos juros e a política cambial.

PLANO REAL
ONDE VOLTA O *JOGO DOS REIS*

Um estudo, com abrangência relativamente mais alentada, da questão dos juros – sua natureza e função econômica – foi feito, nestes comentários, na edição de abril-junho-1982, e reproduzido no 3º capítulo do livro *A Economia no Quotidiano*. O tema tem freqüentado este espaço, ao longo dos seus quase vinte anos de existência, e não há como resumir aqui as reflexões dedicadas aos seus múltiplos aspectos.

O que cabe neste tópico, porém, não é renovar a discussão da matéria em seus característicos básicos, e sim indagar por que motivos as atuais taxas de juros são apontadas como inibidoras do desenvolvimento econômico, e que procedimentos são ou não recomendáveis em tal situação. O problema, em última análise, diz respeito à utilização do fator *capital*, nos processos econômicos. Essa utilização – quando feita em quantidade e com métodos adequados – dá origem a um volume de produtos bem maior e melhor do que o resultante de um processo sem aplicação de capital. A esse *acréscimo de produto* podemos dar o nome de *fruto originário do capital*, se adotamos a terminologia de Boehm Bawerk em sua clássica obra sobre o juro. Poderemos também denominá-lo *produtividade do capital*, para ficarmos com a linguagem moderna.

Esse capital, entretanto, resulta de um ciclo que vai muito além do simples processo de produção física dos elementos que o compõem: máquinas, equipamentos, matérias-primas, sementes fertilizantes etc. Tal ciclo inclui a *capitalização*, ou seja, o processo pelo qual quem dispõe de *poder aquisitivo* não o emprega no seu consumo direto, isto é, realiza uma *poupança*. Na fase seguinte, tal poder aquisitivo é, direta ou indiretamente, aplicado na produção de bens que irão constituir o *capital*.

Somente haverá formação de *capital*, portanto, se houver *poupança* e se esta for destinada a produzir bens que, por sua vez, serão integrados em novos processos de produção. Nisso consiste a *capitalização*. Quem realiza *poupança* para capitalizá-la espera, por esse fato, uma *remuneração*. Se a destina a empreendimento que ele mesmo promove – ou seja, aplica recursos próprios –, a remuneração esperada é o lucro. Se empresta a *poupança* para que outros a apliquem, a remuneração esperada é o *juro*. No caso, pode-se dizer que o *juro* é o *preço da poupança*. E, como em todo preço, funciona aqui a lei da oferta e procura. Vale dizer, se a oferta de *poupança* supera a *procura*, o *juro* baixa. E sobe, no caso inverso.

O que ocorre hoje em nosso País? Temos que a *procura* de *poupança* é intensa e a *oferta* deficiente.

Essa fórmula é simplificadora, embora nem por isso seja menos verdadeira. Mas exige investigar por que motivos a *procura* é intensa e a *oferta* deficiente.

A *procura* da poupança é feita:

I. pelos empresários que querem capitalizar seus investimentos;
II. pelos consumidores, para obter mais do que conseguem comprar com seus próprios recursos;
III. pelos poderes públicos, para cobrir os déficits, ajustar o volume do crédito ao montante dos bens disponíveis no mercado, e dele retirar o excesso de moeda estrangeira, para evitar danos ao nosso comércio internacional.

Por seu turno, a *oferta* de poupança é mobilizada:

I. pelas instituições financeiras ao concederem empréstimos para os quais utilizam poder de compra que arrecadam do público sob a forma de depósitos ou de títulos;
II. pelos Poderes Públicos, quando aplicam eventuais superávits de sua gestão financeira;
III. pelo Governo Federal, sob a forma de emissões de moeda.

No caso da oferta, cumpre ter em vista que a poupança oferecida nem sempre é *voluntária* e *real*, mas freqüentemente é *forçada* e *artificial*.

Não cabe neste tópico, por demasiado longo, o exame de cada uma dessas hipóteses. Limitemo-nos, por isso, a uma breve referência à ação do Governo Federal, que está sendo acusado de praticar uma política de juros ruinosa.

Na hipótese do déficit, a responsabilidade é clara. Ela, no entanto, se situa originariamente no déficit, e não nos juros. Não faz sentido lógico, de conseguinte, clamar contra os juros e, simultaneamente, omitir-se ou mostrar-se leniente no tocante ao vulto das despesas públicas.

Já quanto ao controle do crédito – quer ao consumidor, quer ao produtor – e à condução da política cambial, a questão é bem menos clara. A disciplina do crédito é indispensável; não há, porém, como preconizar uma regra fixa e única, aplicável em todas as numerosas e mutáveis situações que surgem e se atropelam a todo momento, gerando reivindicações que, mesmo tendo a justificá-las razões ponderáveis, esbarram nas dificuldades de conciliá-las com a preservação do valor da moeda.

No tocante aos procedimentos adotados em matéria cambial, reina vasta controvérsia em torno de estarem ou não *defasadas* as taxas de câmbio, nestes dois anos de Plano Real. Certo é que, se o Banco Central não interviesse no mercado para *enxugar* a oferta de dólares, as taxas – que se dizem *defasadas* – iriam *defasar-se* maiormente. Bem mais efetivas se afiguram as medidas ora em curso, objetivando reduzir o insuportável *custo Brasil*, que freia nosso comércio internacional, entravando-o com tributos contraproducentes e petrificados privilégios corporativistas.

Vale observar que – tanto as taxas de juros, quanto as de câmbio – não estão à mercê do Banco Central, nem dispõe este da faculdade de fixá-las a seu bel-prazer. São elas, sem dúvida, passíveis de ajustes. Mas todos têm conseqüências que podem tornar essas taxas inviáveis, na prática. Isso não deve servir de justificativa para a inação. Mas aconselha a proceder com cautela, e não pouca.

Os fastos da História do *jogo dos reis* registram partidas que se tornaram famosas pela genialidade com a qual foram conduzidas. O que encanta, de modo especial, os cultores do enxadrismo são os lances audaciosos pelos quais o jogador se coloca em inferioridade de peças e, a seguir, passa a movê-las com refinada maestria, encurralando o adversário, para afinal decretar-lhe a derrota.

Dentre essas partidas, destacam-se duas – cognominadas significativamente de a *Imortal* e a *Sempre Viva* –, realizadas em 1851 e 1852, e vencidas pelo grande enxadrista alemão Adolfo Anderssen, manejando as pedras brancas. Na primeira partida, em Londres, o adversário foi Kieseritzky; na segunda, em Berlim, as pretas estiveram a cargo de Dufresne.

Nos dois enfrentamentos, um aspecto impressionante desperta fortemente a atenção. Anderssen – verdadeiro artista em matéria de combinações – leva sua temeridade ao ponto de sacrificar a rainha que, como se sabe, é a peça mais poderosa do tabuleiro, pois dispõe de todos os movimentos das demais peças, menos os do cavalo. E, para espanto do seu oponente e delícia da assistência, daí por diante os ataques das brancas empurram as pretas implacavelmente rumo ao fatal xeque-mate.

Os que clamam pela adoção de medidas radicais para baixar as taxas de juros e elevar as taxas de câmbio do dólar parecem possuídos pelo espírito de Anderssen. Será que se dão conta de estarem querendo expor a perigo mortal a estabilidade monetária, essa operosa rainha, cuja inestimável presença, nas hostes do Plano Real, vem sustentando as posições já conquistadas e entreabrindo caminhos – lentos, talvez, para a nossa impaciência, mas provavelmente bem mais seguros – na direção do desenvolvimento?

Anderssen teve gênio bastante para, depois de aventurar-se em sua atrevida jogada, montar uma seqüência triunfante. Entretanto, teve também, como se requer dos bons goleiros, sua pitada de sorte. Pois, estudando aquelas admiráveis partidas, no decurso do século e meio que delas nos separa, outros grandes mestres apontaram respostas aos lances das brancas, pelas quais se criariam posições fatais para os objetivos de vitória do corifeu germânico.

Nossa experiência de gênios que se dizem dispostos a *matar tigres com um único tiro* não é tranqüilizadora. E as posições das pedras, em nosso acidentado tabuleiro econômico-financeiro, inçado de buracos e atoladouros, não corresponde, em nada, ao cenário que um goleiro pede aos céus.

Evidentemente, prudência não é imobilismo. O fato de não haver fórmula infalível para superar, de pronto, o que se revela obstáculo ao bom desempenho da economia – longe de vedar, pelo contrário – postula atuar em moldes de *risco calculado*, ou seja, adotar medidas bem estudadas e com probabilidades de êxito e também com flexibilidade suficiente para permitir graduar-lhes a intensidade, em função dos resultados práticos conseqüentes. É o que vem sendo feito, por exemplo, com o elastecimento do crédito e com o deslocamento da faixa de oscilação cambial.

Estranho é que, no concernente ao déficit das finanças públicas, não se ouça clamor semelhante ao da condenação dos altos juros e da alegada defasagem cambial. Ora, é precisamente esse déficit que está dificultando, ao extremo, uma ação mais decisiva, por ser uma grave e permanente ameaça à estabilidade monetária, ameaça que, para ser neutralizada, obriga a providências com efeitos colaterais nocivos.

É o caso de exclamar, como o príncipe Afonso Henriques, em *Os Lusíadas*: *Aos infiéis, Senhor, aos infiéis*!

CONSTITUIÇÃO DE 1946
POR ONDE ANDA O BOM SENSO

Transcorreu, dia 18 de setembro, o 50º aniversário da Constituição de 1946.

Não se registraram comemorações. Os grandes jornais e os meios de comunicação se encontravam de tal modo ocupados com os remendos à Constituição *cidadã* de 1988 – paciente, até agora, das cirurgias de vinte e uma emendas – que não sobrou espaço e tempo para assinalar a efeméride, nem mesmo nos obituários.

Resta-nos, assim, ao pequeno número dos sobreviventes da Assembléia Nacional Constituinte de cinqüenta anos atrás, resgatar o pouco que for possível recolher de um evento considerado então auspiciosa aurora de uma nova era, definitivamente democrática, da atribulada História desta nossa Pátria amada e idolatrada.

Daqueles trezentos e vinte e quatro constituintes, eram representantes do Rio Grande do Sul dois senadores e vinte e dois deputados. Dessa bancada, remanescem, salvo alguma bem-vinda omissão de nomes: Eloy José da Rocha, Bayard Lucas de Lima e este escrevinhador de perdidas memórias. Devem eles lembrar – certamente com saudade e como testemunhas fidedignas – o ambiente de euforia reinante, no Palácio Tiradentes, quando da solene promulgação. É próprio das assembléias constituintes – e até de muitas outras assembléias – o que se poderia denominar a *síndrome de plenitude*. Sentem-se elas como que ungidas pela posse da total sabedoria – a de ontem, a de hoje e a de amanhã – e pouco falta para decretarem, como na Revolução Francesa de 1789 e na Revolução Russa de 1917, o reinício da História Universal, com um novo calendário.

Se compararmos a Assembléia Nacional Constituinte de 1946 à de 1988, veremos que, nesse ponto, elas se assemelham. Na obra realizada pelas duas, entretanto, há muitas e importantes diferenças. Caracterizam-se essas diferenças, menos pela natureza dos preceitos firmados, e mais pela extensão e abrangência da matéria constitucionalizada.

Na Constituinte de 1946, o predomínio pertenceu aos juristas, aos bacharéis. Isso foi bom, por um lado, pois deu ao texto votado alto nível de clareza e coerência. Não houve, porém, a complementação que seria de desejar, no tocante aos aspectos econômicos da realidade nacional e sua inserção no ecúmeno mundial.

Não houve, nem poderia haver. Era um tempo aquele, no qual, após o cataclismo da Segunda Grande Guerra, ensaiavam-se – na Europa e nos Estados Unidos – novos caminhos com base nas aquisições aportadas à ciência econômica por mestres do porte de Irving Fisher, Gustav Cassel, Joseph Schumpeter, Gottfried Haberler e outros, notadamente, John Maynard Keynes. Tal clima de renovação – de conhecimentos e procedimentos –, porém, era praticamente ignorado em nosso País, e não sensibilizara, ainda, nem a mídia, nem os políticos.

Na Constituinte, em verdade, ecoavam com muita força as aspirações de *justiça social*, idéia unanimemente aceita e conceituada como um imperativo de distribuir de forma eqüitativa os bens econômicos pelas várias camadas da sociedade, e assegurar a todos o acesso a níveis de vida dignos e razoáveis. Não havia, entretanto, ou era muito tênue, a consciência de que esse ideal exigia, para ser concretamente realizado, longo e complexo processo de desenvolvimento econômico, condicionado por fatores que, dinamizados pela liberdade de iniciativa, requeriam, contudo, para proliferar e atingir altos graus de eficiência, um ambiente de incentivos e ordenamentos financeiros que não seria fácil criar e manter ajustados aos seus fins. E só a muito custo admitiu, em seu artigo 205, a instituição de um órgão – o Conselho Nacional de Economia – incumbido de elaborar, com dados objetivos e continuamente atualizados, o quadro da evolução dos processos econômicos do País, avaliá-los e formular alternativas de procedimentos adequados e de suas conseqüências previsíveis. Para tanto, foi necessário ultrapassar a resistência dos líderes políticos da época, num episódio do qual esperamos tratar em outra oportunidade.

Em conseqüência, a Constituição de 1946 incluiu em seu texto o Título V, denominado *Da Ordem Econômica e Social* que, em dezoito artigos, indicou objetivos e traçou normas, fazendo-o, todavia, com relativa discrição, sem coarctar demasiado a ação dos órgãos executivos e legislativos dos futuros governos.

Em contraste, a Assembléia Constituinte de 1988, que teve a seu dispor uma pletora imensa de conhecimentos, de dados e de experiências – no campo social, econômico e financeiro –, não soube ou não conseguiu – seja permitido a um velho e curtido parlamentar dizê-lo com a mais amistosa *data venia* – administrar esse riquíssimo acervo, acumulado em quatro décadas deste estonteante Século Vinte.

A Constituição de 1988, em seus preceitos de natureza ou repercussão econômico-financeira, não peca por carência, mas por indigesta superabundância. É uma verdadeira Micronésia, com disposições insulares, nas quais só falta a fotografia das corporações que nelas se aninharam.

A *síndrome de plenitude* assumiu feição aguda. Temse a impressão de que a Assembléia intentou revelar a solução de todos os problemas nacionais, determinando minuciosamente aos futuros governantes, incluídos os legisladores, o que e como deveriam proceder, temerosa de que viessem a carecer da clarividência e do espírito cívico de que os constituintes estavam possuídos.

Haverá exagero nessas observações? Pode ser, mas, afinal, os próprios constituintes, depois de ultimada a votação do texto da Carta, e num aparente abrandamento da mencionada *síndrome de plenitude*, dispuseram fosse a Constituição revisada após cinco anos de vigência. Isso, que seria um sábio gesto de modéstia legislativa, demonstrou-se infelizmente um inútil *lip service*. Pois poucos legisladores se atreveriam a mostrar-se menos generosos que seus predecessores, na indicação de soluções para todos os problemas.

Não houve comemorações no cinqüentenário da Constituição de 1946. Também, comemorar o quê e para quê?

Uma sugestão é a de relembrar o mínimo de bom senso cuja presença foi visível na Assembléia de 1946, apesar de não estarem seus membros ainda familiarizados com os novos rumos da vida econômica e financeira, bom senso que se extraviou e, em 1988, sumiu.

Quem sabe não seria possível recuperá-lo a tempo de tonificar a revisão – esta, porém, revisão para valer – de que está carecendo, com urgência, a Carta de 1988.

16
Outubro-Dezembro
1997

EMPREGO E OCUPAÇÃO
O SENTIDO DAS PALAVRAS

Em *Così è (se vi pare)*, de Luigi Pirandello, a figura central de toda a trama é uma mulher, que só comparece nas duas últimas cenas da peça e, mesmo assim, para proferir apenas poucas frases. Em torno dela, de sua identidade e de sua própria existência – tudo objeto de opiniões desencontradas dos demais personagens – perpassa um tenebroso mistério que mantém os espectadores em crescente suspense. Quando, finalmente, a dama se apresenta e todos esperam a revelação do intrigante segredo de quem ela é, sua resposta é altamente esclarecedora: *Io sono colei che mi si crede*. O que traduzido diz: *Eu sou aquela que me julgam ser*.

A *parábola* – assim a definiu o grande teatrólogo italiano – vem à mente ao indagarmos o que está, afinal, por detrás de palavras, hoje assíduas freqüentadoras, quer das rotineiras páginas dos comentaristas políticos, quer das mais solenes impostações dos discursos parlamentares.

Que quer dizer, por exemplo, nestes nossos complicados dias, a palavra *liberal*? Ela já foi rainha e teve seus tempos de excelsa glória. Foi estandarte contra a opressão e a tirania, e recebeu culto como filha da Razão e do Direito. Os Partidos Liberais foram os badalados *esquerdistas* da época. Libertários, reformadores, paladinos das prerrogativas da cidadania, eram arautos da mais plena liberdade em tudo: filosofia, religião, política, economia. E foi como traço marcante do liberalismo que a Economia se afirmou ciência moderna, com Adam Smith e sua *mão invisível*, a grande harmonizadora da vida econômica.

Mas a ideologia que dominou os séculos XVIII e XIX, com Rousseau e Smith como corifeus, foi cedendo espaço, na passarela da moda, pela atuação de novos doutrinadores, como Saint-Simon e Marx; e o charme do crachá *liberal* transferiu-se para o de *socialista*. Com a derrocada do socialismo leninista-stalinista, neste final de milênio, formou-se um vácuo sideral, no qual gravitam restos despedaçados de doutrinas, que buscam fundir-se ou, pelo menos, agrupar-se em blocos e definir-se em denominações construídas de maneira a angariar o maior número possível de adesões. *Liberal* ou *socialista*, pura e simplesmente, poucos e obstinados fundamentalistas ainda se declaram. Surgiram, em conseqüência, novos entes semânticos, tais como *liberal-socialismo*, ou *socialismo de mercado*, ou *progressismo-reformista*, e por aí afora.

Todavia, dentre tantas e altissonantes figuras retóricas, uma avulta, pela singularidade do tratamento que lhe vem sendo dado: o *neoliberalismo*. Inexplicavelmente, não existe – e, se existe, não aparece – um Partido Neoliberal. O vocábulo adquiriu aparência de significado pejorativo, fartamente explorado pelo esquerdismo sobrevivente, seja radical, ou moderado, ou até mesmo eclesiástico.

E tudo isso nos remete de volta à indagação inicial: o que há, ou o que se esconde no recôndito de todas essas denominações? Se perguntarmos aos que as usam e com elas se solidarizam, por certo as respostas irão variar, ao longo de vasta gama, começando pela menção de grandes e nobres ideais a atingir, e talvez até prosseguindo com a indicação de como proceder, na prática, para atingi-los. É bem provável, porém, que se registrem substanciais diferenças entre os conceitos formulados pelos respondentes, mesmo quando se refiram à mesma denominação, à qual se ligam apenas por interesses eleitorais. Isso é visível na facilidade com que, em nosso País, se troca de sigla partidária, em contraposição à fidelidade dedicada aos clubes de futebol. Como na parábola de Pirandello, cada qual dá às siglas o seu próprio e mutável entendimento. E, se esse entendimento não guarda correspondência com a lógica, pior para a lógica.

Terá o conteúdo lógico das palavras, entretanto, perdido importância, a tal ponto que seja pouco relevante e até indiferente definir e aprofundar o conceito que determinado vocábulo exprime, ao menos na prática quotidiana, reservando o maior aprimoramento para eruditas disquisições acadêmicas? Seria demasiado, sem dúvida, aprisionar a linguagem do dia-a-dia em camisas de força etimológicas, mas convém ficar de pé atrás, porque, nesse andar e se a ausência de regras dominar nossas falas, corre-se o risco de *babelizá-las*, a exemplo dos antigos e arrogantes construtores da bíblica Torre.

Com essa introdução, pretende-se acentuar aqui – e há motivos de sobra para tanto – a importância de que se reveste a distinção a ser feita entre os sentidos de dois vocábulos. Um deles, dos mais mencionados para caracterizar a atual crise em setor básico da vida econômica, ou seja, o *emprego*; e outro, bem menos usado, mas que se está apresentando como chave mestra para melhor compreender as mudanças, ocorridas ou em curso, neste vertiginoso fenômeno da globalização da economia, isto é, a *ocupação*.

EMPREGO E OCUPAÇÃO
ESTRUTURA E CONJUNTURA

Como é inevitável, quando se intenta examinar situações que se vão criando ao longo do tempo, na vida econômica, renova-se com freqüência a necessidade de incluir, nos raciocínios, noções e conceitos que integraram raciocínios anteriores. Justifica-se, assim, quando oportunas, a atualização e a reformulação de tais noções e conceitos. Não estranhe, portanto, o paciente leitor a reprodução de observações, já esboçadas ou feitas em outras fases destes comentários. No caso, a reprodução citada tem por objetivo arrumar melhor as observações em causa, para destacar o que há, a um tempo, de semelhante e diferente entre *ocupação* e *emprego*. Este procedimento é requerido, outrossim, para permitir que cada capítulo possa ser lido como estudo autônomo.

Notemos, de início, que as palavras *ocupação* e *emprego* não são sinônimas. Há, sem dúvida, estreita relação entre elas, de vez que ambas exprimem o exercício de atividade humana. Todavia, ao passo que o vocábulo *ocupação* é genérico e se aplica a toda e qualquer atividade, independente da forma sob a qual é praticada, o termo *emprego* é específico e designa o exercício de atividade por conta e ordem de outrem.

O *emprego* está vinculado a um pacto – o *contrato de trabalho* – que é, basicamente, um contrato de locação de serviço. Por esse acordo de vontades, um dos contratantes – o *empregado* – dispõe-se a, mediante remuneração – o salário – exercer trabalho determinado e dirigido pelo outro contratante: o *empregador*. Cria-se, em conseqüência, uma relação – o *emprego* – objeto de legislação especial em todos os países, nuns mais, noutros menos abrangente e minuciosa.

Distingue-se, pois – vale repetir – o *emprego* da *ocupação*, sendo esta o gênero e aquele a espécie. Assim, todo emprego é ocupação, mas nem toda ocupação é emprego, de vez que naquela se incluem também os *autônomos*, que trabalham por conta própria, sem o *vínculo empregatício*, que define mais especificamente a relação entre empregado e empregador.

É comum, entretanto, tomar-se *emprego* e *ocupação* como sinônimos. Fala-se, assim, em *desemprego* para indicar as pessoas que não conseguem trabalho, nem por conta própria, nem por conta alheia. Em outras línguas – como, por exemplo, o italiano – diz-se *disoccupato*, de preferência a *disimpiegato*. Mas, em português, a palavra *desocupado* pode ter conotação pejorativa e insinuar que há, no caso, não apenas a falta de oportunidade, e sim falta de vontade de trabalhar. O que não ocorre com o vocábulo *desempregado*.

Excluído, porém, qualquer significado desmerecedor, é de toda conveniência usar, nestes comentários, os vocábulos *ocupação, desocupação* e seus correlatos, ficando entendido que eles abrangem, tanto a atividade dos *autônomos* quanto a dos *empregados*. Ver-se-á, mais adiante, que essa orientação possibilita caracterizar melhor aspectos importantes dos problemas em estudo.

O número de pessoas *ocupadas* tende a adequar-se ao volume de produção, suposto que permaneçam os mesmos, quer o equipamento, quer os métodos utilizados no processo produtivo. Em épocas de produção crescente, ou *prosperidade*, surgem e se multiplicam as oportunidades de trabalhar, seja de forma autônoma, seja com relação de emprego. Produção e ocupação, porém, não guardam sempre uma proporção constante, e muito dependem dos fatores e dos métodos utilizados para produzir.

No tocante aos fatores – *trabalho, capital, recursos naturais* –, há entre eles certo grau de mútua substituição: pode-se obter o mesmo volume de produção, utilizando-se ora um, ora outro, com maior intensidade e em lugar dos demais. No que diz respeito aos métodos, pode-se obter ganhos de produção mediante processos mais sofisticados que envolvam, quer uns, quer todos eles, em conjunto.

Residem aí as chamadas causas *estruturais* da ocupação ou desocupação, conseqüências da quantidade e qualidade dos fatores disponíveis e dos métodos adotados em seu acionamento. Há, nessas causas, certo caráter de permanência. Nelas, variações ocorrem, todavia são relativamente lentas, não excluídos períodos de mudanças mais ou menos aceleradas.

Além dessas causas estruturais, a ocupação e a desocupação têm causas ditas *conjunturais*. São circunstâncias – estimuladoras, algumas, inibidoras outras – que influenciam o aparecimento, ou a anulação de oportunidades de trabalho. Conhecido é, por exemplo, o fato de, em certas épocas do ano – semeadura, colheita, festividades, inverno, verão – assomarem ocasiões de trabalho e negócios que se esvaem algum tempo depois. Políticas econômico-financeiras – incluindo obras públicas, taxas de juros, incentivos fiscais, tarifas, dispositivos regulamentares – criam climas que aquecem ou refreiam as atividades geradoras de ocupação.

Na vida prática, as causas estruturais e conjunturais se adicionam e interpenetram, e seus efeitos se distribuem no tempo e no espaço, diferenciados em alguns setores e acumulados em outros. É quase sempre possível – notadamente quando o fenômeno assume características semelhantes em vastas áreas – identificar causas de maior peso no processo, o que pode ser muito útil para escolher e adotar atitudes e medidas adequadas, se e quando for oportuno, e pelos órgãos estatais ou não, aos quais compete agir.

É de notar, a esta altura, que o quadro cujo desenho se vem tentando esboçar não é novo, neste espaço. Infelizmente, não há como evitar a repetição, por ser esse quadro o cenário no qual também se repetem fatos que compõem uma das mais angustiantes e renitentes crises do mundo econômico atual.

EMPREGO E OCUPAÇÃO
O *COMO* DA CRISE

Mas há, por sinal, aspectos novos a realçar. Um deles diz respeito ao que se poderia dizer a *morfologia* da crise, ou seja, o seu *como*. A crise é genérica: de *ocupação*? Ou é específica: de *emprego*?

A resposta que parece mais condizente com a realidade à mostra é a de englobar a crise, nas duas espécies de ocupação, abrangendo autônomos e empregados. Mas cabe esclarecer que ela é mais visível e intensa no tocante ao emprego. E acrescentar que há, entre as duas espécies de ocupação, certo grau de mobilidade, sendo mais freqüente os empregados passarem a autônomos do que os autônomos se tornarem empregados.

Tem-se atribuído o fato de a crise ser mais de desemprego e atingir menos os autônomos aos ônus financeiros que acompanham o emprego formal. Com efeito, tais ônus – decorrentes em boa parte de uma legislação trabalhista arcaica e excessivamente regulamentarista, e acrescidos de contribuições para fins de previdência social – superam em valor o próprio salário. Resulta daí que o trabalho do empregado custa à empresa duas vezes o que o empregado recebe a título de salário, nos casos em que há contrato de trabalho *formal*, ou com carteira assinada, como se costuma dizer. Daí e na prática, a tendência a contornar a situação e adotar o trabalho *informal*, isto é, sem carteira formalizada.

Essa tendência é reforçada pelo temor dos empregadores de enfrentar, ao longo do tempo, ações trabalhistas – há mais de dois milhões delas, nos Tribunais – baseadas nos meandros de complicadas disposições legais e jurisprudenciais, demasiado onerosas para pequenos empreendimentos que não dispõem como os de maior porte de serviços jurídicos que os orientem e lhes defendam os interesses.

Contudo, a escala do *emprego* não tem sua expansão inibida apenas pelos citados percalços. É bem maior o impulso que se registra em direção ao trabalho exercido por indivíduos, quer isoladamente, quer associados em pequenos grupos, sem o surgimento da relação de emprego. Isso corresponde à ocorrência de consideráveis mudanças no quadro produtivo da sociedade como um todo, e ao crescimento relativo da produção de *serviços* comparada com a de *bens corpóreos*. Ora, a produção de serviços, embora seja feita também por empresas de certo tamanho – nas quais é praticamente inevitável o *emprego formal* –, é sobremaneira propícia a criar *ocupação autônoma*, sem relação de emprego.

Não é de hoje que o trabalho informal vem demonstrando sua importância na vida econômica. Neste espaço, no n.º 20 – janeiro-março-1983, de *Cultura e Fé* –, em tópico intitulado *Economia sommersa* (livro – *A Economia no Quotidiano*, cap. 5) –, foram tecidos comentários sobre o caso, então em foco, da Itália, que tinha na *economia subterrânea* o que era denominado uma das pernas do tripé de apoio da produção nacional – da qual constituía 25% – sendo as outras duas as empresas estatais e as empresas privadas. Nessa época, nos Estados Unidos, a *economia informal, com* valor estimado em US$ 420 bilhões, representava 15% do Produto Interno Bruto.

Por ser *informal* e, portanto, estar à margem das estatísticas oficiais, calculam-se por estimativas os dados representativos dessa economia que, nem por isso, deixa de integrar uma realidade, cuja existência se impõe reconhecer. Em nosso País, estima-se que a produção da economia informal – que não integra o Produto Interno Bruto – é de valor correspondente a um terço desse Produto. Por sua vez, da nossa População Economicamente Ativa – cerca de 70 milhões –, mais da metade opera na informalidade.

Outro aspecto de alta relevância a considerar, nesta matéria, diz respeito à distribuição da População Economicamente Ativa pelas diversas formas de atividade. Tendência generalizada – tanto nos países desenvolvidos, quanto nos em desenvolvimento – é a do crescente aumento relativo dos ramos de *serviço*, e o decréscimo nos ramos da *indústria* e da *agricultura*. Esse fenômeno – conhecido como de *desindustrialização* – começou a tomar vulto, em meados dos anos 1960, nos Estados Unidos, onde o número de ocupados na indústria declinou, de 28% do total de ocupação em 1965, para 18% em 1994. Na Europa, o declínio foi de 30%, em 1970, para 20%, em 1994. (*F.M.I. – World Economic Outlook – May 1997 – pag. 47*).

Nos Estados Unidos, mais de 70% das ocupações situam-se na área de *serviços*, e cifras semelhantes se registram na França e na Inglaterra. Nos países desenvolvidos, entretanto, o Japão tem ainda 35% da ocupação na *indústria* e 60% em *serviços*.

O deslocamento dos postos de trabalho para o ramo de *serviços* ocorre também em nosso País, calculando-se que esse ramo absorve 55% da ocupação. Fato importante a registrar é que, nos países desenvolvidos, mesmo os de grande produção agrícola, a ocupação na agricultura é relativamente muito pequena. Alguns números dão uma idéia dessa singularidade: Estados Unidos – 2,7%; Alemanha – 3%; Inglaterra – 2,2%; França – 5,1%: Japão – 5,9%. No Brasil, a agricultura empenha 22,3% da ocupação, ao passo que a cifra da indústria é de 22,7% (Denise Neumann, *in O Estado de São Paulo – 8/10/95*).

As mudanças de composição que se registram no quadro do processo de produção induzem a alterações correspondentes no quadro das ocupações, com aumento do número de *autônomos* em relação ao dos formalmente *empregados*. É o que se explica pela circunstância de a relação de *emprego* ser mais adequada à atividade industrial, com suas fábricas de maiores dimensões e mão-de-obra mais numerosa e organizada. Ao passo que a atividade produtora de serviços requer mais a ação de operadores autônomos. O vulto que a informalidade atingiu torna precária a quantificação mais precisa dessa migração do *emprego* para a *autonomia*. Não há dúvida, porém, quanto à tendência atual nesse sentido, não excluída a possibilidade de novos investimentos modificarem a situação.

EMPREGO E OCUPAÇÃO
O *PORQUÊ* DA CRISE

Esta é uma indagação que não comporta uma resposta cabal. É de praxe responsabilizar os Governos pelo desemprego. A praxe é salutar, e tanto que se deveria estendê-la a outros órgãos da sociedade: o Legislativo, o Judiciário, as Associações Empresariais, os Sindicatos de Empregados e Empregadores. E, finalmente, à própria vida, pois, vale relembrar a observação de John Kennedy: *Life is unfair* – a vida é injusta.

Na verdade, tantos são os fatores suscetíveis de serem apontados como causas da desocupação, que só há uma forma de fugir da perplexidade: resignar-se à arriscada tarefa de identificar os fatores que, ao menos na aparência, são os mais prováveis. Para isso, útil será recorrer, uma vez mais, à clássica distinção entre *estrutura* e *conjuntura*, e pesquisar os fatores que se localizam nesses dois nichos da teoria econômica.

No tocante à *estrutura*, há pelo menos uma certeza a registrar: a amplidão e a rapidez das mudanças que nela ocorreram e estão ocorrendo, nesta segunda metade da expirante centúria. Narro, a respeito, um episódio que, ainda hoje recordo com viva impressão.

Em maio de 1962, visitando a fábrica de tratores da Deutz, em Colônia, mostraram-me um setor onde eram usinados cabeçotes de motor. Nele houvera recente substituição de máquinas, com resultado assombroso. Pelo maquinário antigo, trabalhavam doze operários, e a usinagem da peça requeria 45 minutos. Com o novo equipamento, cada peça era usinada em um minuto, sendo tudo automático, bastando um operário para vigiar o processo. Era a invasão dos robôs, e não era a primeira vez que, na História, surgiam novos e revolucionários processos de produção. O que apenas se entrevia, há trinta e cinco anos, porém, era o vulto que a revolução tecnológica iria adquirir e, bem além disso, o fato de, hoje ainda, tal Revolução parecer estar somente no começo.

Mudanças consideráveis nos processos de produção causaram sempre agitação e dissabores, apesar de proporcionarem aumento na quantidade e melhora na qualidade dos bens e serviços produzidos. Deve-se isso, por certo, não à maior produtividade, e sim às repercussões que, das mudanças no aparelhamento da produção, resultam para os mecanismos da distribuição.

O problema da distribuição foi objeto de exame, neste espaço, no n.º 56, janeiro-março-1992, de *Cultura e Fé*. Foi assinalado, nessa oportunidade, que a evolução milenar sedimentou como princípio básico da distribuição, na economia social, o condicionamento da parcela, atribuída a cada membro da sociedade, à atividade por ele exercida, direta ou indiretamente, para a realização dos fins da comunidade. De modo simplificado, pode-se enunciar esse princípio com a expressão: *quem faz leva*.

Sobre essa base está construído o esquema de distribuição dos bens e serviços produzidos pela sociedade como um todo. Nesse esquema, presume-se que cada indivíduo ocupe um posto de trabalho, mediante escolha mais ou menos livre, a um tempo motivado e condicionado por suas inclinações, por contingências a enfrentar e, sobretudo, por seus próprios e pessoais interesses. A existência e a disponibilidade desses postos é, portanto, parte integrante do esquema que, sem isso, fica prejudicado em seu funcionamento.

Há *desocupação*, quando esses postos não são suficientes para atender aos que os buscam. Certo grau de desocupação é natural e resulta da defasagem passageira entre a busca de trabalho – pelos que o fazem por primeira vez, ou por incompatibilidade com o posto anterior – e a oferta efetiva de postos no mercado laboral. É o que se denomina a *desocupação friccional*.

Quando muda a estrutura do processo produtivo, porém, e se da mudança resulta que o mesmo volume de produção possa ser obtido com menor emprego de mão-de-obra, a desocupação pode adquirir caráter de maior permanência, e configura-se a crise *estrutural*, bem mais difícil de superar.

A experiência histórica tem demonstrado que o aumento da produtividade leva à criação de novos empreendimentos e à ampliação dos existentes, seja pelo aparecimento de novos produtos, seja pela redução de custo dos bens e serviços produzidos e a conseqüente elevação dos níveis de consumo. Tudo isso, entretanto, a médio e longo prazo, e, parodiando Keynes, cumpre observar que nós vivemos no curto prazo.

Outras causas podem ainda ser identificadas, não mais localizadas na *estrutura* do processo econômico, e sim na *conjuntura*, isto é, por fatores que modificam o ritmo desse processo, quer arrefecendo-o, quer instabilizando-o. Tais causas são mais visíveis quando, por exemplo, tomam a forma de perturbações climáticas que prejudicam a agricultura. Menos visíveis, mas nem por isso menos efetivas, são as que se situam nas expectativas dos agentes econômicos, nestes incluídos todos os que – produtores, consumidores e aplicadores de recursos financeiros – de alguma maneira operam no citado processo. São expectativas nas quais varia, freqüentemente, o grau de correspondência com a realidade.

Esse grau é mais alto quando, por exemplo, os produtores reduzem suas atividades, prevendo o esgotamento da procura de determinados bens, por estar o mercado plenamente abastecido (é o que parece haver ocorrido com os aparelhos eletrônicos). Ou quando devem enfrentar escassez de capitais, seja sob a forma de investimentos diretos, seja sob a de crédito.

Às vezes, porém, a motivação é de natureza apenas psicológica, como, por exemplo, quando se generaliza um clima de desânimo e de desconfiança nas possibilidades de sua reversão. É o que caracteriza geralmente as crises financeiras resultantes do insucesso de estabelecimentos – notadamente bancos – cujos prejuízos tendem a espalhar-se por extensos setores.

Dito isto, na tentativa de identificar os *porquês* das crises de desocupação, impõe-se acentuar que muita coisa nos escapa, nessa identificação. No tocante às causas *estruturais*, o panorama se afigura mais claro, ou no mínimo menos obscuro. É que, nesse segmento do exame, lida-se com aspectos da realidade mais nitidamente determinados, e nos quais as mudanças são menos difíceis de acompanhar. Nestes nossos tempos, porém, a rapidez, a persistência e a radicalidade das mutações – que caracterizam a *revolução tecnológica* em curso – acentuaram muito a freqüência daquelas mudanças, que já não surpreendem tanto, mas, mesmo assim, alteram consideravelmente o processo de produção, quase sempre reduzindo nele a participação da ação humana e, em conseqüência, atuando no sentido da desocupação.

Mas é, sobretudo, na *conjuntura* que as causas, pela sua complexidade, desafiam a investigação. Circunstância assinalada ao longo da História foi a de épocas de fartura seguidas de períodos de carestia. Renova-se constantemente o quadro das vacas gordas, sucedido pelo das vacas magras, descrito no Gênesis. Nos últimos séculos, surgiram as teorias dos *ciclos econômicos*, baseadas na regularidade com a qual se alternavam a prosperidade e a depressão.

Segundo cada teoria, várias eram as causas apontadas. Entre elas, chegou-se a indicar a periodicidade do aparecimento das manchas solares, que seriam responsáveis pelas variações nas colheitas agrícolas. A partir do século XIX, floresceu, na área socialista, a doutrina de serem as crises inevitáveis, no sistema capitalista, pela insuficiência do consumo devida à exploração do proletariado. Ainda na década de 1970, Kruschev profetizou que o comunismo soviético sepultaria o capitalismo americano: profecia que se realizou, quase vinte anos depois, mas pelo avesso.

Hoje em dia, as teorias dos ciclos econômicos perderam muito do seu cartaz. Não cabe desprezar, todavia, hipóteses formuladas por alguns bons autores, que localizam, na esfera financeira, fatores em cuja atuação parece residir parcela importante da responsabilidade pelas crises de ocupação.

Fato é que, coincidência ou não, com a adoção das modernas técnicas de administração dos fenômenos monetários, as crises de ocupação deixaram de demonstrar a nociva e generalizada periodicidade de antigamente, e os indícios das causas de sua ocorrência passaram a situar-se na rigidez dos quadros e processos de produção e distribuição.

EMPREGO E OCUPAÇÃO
HÁ SOLUÇÕES PARA A CRISE?

Reconhecido que as causas da crise se situam, quer na *estrutura*, quer na *conjuntura* do quadro e do processo econômico, lógico será examinar a questão em cada um desses setores e a eventual interação entre eles.

Com as mudanças estruturais não há como deixar de conviver. Não seria sensato recusar a utilização de maquinário moderno porque ele requer menor grau de atividade pessoal, reeditando o *luddismo* do início do século XIX, quando tecelões enraivecidos quebraram os teares mecânicos recém-inventados. Não será racional, outrossim, desconhecer a anulação de postos de trabalho daí resultante e resignar-se a confiar em que a situação se recomporá, com novas oportunidades a serem criadas – no longo prazo, note-se – pelo progresso econômico.

Neste ponto, há consenso geral, preconizando a adoção de dois tipos de medidas: o auxílio-desocupação e a reciclagem dos trabalhadores dispensados. De ambas medidas tratar-se-á mais adiante.

Vale aqui formular reflexão sobre o ângulo pelo qual é o problema encarado. É que, embora esse problema se apresente concretamente, caso a caso, e requeira também tratamento parcial, não será suficiente confinar o exame das soluções nos estritos limites de determinado número de situações. Na verdade, o que vem ocorrendo com a revolução tecnológica é a irrupção de mudanças, contínuas e surpreendentes, num conjunto de posições e relações, enrijecido por normas consuetudinárias, e notadamente legislativas, que regulam a vida econômica e impedem sua satisfatória adaptação ao novo e dinâmico modelo de funcionamento. São normas que, sedimentadas ao longo de outros tempos e freqüentemente construídas sob o influxo de ideologias ultrapassadas, aprisionam os empreendimentos e lhes tolhem a liberdade de ação, necessária para responder criativamente às novas circunstâncias.

Exemplo marcante é o da legislação trabalhista, promulgada com o objetivo de resguardar os interesses dos empregados e subentendendo que, sem a proteção legal, ficariam eles à mercê da ganância de maior lucro dos empregadores. Tal premissa supõe, entretanto, que haja sempre empregadores interessados em contratar trabalhadores, com observância das imposições legais. Não é o que sucede e isso explica, em boa parte, o crescimento da economia informal. Esse crescimento demonstra, outrossim, que a crise é menos de *desocupação* e bem mais de *desemprego*, por falta de quem se anime a assumir as funções de empregador formal, ou de ampliar suficientemente as que já assumiu.

A Revolução Tecnológica tem dado origem a predições de que estamos às vésperas de presenciar o *fim do trabalho*, pois a máquina vem ocupando cada vez mais o lugar do homem em todos os campos de atividade. Não é, contudo, o que registra a História.

A adoção de métodos e equipamentos que alterem, para melhor, a eficiência da atividade humana, longe de anular sua cooperação, tem multiplicado as oportunidades de seu exercício. A diferença entre as ocorrências de hoje e as de outras épocas está em que a maior rapidez e intensidade das mudanças perturba, muito mais, do que então aconteceu, o esquema que faz do exercício da atividade humana título para participar da distribuição dos bens e serviços produzidos.

Examinemos novamente a aplicação do princípio que rege o esquema da distribuição, valendo-nos para tanto, a fim de tornar mais claro o raciocínio, da fórmula simplificada – vide tópico anterior – de "*quem faz leva*". Se os vários ramos da atividade humana requerem hoje menos gente do que antes, ficará gente sem *fazer* e, consequentemente, sem *levar*.

Notemos, todavia, não ser bem isso o que ocorre. A desocupação não atinge todos os setores do mesmo modo. Assim, enquanto em alguns setores há dispensas, em outros há admissões. A quase totalidade dos ocupados permanece em seus postos de trabalho. Há dispensados de emprego formal que passam para o emprego informal ou para a ocupação autônoma, e vice-versa. Isso não diminui a gravidade do mal, mas coloca-o sob nova luz, como um problema que muito tem de desalinho, de falta de entrosamento, de defeituoso aproveitamento das oportunidades, pela rigidez das regras estabelecidas.

A renovação de estruturas, acionada pela modernização tecnológica, é processo que está em curso e, a quanto se pode julgar nesta altura, está apenas em seu começo. Temerário seria o intento de predizer que formas revestirão as relações sócio-econômicas, nesse contexto que não será apenas renovado, mas levará tempo a recobrar equilíbrio estável. Quais serão, em futuro talvez próximo, os característicos da empresa, do emprego, das remunerações, dos instrumentos financeiros e até mesmo da propriedade pública e privada? Não se pode esperar, portanto, que se adivinhem soluções definitivas, com a aplicação de tais e tais medidas. Nisso não há um convite à inação, mas a advertência de que, utilizando os meios ora disponíveis, é imperativo manter o espírito aberto ao reconhecimento dos rumos pelos quais se encaminha a evolução da economia social.

Veja-se, por exemplo, a hipótese do *fim do trabalho*, à qual se fez referência. É bem provável que haja, em seu enunciado, interpretação equivocada de outra perspectiva bem mais plausível: a de mudança nas relações de trabalho como as temos hoje. E que, não o *trabalho*, mas o *emprego*, esteja com seus dias contados, no conceito de *locação de serviços*, e assuma, cada vez mais, a feição de *contrato de sociedade*, tal como na espécie, raramente praticada e, contudo, prevista em nossa legislação, da *sociedade de capital e indústria*.

Demasiado longe iria desenvolver aqui esse tema. O leitor que, a respeito, tiver curiosidade e paciência suficientes poderá ver a idéia, em seu aspecto nuclear, tratada no n.º 36 – janeiro-março/1987, de *Cultura e Fé*, ou no livro *A Economia no Quotidiano*, cap. 14 .

A crise de *desocupação* – que é, sobretudo, *crise de desemprego*, como se observou no tópico anterior – talvez encontre, nessa evolução do *contrato de trabalho*, caminho de superação.

Cabe aqui referência a livro recém-editado, do Professor Francisco Gomes de Matos, reconhecida autoridade em Administração de Empresa, livro cujo título, à primeira vista, parece estranho: *Empresa Feliz*. O vírus do materialismo – que sempre marcou presença na cultura humana – contaminou de tal forma a vida econômica, que nela se abriram profundas chagas de desumanização. O livro intenta resgatar o sentido humano da empresa, superando sua feição por vezes cruel de puro negócio, e redescobrindo a semente, que nela existe e deve brotar, de participação solidária entre seus componentes e com o meio social no qual está inserida.

A Revolução Tecnológica, na medida em que aumenta a produtividade do trabalho e o liberta de seu caráter penoso e absorvente, por certo abre espaço para reformas na organização e no funcionamento da empresa, da espécie que o Professor Gomes de Matos competentemente preconiza.

Tentemos agora o exame do problema da *desocupação*, como se apresenta, quando suas causas se situam na *conjuntura*. Também aqui, a deficiência de postos de trabalho se traduz, sobretudo, em *desemprego*, sem excluir todavia a desocupação de *autônomos*.

Neste setor, é nítida a correlação entre a linha que vai da *prosperidade* à *depressão* e a que mede os níveis de *ocupação*. Nas fases de prosperidade ou expansão, avulta o número e a qualidade dos postos de trabalho; nas fases de depressão ou recessão, tais postos escasseiam.

Como já foi dito em outro tópico, há certa constância na sucessão dessas fases, donde sua denominação de ciclo econômico. O fenômeno tem sido objeto de vasta literatura e ampla controvérsia. Em livro clássico – *Prosperidad y Depresión*, edição espanhola do Fondo de Cultura Económica, 1942 – Gottfried Haberler alinha numerosas teorias que giram em torno das possíveis origens desses ciclos, teorias que mencionam causas monetárias, de supercapitalização, de subconsumo, e suas variantes. Tudo indica que – como adverte Haberler – há, no caso, pluralidade de causas que interagem e se condicionam.

Para melhor ilustrar a questão, formulemos a hipótese de um ciclo econômico que começaria com colheitas mais abundantes, devidas a novas invenções em matéria de técnicas agrícolas. Resultaria daí aumento no poder real de compra dos agricultores, maior procura por eles de bens e serviços, novos empreendimentos para produzi-los, novos postos de trabalho e maiores oportunidades de ocupação para trabalhadores autônomos e empregados. É a fase da *prosperidade* ou *expansão*.

Provável seria, entretanto, que os novos empreendimentos, aos quais se aludiu, resultassem superdimensionados, criando excesso de produtos em setores específicos, produtos que não conseguiriam mercado suficiente. Dependendo da importância dos setores atingidos, poderia desencadear-se então a crise, pois os empreendimentos entrariam em dificuldades, a produção se retrairia, e muitos postos de trabalho seriam paralisados, instalando-se a desocupação. É a fase da *recessão* ou *depressão*.

Reduzida a produção, contudo, surgiriam bolsões de escassez de produtos que, de conseguinte, teriam seus preços aumentados, despertando interesse de tornar a produzi-los em novos empreendimentos ou pela ampliação dos existentes. Com a expansão resultante, recomeçaria então o ciclo econômico.

Essa é uma visão, bastante simplificada, de uma realidade bem mais complexa. Ela dá, contudo, idéia de como poderia processar-se um ciclo de prosperidade e depressão, ou, como também se diz, de expansão e recessão, termos estes últimos, em geral, reservados para indicar movimentos de menor intensidade.

EMPREGO E OCUPAÇÃO
O QUE PODE SER FEITO

A desocupação é, em nossos dias e sem dúvida, um dos maiores problemas que todas as nações defrontam e que, cada qual à sua maneira vem tentando resolver, recorrendo a velhas e clássicas medidas, mas ajuntando-lhe novas e criativas variantes.

Tentemos, para melhor examiná-las, classificar tais medidas em três grupos, ou seja:

I. medidas que não alteram apreciavelmente os esquemas em vigor, de produção e distribuição;
II. medidas que modificam, em maior ou menor grau, esses esquemas;
III. medidas situadas fora dos esquemas citados.

Antes de determo-nos sobre cada um desses grupos, útil será observar que, seja qual for a organização da vida econômico-social, a distribuição de bens e serviços é feita mediante o que se pode denominar a *titularidade*, isto é, a atribuição de determinadas parcelas desses bens e serviços a membros também determinados da sociedade. O princípio básico, milenarmente dominante, é o de outorgar essa *titularidade* aos que participam, desta ou daquela forma, da realização dos objetivos sociais, como operários, empresários, poupadores, professores, funcionários ou dirigentes públicos e assim por diante. Vimos, em tópicos anteriores, que esse princípio pode ser expresso simplificadamente pela fórmula: *quem faz leva.*

Em que consiste a *desocupação*? Consiste em que, por falta de oportunidade, o indivíduo *não faz* e, em conseqüência, *não leva*. É possível, por isso, inserir nesse enunciado as medidas acima referidas, redigindo com outras palavras os seus característicos, nos respectivos grupos, ou seja:

I. medidas que criam oportunidade de *fazer* para *levar*, sem mudança apreciável nas regras do jogo;
II. medidas que alteram a relação entre o *fazer* e o *levar*;
III. medidas que habilitam o indivíduo a *levar* sem *fazer*.

As medidas do primeiro grupo são as que as comunidades buscam promover com o maior empenho. São os empreendimentos, notadamente os de maior porte e que, além de gerar empregos diretos, multiplicam indiretamente postos de trabalho, em sua esfera de influência.

Característica desfavorável dos empreendimentos desse tipo é requererem o investimento de vultosos recursos, sendo mais *capital-intensivos* do que *trabalho-intensivos*. Por tais razões e sem prejuízo da desejabilidade de tais entidades – algumas das quais, como as da agroindústria, dão suporte a vastas áreas agrícolas –, os esforços de promoção se voltam também para as médias e pequenas empresas, mantenedoras atualmente da maior parte dos postos de trabalho da população economicamente ativa.

Também aqui a questão dos recursos é de extrema relevância. Nos países em desenvolvimento, é natural que esses recursos escasseiem. Daí a necessidade de complementá-los com aportes forâneos. Entretanto, bem melhor seria a situação, se nossa taxa de poupança – que é a base sobre a qual se apóia a formação de recursos financeiros – fosse mais alta, e se os nossos fatídicos déficits orçamentários não absorvessem grande parte do pouco que se poupa. Daí os altos juros, que dissuadem os produtores e consumidores da tomada de crédito para produzir ou comprar, em tais condições pouco favoráveis.

O controle do déficit público é sabidamente problema de nítido cunho político. Colocar esse problema com clareza perante a opinião pública, apoiar os esforços sérios que se façam para resolvê-lo, são imperativos sem alternativas que, ou se aceitam, ou condenam a ficar em lamuriosos protestos contra os *juros escorchantes*. Por outro lado, decênios e decênios de inflação endêmica e, às vezes, galopante, embotaram em nosso País aquela *propensão a poupar*, sem a qual não há como mobilizar os meios necessários a gerar os níveis cada vez mais altos de capitalização requeridos para criar volume adequado de postos de trabalho. Nisso, há mais uma demonstração da importância de que se reveste a estabilidade monetária que – e isto parece estar sendo esquecido – não é uma gratuita e celeste dádiva, mas contínua e árdua conquista.

Entre as medidas classificáveis no segundo grupo citado, vem ganhando terreno atualmente a idéia de reduzir o horário de trabalho dos empregados. A idéia parte da hipótese de que, em determinado período, o mecanismo da produção social exige que se desenvolva atividade durante determinado número global de horas, divididas entre os postos de trabalho em ação. Em conseqüência, se for reduzido o horário individual de atividade, aumentará, em proporção inversa, o número de postos de trabalho.

A conclusão desse raciocínio supõe que os ocupantes dos postos cujo horário se tenha reduzido não venham ao mercado de trabalho em busca de tarefas de outro ou do mesmo tipo das anteriormente exercidas, para utilizar suas horas vagas. De outro modo, fariam concorrência aos demais postulantes de ocupação, e poderiam fazê-lo por salários mais baixos, pois estes seriam apenas complementares dos que já recebem dos empregos anteriores. Sendo assim, a eventual criação de vagas, nas empresas que reduzissem seus horários, teria como contrapartida o aumento do número dos que disputam emprego, e que o fariam por índices menores de remuneração.

Além disso, se a redução de horário for imposta, sem correspondente redução nos salários, haverá aumentos de custos, e as empresas atingidas poderão optar por limitar sua produção, em face da diminuição da demanda de seus produtos, a cujo preço terá de ser repassado o referido aumento, e o esperado incremento nos postos de trabalho acabará frustrado.

Poder-se-ia proibir aos atuais ocupantes de postos de trabalho, se contemplados com redução de horário, que adicionassem trabalho exercido em outros postos, para melhorar sua renda? A hipótese não é absurda. Os exemplos da limitação de horas extras, em acordos coletivos, e a vedação legal de acumular empregos públicos aí estão para demonstrá-lo.

Na verdade, a redução das horas de trabalho e a ampliação do tempo de lazer fazem parte, como a História revela, da generalização do progresso econômico. Mas isso resulta de um processo natural, que pode ser incentivado em certa medida, mas que é muito arriscado atropelar imprudentemente. A experiência vem deixando claro que, neste terreno, a liberdade contratual favorece mais a criação de emprego que as prescrições regulamentaristas.

Na União Européia – onde a desocupação de 18.000.000 é considerada hoje o maior dos seus problemas –, os respectivos índices, calculados em relação à População Economicamente Ativa, variam de país para país. Sendo em média de 10,6%, chegam a 19,9% na Espanha, 12,6% na França, 12,5% na Itália, e 10% na Alemanha, ou seja, os países em que a legislação trabalhista é mais rígida. Ao contrário, na Grã-Bretanha com 5,3% e na Holanda com 5,1% predomina a liberdade de contratar. O mesmo ocorre nos Estados Unidos, apesar de serem eles a nação de maior progresso tecnológico no mundo. (*Cf. The Economist – 4/10/97 – pag. 54 e seguintes*).

Esforços vêm fazendo os Governos dos países mais atingidos por esse mal do fim do milênio no sentido de flexibilizar a regulamentação trabalhista, adotar fórmulas de trabalho temporário e abrir mais espaço para a liberdade contratual. Enfrentam, porém, as costumeiras resistências do corporativismo e do populismo eleitoreiro. A França e a Itália decidiram instituir a semana de trabalho de 35 horas, mas adiaram sua efetivação para os anos 2.000 e 2.001. Resta ver em que essa precaução vai concorrer, ou não, para o almejado bom êxito.

No terceiro grupo de medidas às quais se vem fazendo referência, incluem-se os subsídios pagos aos desocupados: o *auxílio-desemprego*. Faz parte do *Estado do*

Bem-Estar (Welfare State) – ou, como se vem dizendo entre nós, da *política social*. Justifica-se esse auxílio – vigente em quase todos os países – por imperativo de solidariedade, mormente nesta época, dramaticamente marcada pelas vantagens e desvantagens da Revolução Tecnológica.

Fato que preocupa hoje o mundo inteiro, entretanto, é o de esse auxílio tornar-se uma espécie de *falso-emprego*, que vai tomando o lugar da verdadeira *ocupação*. A assertiva de que ninguém é desocupado por vontade própria não exprime a verdade toda, neste campo. Não se pode ignorar ou subestimar que a *ocupação* supõe uma *oportunidade*, que não brota por geração espontânea, mas é construída por uma série de circunstâncias, cujo surgimento e cuja permanência resultam de ação a ser exercida com inteligência e determinação.

A primeira dessas circunstâncias é a existência de um empreendimento, seja ele representado pela atividade individual de um modesto profissional, seja constituído por vastos parques industriais ou comerciais. A promoção de tais iniciativas – de todas as mais decisivas – nos remete ao primeiro grupo de medidas aqui examinadas.

Não basta essa circunstância, contudo, para concretizar a ocupação. Faz-se mister que aos postos de trabalho criados se encaminhem pessoas que saibam como operá-los e a isso se disponham. Nessas condições, a desocupação resulta:

I. ou da falta de capacidade física ou profissional;
II. ou do desconhecimento das vagas existentes;
III. ou da recusa de aproveitar os ensejos identificados.

Para os deficientes físicos ou profissionais, lógico será promover treinamento específico, no que se inclui a reciclagem, onde couber. Nunca será demasiado, aliás, acentuar o papel da educação, na qual os característicos de qualificação e generalização vêm assumindo cada vez mais feição que pode fazer a diferença, nesta vida econômica globalizada, entre o progresso, de um lado, e a estagnação ou talvez a degradação, de outro.

O desconhecimento de vagas sugere a criação de *bolsas de trabalho* para localização de eventuais postos disponíveis. Abre-se aqui amplo espaço que, com o uso dos modernos meios de comunicação pormenorizada e quase instantânea, pode e deve ser preenchido pela criatividade e pela parceria entre órgãos oficiais, empresas e associações de classe.

Para a recusa injustificada de trabalhar em vagas existentes – à luz, evidentemente, de criteriosa avaliação – não há solução possível, nem seria razoável a concessão de auxílios.

Vale acrescentar que há, nessas indicações, apenas a despretensiosa tentativa de refletir sobre o que pode ser feito, numa situação que a todos angustia, quer por interesse pessoal, quer pela solidariedade que é dever de cidadania.

Por último, é oportuno mencionar que, nos países desenvolvidos – e sobretudo neles –, intensa é a procura de soluções viáveis. Na Inglaterra, nos Estados Unidos e no Canadá – para citar alguns exemplos – discute-se a transformação do *welfare* em *workfare*, isto é, a complementação e o eventual condicionamento do *auxílio-desemprego*, integrando-o num sistema que vise aproveitar, ao máximo, as possibilidades de inserir, na esfera das atividades socialmente úteis, quantos se disponham a exercê-las, como contrapartida da ajuda que recebem.

No Brasil, a atuação do SINE (Sistema Nacional de Emprego) tem sido louvável, mas é dispersa, desequipada e de todo insuficiente, face às dimensões do problema. Há indícios de que o Ministério do Trabalho planeja organizar, já nos próximos meses, serviços que melhor correspondam à magnitude da tarefa. É de fazer votos que a iniciativa mobilize, de modo racional e organizado, não só a esfera estatal, mas todos os setores da sociedade empenhados em colaborar, como é urgentemente reclamado pela gravidade e extensão que o problema vem assumindo.

17
Julho-Setembro
1998

ADVENTO DO *EURO*
O ECONÔMICO E O FINANCEIRO

A HISTÓRIA É AUTÊNTICA e o fato aconteceu mesmo. Em determinada cidade, determinada firma viu-se a braços – mais apropriado será dizer a *dedos* – com um sério problema. Perdera-se o segredo do cofre. Pensou-se em utilizar maçarico e foi chamado o melhor serralheiro da praça. Este compareceu solícito, depôs no chão a caixa de ferramentas, mas antes de abri-la encostou o ouvido na porta da burra e ficou longos minutos concentrado, enquanto, com o dedo, girava a rodinha do segredo, num e noutro sentido, monopolizando o *suspense* da assistência. Finalmente, com gesto decidido, virou a roda grande da fechadura e a porta se abriu, com direito a caloroso aplauso.

Na hora de pagar, o serralheiro deu o preço, provocando indignação no gerente da firma. Afinal, era absurdo cobrar tanto por tão curta manipulação. O nosso herói sequer se alterou. Pediu licença, fechou a porta do cofre, girou a rodinha do segredo e despediu-se com um atencioso *até logo*.

Com um pouco de boa vontade, a história pode servir para ilustrar o *mal com ele, pior sem ele*. E pode servir de intróito para o exame que se tentará fazer do conceito bastante difundido, pelo qual se estabelece, na vida econômica, não somente *distinção*, mas até *separação* e mesmo *oposição*, entre as atividades ditas especificamente *produtivas* e os procedimentos também especificamente *financeiros*, no ambiente em que convivem.

Segundo esse conceito, as atividades produtoras – agricultura, indústria comércio – seriam as que, realmente, beneficiam a sociedade, pois a abastecem dos bens pelos quais de fato ela se interessa. Já os procedimentos financeiros seriam apenas auxiliares – poder-se-ia até dizer ancilares – e, como tais, deveriam estar eles a serviço da *produção* e não a produção a serviço deles.

Há, em tal assertiva, uma verdade que, entretanto, como toda verdade nesse terreno, está sujeita a importantes qualificações. Pois tanto as *atividades produtoras* quanto os *procedimentos financeiros* têm a mesma e última finalidade: o bem comum da sociedade. Em conseqüência, se é acertado dizer que os *procedimentos financeiros* devem estar a serviço das *atividades produtoras*, não o será dizer que devam fazê-lo de qualquer maneira. Assim, por exemplo, não se justificaria financiar, com emissões de dinheiro, a construção de uma usina hidrelétrica, com risco de alimentar um processo inflacionário, que prejudicaria a sociedade, em geral, e que acabaria prejudicando as próprias atividades produtoras.

Dir-se-á que o exemplo é demasiado radical. Porque não se constroem usinas hidrelétricas com financiamentos de emissões. Na verdade, o exemplo somente evidencia o que, embora não ocorra com essa clareza, pode ir-se realizando aos poucos, com semelhantes efeitos nocivos. O que se impõe acentuar é que os *procedimentos financeiros* não são instrumentos que podem ser utilizados à vontade e impunemente.

Tem sido freqüente a acusação, dirigida à política econômica seguida no País, de dar demasiada ênfase ao aspecto *financeiro*, em detrimento das áreas básicas da economia. Até que ponto essa crítica procede é daquelas questões que dependem muito *del cristal con que se mira*. Cabe aqui, por isso, a pergunta: qual a função dos *procedimentos financeiros* e de que importância se reveste essa função na vida econômica?

Isso nos remete ao exame do conceito de uma instituição sem a qual não existiria a economia social como há milênios a vem praticando a Humanidade e, de modo especial, como vem sendo praticada em nossos dias: *o conceito de moeda*.

ADVENTO DO *EURO*
O QUE É A MOEDA?

Quando se fala em *moeda*, a imagem que geralmente se faz é a de algo físico: discos metálicos, cédulas ou cheques. Essa é, entretanto, uma visão parcial, que convém aos signos monetários, mas pouco diz sobre a natureza e as funções da moeda.

Em seu *Tratado sobre a moeda*, J.M. Keynes toma, como ponto de partida, o conceito de *moeda contábil* – *money of account* – e explica:

> Podemos, talvez, elucidar a distinção entre moeda e moeda contábil, dizendo que a moeda contábil é a descrição ou título, ao passo que a moeda (o signo monetário), é o objeto que corresponde a essa descrição. (*A Treatise on Money – Vol. I, Cap. I*)

A preocupação de Keynes é acentuar que, na base do raciocínio, deve estar a *moeda* como *conceito*, como *ente de razão*, pelo qual ela é o fundamento de um sistema de contabilidade.

Suponhamos, para exemplo, que Antônio compre de João um quilo do produto A por R$ 10,00 e que João, a seguir, compre de Pedro cinco quilos do produto B pelos mesmos R$ 10,00. É indiferente, no caso, serem essas operações realizadas mediante utilização de discos metálicos, ou cédulas, ou cheque. Ou até sem nenhum desses instrumentos (cheques de pequeno valor têm sido usados, para desespero dos bancos por lhes sobrecarregarem as despesas operacionais de expediente).

O que há de essencial, na hipótese, é tomar o *real* como *referência*, como *padrão de medida*. Contudo, além do aspecto *essencial*, há, nesse padrão de medida, um aspecto *peculiar*. Porque não é ele constituído de matéria física, palpável, e sim é a resultante de um processo de comparação, múltiplo e complexo, pois são milhões as pessoas que comparam um sem-número de bens e serviços.

Tais comparações são de caráter *subjetivo* da parte de quem quer comprar, ou quer vender; pois dependem dos critérios e dos interesses de cada um. Todavia, elas assumem caráter *objetivo*, quando se exteriorizam e se exprimem em *preços*.

Em geral, pensa-se que os *preços* tomam por base a unidade monetária, como se ela tivesse um valor próprio. Na verdade e no tocante aos preços, a origem do valor – do qual os preços são a expressão monetária – está do lado dos bens e serviços e não do lado da moeda.

Para melhor compreensão deste ponto, examinemos a seqüência:

para significar que os preços se situam entre o valor dos bens e o valor da moeda, e dependem da relação entre ambos.

Indaguemos, agora, qual a origem, qual a fonte do valor de que os preços são expressão. Evidentemente, ela está nos bens e serviços, porque, mesmo se não existisse moeda – é a hipótese do escambo, ou troca de bens *in natura* –, haveria *preços*, não mais como expressão monetária, mas como eqüivalência entre as quantidades dos bens trocados. (No exemplo citado linhas atrás, cinco quilos do produto B seriam o preço de um quilo do produto A e vice-versa). Mas, se não houvesse bens e serviços a trocar, a moeda não teria nem valor, nem serventia.

Entretanto, embora não seja a origem primária do valor, a moeda desempenha papel decisivo, na formação dos preços, como conseqüência da forma e da intensidade com que ela é utilizada. Com efeito na seqüência:

BENS E SERVIÇOS – PREÇOS – MOEDA

se vier a crescer a quantidade de bens e serviços, mas, se mantiver inalterada a forma e a intensidade do uso da moeda, manifesta-se a tendência de baixa dos preços. Ao contrário, se inalterados ficam os bens e serviços, mas aumenta a efetividade do uso da moeda, a tendência será no sentido da elevação dos preços.

Estas observações, formuladas em termos sumários, são aqui aduzidas na tentativa de destacar que a moeda:

I – de uma parte, está inserida no amplo quadro da circulação, distribuição e consumo de bens e serviços, quadro pelo qual é condicionada e do qual recebe sua própria razão de ser;

II – de outra parte, atua, no citado quadro, com efetividade maior ou menor, dependendo da forma e intensidade com que é empregada.

Estes pontos são cruciais para o exame do que representa a programada adoção do *EURO* como moeda única de onze nações européias.

ADVENTO DO *EURO*
AS MOEDAS NACIONAIS

Sendo, como foi acentuado no tópico anterior, fruto de *consenso social*, sedimentado pela tradição, a moeda tem esse consenso sancionado e regulado pela autoridade do Estado. Regem-na disposições legais, complementadas pela ação administrativa de órgãos oficiais e, mais precisamente, pelos Bancos Centrais.

A moeda de curso legal – ou moeda propriamente dita – é o instrumento oficialmente adotado como intermediário das trocas, e que recebe do Estado o denominado *poder liberatório*, ou seja, o poder de solver qualquer espécie de obrigação monetária.

Instrumento básico das trocas, tem essa moeda forma física, seja como peças metálicas, seja como cédulas, ambas expressões revestidas de características que visam assegurar sua autenticidade.

Não é, entretanto, tal moeda o único instrumento empregado nas operações de compra e venda. Muito mais freqüente é o uso de títulos que, embora sejam representativos da moeda de curso legal, dispensam a manipulação de cédulas ou espécies metálicas. São títulos que constituem a chamada *moeda bancária*, tais como os cheques e outros tipos de saques contra depósitos ou créditos bancários.

Tanto a *moeda de curso legal*, ou propriamente dita, quanto a *moeda bancária* que a representa, conferem aos seus portadores *poder de compra*, isto é, a capacidade prática de apropriar-se de bens e serviços oferecidos no mercado. Note-se, porém, que a emissão (criação) desses instrumentos ou signos monetários independe da oferta *eqüivalente* de bens e serviços, no mercado. A emissão citada apenas arma os que irão dispor desses instrumentos para entrar em concorrência com outros portadores de moeda, a fim de retirar do mercado os bens e serviços cuja produção e conseqüente oferta não acompanham necessariamente a ampliação promovida no poder de compra.

Diz-se, por isso, que o *poder de compra* conferido pela moeda é um *poder nominal*, isto é, que somente se tornará efetivo, na sua integridade, se o mercado for abastecido de bens e serviços eqüivalentes. Se os produtos oferecidos no mercado, o forem em proporção menor do que a do *poder nominal de compra* conferido pela moeda, os preços subirão, ou seja, aquele *poder nominal de compra* não se tornará efetivo em sua integridade, pois seus portadores receberão por ele menor quantidade de bens do que esperavam receber: é a *inflação*.

O contrário ocorrerá, se a massa de bens e serviços oferecida no mercado crescer em proporção maior que a dos instrumentos monetários. Nessa hipótese, os preços tenderão a baixar: é a *deflação*.

Note-se, nesta altura, que o *poder nominal de compra* cresce ou decresce, não só com a quantidade dos instrumentos, mas igualmente com a maior ou menor intensidade de seu uso. Assim, por exemplo, as câmaras de compensação de cheques e a aplicação de processos de informática tornam mais intenso o uso dos signos monetários, acrescendo-lhes a efetividade, o que equivale a um aumento do poder nominal de compra no mercado. De modo semelhante, as prescrições dos Bancos Centrais relativas a taxas de juros e a limites nas operações de crédito atuam no sentido de ampliar ou reduzir a efetividade dos signos monetários como poder de compra.

A estreita interdependência existente entre o volume do *poder nominal de compra* e o volume de bens e serviços de que dispõe a sociedade é da maior importância pelas repercussões e condicionamentos que daí derivam para toda a vida econômica, pois é, nessa interdependência, que se localiza o mecanismo dos preços, cujo funcionamento adequado é vital para o inteiro conjunto da economia. Esta a razão pela qual, em todos os países, a moeda é uma das instituições mais expressivas da soberania nacional e, por isso, mais intensamente vigiadas e reguladas.

A emissão e a autenticação de cédulas da moeda de curso legal são privilégio do Estado. Vimos, porém, que esses instrumentos monetários constituem parte – e não a maior – do que confere *poder nominal de compra*. Por tal motivo e por meio dos Bancos Centrais, os Estados exercem controle, mais ou menos rigoroso, das operações financeiras pelas quais esse *poder nominal de compra* é praticado e multiplicado.

Varia muito, de país para país, a eficácia desse controle. Pois ele exige, não apenas competência operacional, senão que está sujeito a fortes pressões de interesses de toda natureza, notadamente os de caráter político.

É que o controle do *poder nominal de compra* exige, freqüentemente, restrições de despesas públicas. E estas são preciosa matéria-prima para conquista e manutenção de popularidade. O objetivo do controle é manter a estabilidade dos preços, objetivo que consta dos programas de quase todos os partidos políticos, mas que, na prática, exige uma disciplina orçamentária muito difícil de assegurar.

Seja como for, são os preços que determinam o *poder aquisitivo* – o poder de compra – da moeda nacional. Pois quanto mais alto ou baixo o nível geral dos preços, menor ou maior será seu *poder aquisitivo*, em outras palavras, seu *valor*. E essa noção de *valor da moeda nacional* é de suma relevância, sobretudo quando se tem em vista as relações internacionais e a troca dessa moeda pela de outros países, vale dizer, as questões *cambiais*.

Chegamos, assim, ao âmago do problema da *moeda única européia*, de vez que esta requer a substituição por uma só das moedas de onze países diferentes.

ADVENTO DO *EURO* A MOEDA INTERNACIONAL

As transações internacionais – notadamente com o vulto que assumiram – são, fato, de certo modo, recente na história da Humanidade. Durante milênios, elas encontraram obstáculos de toda sorte. Com a escassez e a precariedade dos meios de transporte, os povos viviam em relativo isolamento.

Grande era, em conseqüência, o mútuo desconhecimento. Uma viagem, como a do veneziano Marco Polo que, no final do século XIII, foi até a China, era verdadeira epopéia, celebrada, aliás, em seu famoso livro. Mas a *cortina da eterna oficina*, do poema de Castro Alves, foi sendo aberta pelos navegadores do século XV e, com a invenção dos navios a vapor, cresceu rapidamente o intercâmbio nos países do mundo.

Contudo, não esteve apenas nos meios de transporte a deficiência a superar. Progresso notável foi o apoio jurídico dado aos contratos financeiros pela instituição e o disciplinamento dos títulos cambiais. Subsistiram, entretanto, dois tipos de obstáculos que, ainda hoje, permanecem e periodicamente afloram com maior ou menor intensidade: o protecionismo e a falta de um sistema monetário comum e confiável.

Por tradição milenar, a prata se afirmou como moeda franca, de aceitação geral. Com o correr do tempo, o ouro lhe foi tirando o lugar, o que se acentuou no século XIX, após as guerras napoleônicas, culminando após a guerra Franco-Prussiana de 1870, quando o metal amarelo passou a reinar como a moeda internacional. Foi a época do *padrão-ouro*, que pouco durou, pois entrou em crise após a Primeira Guerra Mundial.

O padrão-ouro, durante o período em que funcionou, foi de grande utilidade para o comércio internacional. Utilidade anulada pelo fato de que o ouro, sendo valioso como *mercadoria*, não dispõe de condições para manter estável seu *poder aquisitivo* como moeda.

Com efeito, o valor do ouro – como o da prata e qualquer metal – depende principalmente do volume de sua produção. E este volume não acompanha o montante das operações que requerem o uso de moeda. A produção de ouro pode ser maior ou menor, afetada pelo descobrimento de novas minas, ou/e ainda pelos métodos usados no processo de mineração. Ao passo que o volume das trocas monetárias é regido pelos níveis de desenvolvimento e outros fatores conjunturais. Em conseqüência dessa falta de sintonia, não há como assegurar a estabilidade dos preços. Abandonado o padrão-ouro, e cada país regulando a sua própria moeda, o dólar americano passou a exercer, na prática, as funções de moeda internacional.

Esse sistema, que se generalizou na segunda metade do século XX, tem seu apoio básico na pujança da economia americana. Pois quem dispõe de dólares sabe que sempre pode utilizá-los para compra de produtos, os mais variados, dos Estados Unidos. Permanece, porém, a questão da estabilidade do poder aquisitivo; pois esta depende do nível de preços vigorante naquele país. Nos últimos anos, a nação americana tem conseguido níveis baixos de inflação. Nem sempre foi assim, porém. Na década de setenta, o dólar atravessou períodos de queda, cedendo espaço para o marco alemão e o franco suíço, considerados mais seguros. Na atualidade, o dólar superou sua crítica posição, mas tem crescido a preocupação no sentido de não deixar o comércio internacional atrelado à moeda de um único país e sujeita às suas vicissitudes.

ADVENTO DO *EURO*
A NOVA MOEDA FRANCA

A moeda única européia – o *EURO* – não foi planejada com o objetivo de substituir, ou, pelo menos, concorrer com o dólar no comércio internacional. Mas, se tiver êxito na Europa, não há dúvida de que exercerá esse papel, pois reunirá condições semelhantes às oferecidas hoje pela moeda dos Estados Unidos. Entre essas condições, está o requisito fundamental da efetividade do poder aquisitivo, pois quem dispuser de *EUROS* poderá utilizá-los para compra, em mercado como o europeu, de dimensões econômicas praticamente iguais às do mercado americano.

Outra condição relevante será a da estabilidade desse poder de compra, vale dizer, sua relativa imunidade a estágios de inflação e deflação. Este será, aliás, o grande problema que a nova moeda terá de superar, e que vai exigir gigantesco e complexo processo de integração das políticas monetárias de onze países soberanos.

Esse processo de integração teve início formal, em 1957, com o Tratado de Roma e a criação do Mercado Comum Europeu, e foi sendo implementado e aperfeiçoado, nos últimos quarenta anos, ultrapassando crises e conseguindo elevar o número de aderentes dos seis países que o iniciaram aos quinze que ora o compõem.

A base desse Mercado é constituída pela ausência de mútuas tarifas alfandegárias, e uma tarifa comum com os demais países. Vale dizer que as mercadorias produzidas em qualquer dos componentes do Mercado Comum circulam livremente entre eles, como se, de fato, fossem produzidas num só país.

Não foi e não é cometimento fácil, pois requer livre movimentação de capitais e pessoas e a harmonização de múltiplos e militantes interesses econômicos e políticos. A moeda comum vem coroar a fase propriamente econômica da União Européia, mas sua coroação definitiva deverá ser a criação dos Estados Unidos da Europa, sonho que, na primeira metade deste século, era considerado uma absurda utopia, e, contudo, hoje não parece mais tão utópico assim.

A moeda única, embora pertença à área econômica e nela atue, tem importante aspecto e função política, pelos laços federativos que sua administração supõe. Administração que terá a presidi-la um Conselho, com representantes de todos os países-membros, incumbido de traçar normas para as funções que o Banco Central Europeu exercerá com ampla autonomia.Bem se pode imaginar o que vai exigir coordenar a ação de onze Bancos Centrais regionais, com o *EURO* circulando juntamente com onze moedas nacionais.

O problema não se reduz, como poderá parecer, a fixar taxas de câmbio invariáveis entre o *EURO* e cada moeda nacional. Haverá que regular a emissão e a efetividade, tanto do *EURO*, quanto das moedas nacionais, pois disso dependerá a estabilidade dos preços dos bens e serviços produzidos e comercializados pelos países membros desta nova e auspiciosa União Monetária.

Na realidade, o *EURO* e as moedas nacionais serão utilizados nos recebimentos e pagamentos na área da União Monetária Européia, constituindo um *poder nominal de compra conjunto*, sendo este *conjunto* o que deve ser regulado. Assim se, por exemplo, o volume e a efetividade desse *conjunto* se elevarem em proporção maior que a do volume de bens e serviços ofertados na área, a pressão exercida sobre os preços ocasionará tendência de alta geral, ou seja, de *inflação*. No caso inverso, a tendência será de *deflação*. Movimentos ambos que, se não forem contidos, podem desordenar a economia.

Relativamente fácil será regular a emissão de *moeda em espécie*, isto é, de cédulas *monetárias*. Mas pequena é a proporção das compras e vendas que se fazem com o emprego da moeda física. O grosso das operações é feito com o uso de moeda escritural, criada pelo sistema bancário. Moeda que toma a forma de cheques e de ordens de pagamento *on line* que, por sua versatilidade, está sendo denominada *moeda eletrônica*.

O volume do *poder nominal de compra* é também modificado pela intervenção dos Governos, no mercado de crédito, para financiar seus déficits. Prevendo isso, as normas da União Monetária impõem, como requisito para que um país se associe a ela, que seu déficit fiscal não exceda a 3% do seu Produto Interno Bruto.

Por tudo isso, o controle do poder *nominal de compra conjunto* atinge as instituições de crédito, sendo executado pelo estabelecimento de regras a serem observadas por essas instituições e pela ação dos Bancos Centrais nas chamadas *operações de mercado aberto – open market* – pelas quais, manipulando taxas de juros, se reduz ou amplia a liquidez do mercado.

Outro importante setor que vai requerer ação conjugada será o do comércio com outros países, isto é, a área cambial. A administração dessa área incluirá a formação de reservas suficientes para resistir a ataques de especulação.

Seja como for – a menos que alguma grave crise sobrevenha – o *EURO* começará a circular a 1º de janeiro de 1999, juntamente com as moedas nacionais dos onze aderentes da União Monetária: Alemanha, Áustria, Bélgica, Espanha, Finlândia, França, Holanda, Irlanda, Itália, Luxemburgo e Portugal.

Será a Primeira Fase de adoção da nova moeda, fase de transição, que perdurará até 1º de junho de 2002, data em que deixarão de circular as moedas nacionais e o *EURO* tornar-se-á plenamente a moeda única da União Monetária Européia. É interessante assinalar que a Primeira Fase citada se assemelha, de certo modo, à fase de transição do Plano Real, quando foi utilizada a URV – Unidade Real de Valor – para alinhar os preços e preparar a circulação da nova moeda: o Real.

É de ser previsto um período que irá exigir, a par de grande competência profissional dos administradores do Banco Central Europeu, disciplinada observância das regras da União por parte dos Governos dos países-membros.

O Banco está em função desde julho passado. São seis meses, até 1/1/99, nos quais se fará mister planejar e instituir procedimentos práticos para o controle das operações financeiras, realizadas no âmbito da União, e para enfrentar tempestivamente desvios e, de modo especial, pressões especulativas que fatalmente surgirão.

Quem viver verá. Façamos votos, desde já, para que a ousada experiência *dê certo*. Pois, neste mundo de economia globalizada, os mecanismos financeiros estão necessitando, com urgência, de muito mais do que a simples adaptação ao enorme fluxo de ativos monetários que, errática e diariamente, circula de país para país, gerando periódicas e perigosas crises. A presença e a atuação de novos e eficazes processos de ordenamento desse fluxo são imperativos que somente a visão e o poder político-econômico dos líderes mundiais podem tornar realidade.

Cabe mencionar, por oportuno, que volta e meia tem aflorado a idéia de instituir moeda única para os países do *Mercosul*. Chegou-se até a cogitar do nome que a nova moeda receberia. Como se viu, nos tópicos deste exame, porém, há longa e difícil estrada a percorrer, antes de enveredar por essas cogitações onomásticas.

O *Mercosul* é um empreendimento promissor do mais alto nível e para cujo êxito não se pode poupar apoio e empenho. Não será desmerecê-lo, contudo, reconhecer que ele está ainda na infância, e uma das maneiras de expô-lo ao insucesso será queimar etapas que a União Européia levou quarenta anos a percorrer.

Sem dúvida, é de prever que a experiência do Mercado Comum Europeu facilitará bastante o caminho a trilhar. Mas essa experiência ensina, desde já, que não é possível, neste terreno, fazer o passo maior do que as pernas. Os nossos países – são, por ora, apenas quatro – têm tradições de instabilidade política e financeira que eles estão, por certo, fazendo muito para superar, mas que só com o tempo poderão ser ultrapassadas, a ponto de garantir o ambiente de confiança exigido pela unificação monetária.

Vai ser imprescindível – tudo indica – concentrar atenção e esforços para que a aeronave conclua seus procedimentos de decolagem, e atinja altura e estabilidade suficientes a permitir e assegurar-lhe adequada velocidade de cruzeiro.

CRISES DA GLOBALIZAÇÃO
A REALIDADE E O ESPELHO

Na História dos últimos vinte anos – deste século marcado por tantos e portentosos eventos –, menção especial irão, sem dúvida, merecer três crises financeiras globais, crises que se julgava serem de todo improváveis, a partir da crise mundial detonada pelo *crack* da Bolsa de Nova Iorque, em 1929, e que concorreu bastante para a formação do ambiente no qual eclodiu a Segunda Grande Guerra.

Com o Tratado de Bretton Woods, em 1944, a criação do Fundo Monetário Internacional e a adoção de modernas, bem elaboradas e freqüentemente atualizadas políticas monetárias, o mundo parecia imune a extensos distúrbios financeiros, ficando estes restritos a nações isoladas ou, no máximo, a áreas limitadas, bastando que o FMI atuasse no sentido de socorrer os países atingidos e circunscrever as perturbações em lindes toleráveis.

Mas, em 1982, veio a crise mexicana, com a nação asteca declarando-se em moratória no pagamento de sua vultosa dívida externa. Foi a época de ressaca das crises do petróleo de 1973 e 1979, causadas pela violenta elevação dos preços do combustível, e na qual os países da Europa, não produtores, haviam amargado em recessão, enquanto os produtores petrolíferos nadavam em dinheiro e em credibilidade perante a rede bancária internacional.

Abarrotados de *petrodólares* provenientes de aplicações dos países árabes, os bancos empenhavam-se em emprestá-los a países que, como o México, produtores do *ouro negro*, eram considerados possuidores de altos índices de solvência. Lançou-se o México, então, a altos dispêndios públicos, valendo-se de receitas proporcionadas pela elevação de preços e, ainda, por empréstimos bancários, acumulando volumosa dívida externa de cerca de 100 bilhões de dólares.

Nos anos oitenta, entretanto, os preços do petróleo entraram em baixa, e a atitude dos bancos reverteu da euforia para o temor. As torneiras do crédito se fecharam, os juros subiram astronomicamente, e veio a moratória mexicana. Apareceu, então, o chamado efeito *tequilla*, que cortou o crédito dos países latino-americanos, quase todos eles – a começar pelo Brasil – afundados na inflação e em grandes déficits.

Contudo, as ondas de choque não ultrapassaram a área da América Latina. Seguiram-se longos anos e demoradas negociações para adequar as dívidas externas à capacidade de pagamento dos devedores, restabelecendo-se a normalidade, na qual sempre há crises, aqui e acolá, mas circunscritas e resolvidas, no todo ou em parte, com a ajuda do FMI.

A crise mexicana deixou o que parecia serem apenas cicatrizes. Por baixo delas, entretanto, havia germes de desconfiança apenas adormecidos. E que despertaram, quando, em 1997, evidenciou-se a crise do Sudeste Asiático.

O mundo econômico se acostumara a ver, naquela área, o *habitat* dos *tigres asiáticos*: Hong Kong, Cingapura, Taiwan, Coréia do Sul e, noutro patamar, Tailândia, Malásia e Indonésia. Além disso, estavam situados na zona de influência do Japão – a segunda maior economia nacional do Globo –, com a qual mantinham intenso comércio e da qual recebiam generosos financiamentos. Eram todas economias florescentes, que haviam emergido de ruinosos conflitos, exemplos de trabalho e aproveitamento da moderna tecnologia. Com notáveis Produtos Internos, vigorosas exportações, tudo fazia prever que os níveis de progresso alcançado seriam mantidos e aperfeiçoados.

Todavia, em outubro de 1997, a opinião pública mundial foi surpreendida por forte baixa na Bolsa de Hong Kong, baixa que rapidamente se propagou pelas demais Bolsas da região. As causas da crise estavam no sistema bancário, que se aventurara a financiar empreendimentos arriscados, nomeadamente no setor imobiliário.

Nas Bolsas, a euforia alimentou crescentes altas na cotação das ações que, por sua vez, serviram de garantia para maiores financiamentos. As empresas financiadas, porém, calcularam mal as possibilidades de colocação nos mercados. Os preços de seus produtos entraram em queda, surgiram as inadimplências, a situação foi-se agravando com os bancos exigindo reforço das garantias. As dificuldades financeiras, no início, foram aparecendo na Tailândia e, a partir da grande baixa da Bolsa de Hong Kong, o pânico se generalizou.

O socorro do FMI trouxe algum alívio, mas novas evidências passaram a complicar os problemas: a instabilidade política dos países em dificuldades e a prática paralisia do Japão, do qual se esperava que acudisse os seus vizinhos em apuros.

Sabia-se, aliás, desde algum tempo, que o sistema financeiro japonês estava funcionando mal. A crise dos *tigres asiáticos*, porém, revelou que os bancos japoneses estavam mergulhados em operações de empréstimos, naquela área, de difícil senão impossível cobrança. Algo como o que aconteceu em nosso País antes do PROER, só que em escala muito maior.

Os planos do Governo japonês de sanear o sistema bancário foram bloqueados no Parlamento, e a crise do Sudeste Asiático entrou em banho-maria, no qual se encontra até o momento de serem redigidos estes comentários.

Em agosto de 1998, nova lufada de ventos maléficos surgiu, para deteriorar ainda mais o panorama financeiro internacional. Desta feita, o epicentro do risco situou-se na Rússia, país no qual a imprevisibilidade dos humores e da saúde do Presidente Bóris Yeltsin e as manobras políticas, no Parlamento de maioria relativa comunista criaram uma confusão que seria ridícula, se não fosse trágica.

A certa altura, por um enigmático mecanismo de contágio psicológico – que está à espera de quem o decifre –, a desconfiança dos investidores internacionais chegou aos países da América Latina que se enquadravam na denominação de *emergentes*, entre eles, o Brasil. O enigma reside no fato de que a realidade dos países latino-americanos não pode ser equiparada às do Sudeste Asiático e, menos ainda, à da Rússia.

O Brasil – para ficarmos com o nosso País – estava em período de desenvolvimento, no qual realizou o feito notável de controlar uma inflação que chegara aos 80%

ao mês, mantendo hoje uma estabilidade de preços comparável à das nações do Primeiro Mundo. Conseguira, além disso, superar as ondas de choque das crises do Sudeste Asiático, e acumulara reservas que atingiam 75 bilhões de dólares, uma das maiores de todo o mundo.

Seu grande problema de hoje – o do desemprego – compartilha-o com o dos países da Europa, nesta época de adaptação às mudanças que a revolução tecnológica está ocasionando nos parques de produção de todas as nações. Vem modernizando suas instituições estatais, privatizando as áreas que não competem ao Estado, para concentrar-se nas tarefas de promoção social e de eliminação das desigualdades econômicas e das deficiências em matéria de saúde, educação e segurança.

Tem, na verdade, dois graves pontos fracos: os dos déficits das contas públicas e da conta corrente, em seu balanço de pagamentos. No déficit das contas públicas, avultam o da Previdência Social e o fiscal, ambos objeto de reformas, infelizmente bloqueadas até agora no Parlamento. O déficit no balanço de pagamentos é próprio dos países em desenvolvimento, que necessitam do aporte de capitais extensos para progredir com a rapidez almejada pelas aspirações populares deste momento da civilização.

Seja como for, estava o País administrando seus problemas, com seu sistema bancário saneado e atuante, atraindo investimentos externos de vulto, e contando com a gradual motivação dos acréscimos de sua capacidade de produção, que já o coloca entre as dez maiores economias do Globo.

Esse, em linhas gerais, o quadro – do qual o Brasil não vem escapando, nem poderia escapar ileso – da turbulência financeira que, havendo começado como uma tempestade restrita a determinada área da Ásia, ganhou dimensões globais, a ponto de ameaçar – como reconheceu o Presidente do Federal Reserve Board – até mesmo os Estados Unidos, que estão desfrutando seu mais longo período de ininterrupta prosperidade.

Parece não haver dúvida – não há por que omitir este reparo – de que a extensão da crise resulta de um verdadeiro acesso de irracionalidade do mundo financeiro. Nem por isso – diga-se desde logo – é menor o perigo para a economia dos países atingidos, mas não há outra explicação para o que vem ocorrendo no mundo.

Veja-se, por exemplo, como as coisas se estão passando com nosso País. Até bem pouco tempo, a opinião pública, em sua quase totalidade, não tomava conhecimento das cotações de Bolsa. Era assunto para corretores, banqueiros e administradores de Fundos de Ações. Após a queda da Bolsa de Hong Kong, porém, a matéria virou notícia diária e obrigatória. Pipocaram, na imprensa e na mídia eletrônica, os comentários dando a impressão de que, quando o índice Bovespa *despenca*, o País empobrece e suas fábricas desmoronam.

Ora, o que se passa nas Bolsas são fatos da *economia representativa* e não da *economia real*. O que, nas Bolsas, se compra e vende são papéis, títulos de propriedade, que mudam de mão, mas não afetam por isso a integridade do aparelhamento produtivo dos empreendimentos aos quais se referem.

Quando, em determinado dia, as ações da Petrobrás são vendidas por preço 10% inferior ao vigorante no dia anterior, isso não significa que o patrimônio da empresa perdeu 10% do seu valor. Para que isso ocorresse, seria necessário – que os Céus nunca o permitam – que refinarias suas se incendiassem, ou plataformas marítimas afundassem. O ocorrido na Bolsa significa que o portador de ações da Petrobrás precisou de dinheiro para aplicá-lo de outra forma e que, não encontrando quem lhe pagasse o preço anterior, vendeu-as pelo que lhe ofereceram. Se ele teve prejuízo, quem comprou ganhou. As Bolsas, aliás, existem exatamente para isso: para dar liquidez aos títulos, isto é, para propiciar sua venda a qualquer momento. A Bolsa – pode-se dizer –, como instrumento da *economia representativa*, deve refletir a imagem das empresas situadas na *economia real*. A imagem deveria corresponder à posição das empresas, na *economia real*. Se a empresa dá lucro ou prejuízo, a cotação de suas ações deveria subir ou baixar, e é o que geralmente ocorre. Todavia, a Bolsa é influenciada pela *liquidez* do mercado. Se há muito dinheiro procurando aplicação em ações, a cotação destas sobe, baixando no caso contrário.

Quando o mercado é invadido por notícias ou boatos, as Bolsas como que perdem contato com a *economia real*. A imagem, no espelho, parece enlouquecer e distorcer o objeto que deveria refletir. E a Bolsa – que é de grande utilidade para a economia real, se funciona racionalmente – pode vir a causar-lhe graves prejuízos, se os investidores e os agentes econômicos em geral por ela se orientam, nos períodos de agitação. O espelho retrovisor de um carro é de grande utilidade. Mas, se o espelho distorcer a imagem, passa a desencaminhar o motorista, ao invés de orientá-lo.

A pior conseqüência dessa barafunda, para nações em desenvolvimento como a nossa, é que o capital de curto prazo – *hot money* ou *capital volátil* –, que normalmente é útil ao País por aportar capital de giro, via empréstimos, e concorrer, em parte, para financiar o déficit da balança de pagamentos, não renova suas aplicações e passa a cobrar os empréstimos em seus vencimentos.

Outra conseqüência do clima de baixa é que residentes no País valem-se de empréstimos bancários para adquirir dólares e com eles comprar títulos da nossa dívida externa, contando revendê-los com lucro, quando de sua eventual valorização. A elevação dos juros, nos empréstimos – que, habitualmente, o Banco Central faz aos bancos para cobrir-lhes as faltas ocasionais de caixa, elevação de juros tão criticada em tantos setores –, tem por objetivo precisamente reprimir aquelas operações que eqüivalem a uma exportação de divisas.

A crise, entretanto, com a extensão que adquiriu, teve o condão de despertar os países mais desenvolvidos – os grandes e ricos que, até então, olhavam do alto as dificuldades dos países emergentes –, de despertá-los para os riscos que estão correndo suas próprias e sobranceiras economias. Mandou seu recado, também, – impõe-se dizê-lo – para os agrupamentos que, em nosso País, se opõem a reformas e medidas impostergáveis, como tais reconhecidas por todos, mas que se arrastam em meio a intermináveis discussões e manobras partidárias, cada grupo proclamando intocável seu quinhão e entendendo que os sacrifícios inevitáveis devem recair sobre os outros.

A grande novidade, porém, é que, pela primeira vez na História, os países que, política e economicamente, lideram as atividades mundiais se dão conta de estar a superação de uma grave crise – que a todos ameaça e a ninguém poupará – na dependência de como um país, no caso o Brasil, enfrentará as repercussões dessa crise sobre problemas que se vinha empenhando por resolver em sua economia.

Nunca como agora contou o nosso País com semelhante apoio da comunidade das nações para resolver problemas que, na verdade, vieram de fora, agravando nossas crônicas deficiências, mas nos encontraram em atitude de quem sabe o que deve ser feito, e, contudo, reluta em fazê-lo, na ilusão de que, deixando as coisas como estão, elas acabarão por ajeitar-se.

O Brasil vive hoje um momento decisivo de seu destino nacional momento no qual a idéia de Pátria, não como tropo retórico, vazio de sentido prático, mas como o *plebiscito quotidiano*, nas palavras de Renan, pode e deve mobilizar inteligências e vontades para, valendo-se do estímulo da crise, corrigir o desalinho de sua vida econômica.

Há que distribuir eqüitativamente, sim, o peso dos esforços que é imperativo empreender, das renuncias que é inevitável suportar, dos adiamentos que não há como superar. A recusa de cada qual assumir a parte que lhe toca, a pretexto de já ter feito ou estar fazendo demais, pode ser e em muitos casos será a utilização da velha e desgastada fórmula de reivindicar para si os direitos e descarregar sobre o próximo os deveres da cidadania.

É preciso escolher, e agora. Amanhã pode ser tarde demais.

Este livro foi composto na
VIDA INFORMÁTICA LTDA.
e-mail: junia@alternex.com.br
e impresso nas oficinas da
EDITORA VOZES
Rua Frei Luís, 100 – Petrópolis, RJ
em Março de 1999
